DROEMER

Von Manfred Spitzer sind bereits folgende Titel erschienen:
Cyberkrank!
Digitale Demenz

Über den Autor:
Prof. Dr. Dr. Manfred Spitzer, geboren 1958, studierte Medizin, Psychologie und Philosophie und habilitierte sich anschließend für das Fach Psychiatrie. Zweimal war er Gastprofessor an der Harvard University. Er leitet die Psychiatrische Universitätsklinik in Ulm und das Transferzentrum für Neurowissenschaften und Lernen. Zahlreiche Buchveröffentlichungen, darunter die Bestseller »Lernen« und »Vorsicht Bildschirm!«. Auf Bayern Alpha moderiert er wöchentlich die Sendereihe »Geist & Gehirn«. Manfred Spitzer ist einer der bedeutendsten deutschen Gehirnforscher. Kaum jemand kann wissenschaftliche Erkenntnisse derart unterhaltsam und anschaulich präsentieren. Manfered Spitzer hat zahlreiche Bücher veröffentlicht; die Titel »Digitale Demenz« und »Cyberkrank« haben hohe Wellen geschlagen und standen lange auf Spitzenplätzen der Bestsellerlisten.

MANFRED SPITZER

EINSAMKEIT

DIE UNERKANNTE KRANKHEIT

DROEMER

Besuchen Sie uns im Internet:
www.droemer.de

FSC
www.fsc.org
MIX
Papier aus verantwortungsvollen Quellen
FSC® C083411

Vollständige Taschenbuchausgabe Oktober 2019
Droemer Taschenbuch

Ein Imprint der Verlagsgruppe
Droemer Knaur GmbH & Co. KG, München

Covergestaltung: Kathrin Keienburg-Rees, Freiburg
Coverabbildung: © FoapAB/shutterstock
Druck und Bindung: CPI books GmbH, Leck
ISBN 978-3-426-30106-7

2 4 5 3 1

Meinen guten Freunden

INHALT

VORWORT

Stellen Sie sich vor, es gäbe eine Krankheit, die hierzulande immer häufiger auftritt und chronische Schmerzen verursacht – eine ansteckende, von der medizinischen Wissenschaft noch kaum erforschte Krankheit, die sich schneller ausbreitet, als die Immunität gegen sie aufgebaut werden kann, und die als eine der häufigsten Todesursachen in der zivilisierten westlichen Welt eingestuft wird. Eine Krankheit, die das Aufkommen anderer Leiden begünstigt, von Erkältungen über Depressionen und Demenz bis hin zu Herzinfarkten, Schlaganfällen und Krebs. Diese Krankheit wäre mithin ein bedeutender Risikofaktor für andere häufige und tödliche Krankheiten. Zugleich wäre sie tückisch, denn viele Betroffene wüssten gar nicht, dass sie an ihr leiden. Diese Krankheit gibt es tatsächlich. Ihr Name: Einsamkeit.

Das Leiden an Einsamkeit ist seit Langem in der Seelenheilkunde – meinem medizinischen Fachgebiet – bekannt und wurde meist als Symptom anderer psychischer Störungen aufgefasst. Wie neue Erkenntnisse aus der Epidemiologie, der Psychologie, der empirischen Sozialforschung, der Gehirnforschung und nicht zuletzt auch der Seelenheilkunde (der Psychiatrie) selbst zeigen, kann und muss man dieses Leiden jedoch als eigenständigen Sachverhalt in den Blick nehmen. Einfach gesagt: Einsamkeit ist nicht »nur« ein Symptom, d.h. ein Krankheitszeichen, sondern sie ist selbst eine Krankheit!

Erst durch die Betrachtung der Einsamkeit als Erleben von sozialer Isolation, das sich aus vielerlei Gründen einstellen kann, eine Eigendynamik bekommt (man spricht auch von Teufelskreis) und dann selbst zum Hauptproblem wird, lässt sich ein differenziertes Bild gewinnen. Das damit mögliche bessere Verständnis der Ursachen und Auswirkungen von Einsamkeit hat durchaus neue und bedeutsame Konsequenzen, wie in diesem

Buch aufgezeigt wird. Dies geschieht auf der Grundlage vieler wissenschaftlicher Erkenntnisse aus Beobachtungsstudien und Experimenten, von der Grundlagenforschung bis zur angewandten Medizin und Psychologie.

Wie in meinen anderen Büchern auch mute ich dem Leser damit allerhand Details zu. Aber mir ist es wichtig, nicht nur zu schreiben, was man weiß, sondern auch, warum man es weiß und wie die wissenschaftlichen Erkenntnisse gewonnen wurden. Denn nur dies erlaubt die Einschätzung und das Einordnen von Befunden in größere Zusammenhänge, und nur durch ein solches tieferes Verständnis ist es im gegenwärtigen »postfaktischen Zeitalter« überhaupt noch möglich, die tatsächlichen Fakten von »alternativen Fakten« zu unterscheiden.[1]

Und wenn erst einmal die Dinge geklärt sind, dann ist der Blick frei und klar für die Lösungen von Problemen, die sich aus den Fakten ergeben. Dass es hier keineswegs um ein paar »Tipps« oder gar um die »sieben guten Ratschläge« gegen steinerne Herzen gehen kann, wird in den letzten Kapiteln des Buches deutlich. Denn Einsamkeit ist zwar – wie etwa eine Lungenentzündung und viele andere Krankheiten auch – schmerzhaft, ansteckend und potenziell tödlich, aber sie gehört auch zum Menschen, etwa so, wie auch das Altern zum Menschen gehört. Irgendwann wird jedem Menschen seine eigene Endlichkeit klar, in jungen Jahren zunächst eher »theoretisch« und mit zunehmendem Alter immer »praktischer«.

Daher betrifft Einsamkeit nicht nur mein Fachgebiet, sondern auch mich selbst. Wie (nahezu) jeder andere Mensch bin auch ich gelegentlich einsam. Mein ganzes Leben lang war ich Teil einer Familie, erst das dritte von fünf Kindern, die mit Eltern und zwei Großmüttern eine immerhin neunköpfige Gemeinschaft unter einem Dach bildeten. Da war es selbstverständlich, dass immer jemand da war, und zudem gab es ja auch noch die anderen Kinder in der Nachbarschaft des kleinen Dorfes Lengfeld im Odenwald, das ganz selbstverständlich meine Heimat war und wo ich mich auskannte. Mit 25 gründete ich dann meine eigene Familie, wieder wurden es fünf Kinder, und wieder war das alles ganz normal: Ich war wieder Teil einer (nach heutigen Standards) großen Familie. Dass solche Familien keine Erfindung der Neuzeit sind, sondern seit Jahrtausenden in Europa den »Kern« menschlicher Gemeinschaften bildeten, wissen wir beispielsweise aus den vielen Gräbern, in denen Menschen schon vor Jahrtausenden begraben wurden, die man heute dank der modernen wissenschaftlichen Untersuchungstechniken als Vater, Mutter und Kinder identifizieren kann.[2] Familien sind kein »Konstrukt«. Es gibt sie wirklich!

Nun sind meine Kinder aus dem Haus, und mittlerweile lebe ich allein. Damit bin ich zumindest gelegentlich auch »Betroffener« und mache mir Gedanken, wie ich ganz konkret mit dieser Situation für »den Rest meiner Tage«, das »dritte Drittel«, die »goldenen Jahre« – egal, wie man es nennt – umgehen sollte. Beim Schreiben dieses Buches wurde mir klar, wie einschneidend das Problem ist und dass man es nicht auf die lange Bank schieben darf.

Generell gilt, dass die Anwendung von allgemeinem Wissen auf den Einzelfall *kein* Gegenstand der – allgemeingültigen – Wissenschaft ist. Aus der (allgemeinen) Physik folgt nicht, wie ein konkretes Haus gebaut werden soll (wenn man auch kein Haus gegen die Physik bauen kann). Das konkrete Haus ist durch die Physik allein unterdeterminiert – es braucht vielmehr die *Kunst* des Architekten. Nicht anders ist das in der Medizin: Das medizinische Wissen ist allgemein (sonst wäre es nicht lehr- und lernbar), aber dessen Anwendung auf den einzelnen »Fall« ist keine Wissenschaft, sondern wird mit Recht als »ärztliche Kunst« bezeichnet.

Und genau aus diesem Grund ist das in diesem Buch zusammengetragene Wissen zwar beim Nachdenken über die eigene Einsamkeit sehr hilfreich, löst aber nicht »wie von selbst« mein

Problem. Das gilt selbstverständlich auch für den Leser. So wie alles medizinische Wissen dieser Welt noch nicht automatisch zu Gesundheit führt, schafft das hier zusammengetragene Wissen über Einsamkeit bei niemandem automatisch dessen Einsamkeit ab. Aber andererseits gilt: Ohne medizinische Kenntnisse ist man beim Heilen auf ziemlich verlorenem Posten. Und wer sich gelegentlich einsam fühlt und sein Leben diesbezüglich ändern möchte, für den ist dieses Buch kein schlechter Anfang, gerade weil es keine einfachen Rezepte oder Ratschläge enthält. (Zum Vergleich: »Wenn du krank bist, nimm Aspirin« – das wäre zwar in manchen Fällen nicht falsch, ist aber ganz sicher kein guter medizinischer Rat; es hängt eben vom Einzelfall ab!)

Man muss eine Krankheit (allgemein) erkennen *und* ihre Manifestation im konkreten Einzelfall verstehen. Erst dann kann man *für den jeweiligen Fall* die richtigen Schlüsse ziehen. Insofern nimmt dieses Buch jedem viel Arbeit ab, denn die Güte eines bestimmten Buches lässt sich danach bemessen, wie viel man nicht mehr lesen braucht, wenn man (nur) dieses eine Buch gelesen hat. Im vorliegenden Fall wird dem Leser das aufwendige Studium einiger Hundert wissenschaftlicher Arbeiten erspart. Das sich daran anschließende Nachdenken über die jeweils eigene konkrete Situation – was genau *jetzt und hier* zu tun ist – kann das Buch nicht ersetzen. Aber deutlich erleichtern. Deshalb habe ich es geschrieben.

Ulm, an den Tagen der Reformation und der Allerheiligen
Manfred Spitzer

1

MEGATREND UND KRANKHEIT

Menschen sind unter den Säugetieren eigentlich diejenige Art, die ganz besonders auf ein Leben in der Gemeinschaft ausgerichtet ist. Nicht ohne Grund bezeichnete schon Aristoteles den Menschen als »Gemeinschaftstier« *(Zoon politikon).* Und wie Untersuchungen des Ökonomie-Nobelpreisträgers Daniel Kahneman zeigten, verbringen die Menschen auch heute etwa 80 Prozent ihrer Wachzeit zusammen mit anderen Menschen.[1] Die meisten Menschen sind lieber in Gemeinschaft als allein.

Vor diesem Hintergrund ist der Trend zu einem Leben im Singular – als Einzelner – sonderbar, zumal er sich wie ein roter Faden durch alle Bereiche unseres Lebens zieht: Nahrungsmittel werden in immer kleineren Packungen angeboten, weil vermehrt Einzelpersonen für sich kochen und allein essen. Unsere Haushalte werden kleiner, weswegen langfristig mehr kleinere Wohnungen (für Singles) gebaut werden. Wer sich früher unterhalten wollte, ging in die Kneipe; heute setzt man sich eher – meist allein – vor den Fernseher. Der Trend zum Alleinsein ist jedoch keineswegs auf die Nahrungsmittelindustrie oder das Bau- und Gaststättengewerbe beschränkt, sondern hat längst auch Einzug bis in unsere Seelen gefunden. Insofern betrifft er auch die Seelenheilkunde, ein Fachgebiet der Medizin. Einen Trend, der Immobilien, Nahrung, Kommunikation und die Medizin und damit unsere Gesundheit betrifft, kann und darf man *Megatrend* nennen.

Wer glaubt, dieser Trend beträfe nur eine Handvoll hoch entwickelter Länder, der irrt. Psychologen der Arizona State University untersuchten individualistische Praktiken und Werte in 78 Ländern während der letzten 51 Jahre.[2] In der großen Mehrheit der Länder zeigte sich dabei eine Zunahme des Individualismus – sowohl bei der gelebten Praxis als auch im Hinblick auf die Werte –, die sich zumindest teilweise auf die sozioökonomische Entwicklung zurückführen ließ: Je besser es den Menschen wirtschaftlich geht, desto eigenständiger und damit auch individualistischer sind sie. Dass damit ihr Risiko der Einsamkeit ebenfalls steigt, dürfte den wenigsten klar sein.

Einsamkeit in Deutschland

In Deutschland ist dieser Trend seit Jahren ungebrochen. Im Jahr 2015 lag die Zahl der Haushalte in Deutschland bei knapp 41 Millionen, wovon knapp 17 Millionen Singlehaushalte waren (siehe Grafik 1.1). Zwar leben noch immer etwa 50 Prozent der Menschen in Deutschland in einer klassischen Familie (Eltern mit einem oder mehreren Kindern), der Anteil war jedoch früher höher und nimmt seit Jahrzehnten ab. Die Anzahl der Haushalte in Deutschland nimmt viel stärker zu als die Einwohnerzahl, entsprechend nimmt also die Anzahl der Menschen pro Haushalt ab.

Hinzu kommt: Unsere Gesetzgebung und unsere Sozialpolitik machen es möglich, dass Paare entweder gar nicht mehr heiraten oder sich leichter wieder trennen können: 1950 wurde hierzulande nur jede zehnte Ehe geschieden, heute ist es jede dritte. Da sich auch Paare mit Kindern viel öfter trennen als früher, wachsen viel mehr Kinder nur mit einem Elternteil auf und werden so schon in jungen Jahren an das Singledasein gewöhnt. Die Einkindfamilie – bei im Mittel 1,5 Kindern pro Frau – ist ohnehin der Normalfall.

Es ist auch bemerkenswert, dass während des gesamten Lebens eines Menschen Einsamkeit nicht im gleichen Maß auftritt;[3] es gibt vielmehr zwei Phasen, in denen sie besonders häufig auftritt – in der Jugend und im Alter, mit jeweils anderen Ursachen und Folgen.

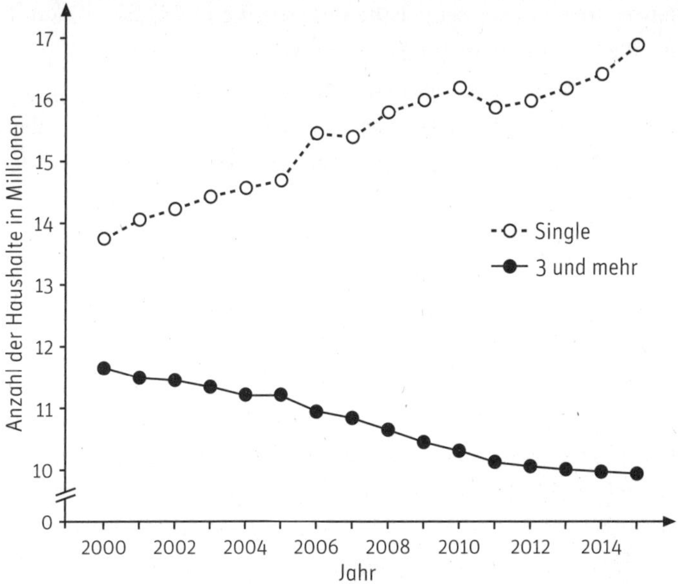

1.1: Die in den Jahren 2000 bis 2015 zunehmende Zahl der Einpersonenhaushalte und die zugleich abnehmende Zahl der Haushalte mit drei und mehr Personen – sprich: Familien – machen den Trend zum Singledasein in Deutschland deutlich. Die Zahl der Zweipersonenhaushalte hat in diesem Zeitraum von 12 720 000 (im Jahr 2000) auf 13 956 000 (2015) leicht zugenommen; die Durchschnittsgröße eines deutschen Haushalts liegt derzeit bei 2,0 Personen.[4]

Einsam im Alter

Der Stellenwert von Ehe und Familie hat während der vergangenen Jahrzehnte abgenommen, und entsprechend hat die Einsamkeit der Menschen zugenommen. Hinzu kommt: Es gibt immer mehr ältere Menschen, und sie werden im Mittel immer älter. Da Männer durchschnittlich etwa sechs Jahre früher sterben als Frauen (und zudem schon bei der Eheschließung ein bis zwei

Jahre älter sind), gibt es insbesondere sehr viele einsame ältere Frauen. Dieses Phänomen kennen wir bereits aus der Zeit nach dem Zweiten Weltkrieg (man sprach von »Kriegswitwen«); der Trend zu einer »Feminisierung des Alters« ist jedoch auch über 70 Jahre nach dem Krieg steigend. »Derzeit beträgt der Frauenanteil bei den 60-Jährigen und Älteren über 60 Prozent. Mit zunehmendem Alter wächst dieser Anteil noch weiter an«, kann man hierzu im *Handbuch Sozialplanung für Senioren* nachlesen.[5]

Zwar ist der Zweipersonenhaushalt mit knapp 50 Prozent aller Haushalte derzeit noch die häufigste Wohnform im Alter, aber das erwähnte *Handbuch* konstatiert weiter: »Immer mehr Menschen leben im Alter allein. Dies trifft bundesweit auf etwa 40 Prozent der Bevölkerung ab 65 Jahre zu, in Großstädten liegt der Anteil noch höher. Davon sind 85 Prozent Frauen. Ein Grund dafür sind die weiterhin höheren Sterbeziffern bei Männern. Zunehmend bestimmen aber auch älter werdende Singles (Ledige, Geschiedene bzw. getrennt Lebende) den Trend zur Singularisierung des Alters, darunter überdurchschnittlich häufig Männer.« Die (wenigen übrig bleibenden) Männer machen es also den Frauen nach und erleben vermehrt Vereinzelung und Vereinsamung.

Fragt man die Leute danach, warum ältere Menschen Single sind, liefern Männer und Frauen teilweise unterschiedliche Antworten: 28,7 Prozent der Männer geben als Hauptgrund an: »Ich bin zu schüchtern und lerne wenig Menschen kennen« (Frauen sagen dies nur zu 16,1 Prozent). Demgegenüber nennen 30,2 Prozent der Frauen als häufigsten Grund: »Meine Ansprüche an einen Partner sind zu hoch« (Männer: 25,5 Prozent). Fast doppelt so viele Frauen (9,7 Prozent) halten sich für zu alt (Männer 5,9 Prozent), und mehr als doppelt so viele Frauen (12,4 Prozent) wie Männer (5,9 Prozent) meinen, sie würden andere einschüchtern.

Kaum Unterschiede zwischen den Geschlechtern gibt es hingegen im Hinblick auf das Bedürfnis nach Unabhängigkeit

(»Ich möchte meine Unabhängigkeit noch nicht aufgeben«: Männer 27,7 Prozent, Frauen 26,6 Prozent), eine enttäuschte Liebe (»Ich bin unglücklich verliebt«: Männer 10,7 Prozent, Frauen 10,4 Prozent) oder die Bedeutung der beruflichen Tätigkeit (»Mir ist mein Beruf zurzeit wichtiger«: Männer 15,4 Prozent, Frauen 15,6 Prozent).[6] In etwa der Hälfte aller Fälle scheint das Singledasein älterer Menschen nach dieser Statistik eher selbst gewählt zu sein.

Wer aus den bislang genannten Fakten ableitet, die Singularisierung sei ein Trend des Alters, der irrt. Der Trend betrifft zwar zahlenmäßig (noch) mehr ältere als jüngere Menschen, er ist jedoch bei jungen Menschen stärker ausgeprägt; die Entwicklung läuft hier also rascher.

Einsam in der Jugend

Dass auch Jüngere betroffen sind, liegt nicht zuletzt an zwei weiteren großen Trends: der *Urbanisierung* und *Mediatisierung* unseres Lebens. Im Jahr 1900 lebten 13 Prozent der Weltbevölkerung in Städten, heute sind es etwa 50 Prozent, und im Jahr 2050 werden es 70 Prozent sein. Die zunehmende Urbanisierung bewirkt vor allem in den Entwicklungsländern einen starken Einbruch der Geburtenraten. So liegt die Fertilitätsrate in Addis Abeba, Äthiopien, oder in vielen vietnamesischen Städten bei 1,4 und damit sogar noch *unter* der durchschnittlichen, bekanntermaßen geringen, Fertilitätsrate von 1,5 im (hoch entwickelten) Deutschland. In der iranischen Hauptstadt Teheran bekommen die Frauen durchschnittlich noch weniger Kinder – nämlich durchschnittlich nur 1,3 je Frau. Hierzulande bedeutet Urbanisierung vor allem mehr Anonymität und Vereinzelung, was nicht zwingend so sein müsste.

Vom zweiten oben genannten Trend einer stark zunehmenden Mediatisierung aller Bereiche unseres Lebens sind vor allem die jüngeren Menschen betroffen. Die Digitalisierung bringt Menschen nämlich nicht, wie oft behauptet wird, zusammen, sondern bewirkt eine Zunahme von Unzufriedenheit, Depression und Einsamkeit. Dies gilt insbesondere für die sozialen Online-Netzwerke wie Facebook, Twitter, WhatsApp, YouTube, Instagram oder Snapchat. Vordergründiges Ziel dieser Netzwerke ist es, die Menschen zusammenzubringen, aber ihre eigentliche Funktion ist die Werbung – das ist ihr Geschäftsmodell! Ihr Einfluss auf die soziale Zufriedenheit ist erkennbar negativ, und ihr Einfluss auf die Demografie der Gesellschaft (mehr Paare oder mehr Scheidungen?) ist noch nicht hinreichend geklärt bzw. erforscht.

Eine Anfang des Jahres 2017 im *American Journal of Preventive Medicine* publizierte Studie an einer für die USA repräsentativen Stichprobe von 1787 jungen Erwachsenen ergab einen klaren Zusammenhang zwischen dem Erleben von Einsamkeit und der Nutzung von sozialen Online-Netzwerken. Nur 3,2 Prozent der Teilnehmer nutzten keinerlei Social Media, was die Bedeutung des Ergebnisses noch unterstreicht.

Neben den neuen Medien befeuert auch ein altes – das Fernsehen – die Einsamkeit junger Menschen. Der Zusammenhang von TV-Konsum und Einsamkeit ist seit Langem bekannt.[7] Hinzu kommt, dass sich die Inhalte im Fernsehen dahingehend geändert haben, dass es in den vielen Talkshows, Realityshows, Castingshows etc. immer nur um eines geht: besonders sein, der beste/schönste/verrückteste/dem meisten Ekel widerstehende Mensch zu sein und genau damit berühmt zu werden. Fernsehen fördert damit den Trend zur Selbstbezogenheit im Sinne des Modelllernens ganz ungemein. Gezeigt werden kaum noch berühmte Schauspieler, Sänger oder gar Forscher und Wissenschaftler, sondern ganz überwiegend »Leute wie du und ich«, die auf irgendeine Weise meinen, ganz besonders zu sein. Viele der heutigen »Promis« sind nicht berühmt dafür, dass sie irgendetwas wissen oder gut können; sie sind vielmehr berühmt dafür, dass sie berühmt sind (»famous for being famous«; man spricht auch vom *»Paris Hilton«-Effekt*).[8]

Noch bevor Kinder durch Fernsehen und Internet beeinflusst werden (man möchte fast sagen: meistens noch vorher), bereiten manche Eltern schon mit einem eher nachsichtigen oder gar nachlässigen (sogenannten »permissiven«) Erziehungsstil den Nährboden für die Entwicklung von Einsamkeit vor: Was immer die Kinder tun – sie sind »die Größten« und bekommen dies auch permanent gesagt. Was dabei herauskommt, ist mittlerweile wissenschaftlich gut untersucht:[9] selbstverliebte, wenig am Wohlergehen anderer interessierte junge Erwachsene, die glauben, ohne jegliche Eigenleistung dazu bestimmt zu sein, einen erstklassigen Arbeitsplatz zu bekommen, reich zu werden und unter den besten nur denkbaren Verhältnissen leben zu können.

Vor allem in den USA wurden bis vor wenigen Jahren die Selbstbezogenheit und der damit einhergehende Materialismus zusätzlich noch durch die Selbstverständlichkeit, mit der Banken bis zum Ausbruch der Finanzkrise Kredite vergaben, gefördert. Diese vierte Säule der Entwicklung überbordender Selbstbezogenheit – neben permissiven Eltern, Fernsehen und Smartphone/Internet[10] – ist in den USA seit 2008 weggebrochen, was sich tatsächlich in einer leichten Abnahme materialistischer Einstellungen (ausgehend von einem sehr hohen Niveau) empirisch nachweisen lässt. Wirklich gebrochen wurde der Trend zu mehr Selbstbezogenheit – und damit zu mehr Einsamkeit und weniger Gemeinschaftsorientierung – durch die Rezession in den USA allerdings nicht. Betrachten wir diesen Trend noch etwas genauer: Zu ergänzen wäre noch aus europäischer Sicht, dass solche Trends aus den USA mit 10 bis 15 Jahren Verspätung auch hierzulande – meist etwas abgemildert – zu beobachten sind. Die Finanzkrise hatte ab 2008 auch Europa erfasst, allerdings nicht mit der gleichen Intensität wie die USA.

Generation Ich

Als Angehöriger der Generation der Babyboomer (geboren Mitte der Vierziger- bis Mitte der Sechzigerjahre des letzten Jahrhunderts) kann ich mich noch gut daran erinnern, dass der Drang nach Freiheit und Autonomie, die Ablehnung vermeintlich »verstaubter« Werte, die Kritik am »System« etc. (wer etwa in meinem Alter ist, wird schon wissen, wovon ich rede) in der damaligen Jugendkultur eine bedeutende Rolle gespielt haben. Unser Verhalten wird den damals schon etwas Älteren wahrscheinlich egozentrisch und wenig einfühlsam vorgekommen sein. Aber dennoch waren wir damals immer als Gruppe unterwegs; wir gingen *gemeinsam* demonstrieren (für Solidarität mit den Arbeitern, gegen den Vietnamkrieg etc., also meist für die Belange *anderer*) und belegten *Gruppen*seminare zur *Selbst*findung. Niemand fand das damals paradox. Man redete miteinander nächtelang über Probleme (vor allem des Miteinanders); man studierte, wohnte und lebte zusammen. *Das* war wichtig.

Auf die Generation der Babyboomer folgte die Generation X. Ihr Aufkommen Mitte der Sechzigerjahre fiel mit dem Pillenknick in der gesamten westlichen Welt zusammen, also der deutlich sinkenden Zahl der Geburten aufgrund der Entwicklung der hormonellen Kontrazeptiva (Antibabypille).[11] Danach kam die Generation Y, auch Millennials genannt (geboren Anfang der Achtzigerjahre bis Anfang des neuen Jahrtausends). Die Millennials sind verglichen mit der Generation X wieder zahlenmäßig bedeutsamer, weil es in den Achtziger- und Neunzigerjahren zu einem erneuten deutlichen Anstieg der Geburtenrate gekommen war.

Die Generation der Millennials wird zuweilen mit den Babyboomern verglichen: Schon vor 40 Jahren bezeichnete man die damals jungen Babyboomer auch als die Generation Ich, »mit ihrer unerwarteten Entwicklung nach dem Zweiten Weltkrieg: dem von Millionen ganz normaler Leute genossenen Luxus, sich mit sich selbst zu beschäftigen«, wie es der amerikanische Schriftsteller Tom Wolfe im Jahr 1976 beschrieb. Ganz nach dem Motto der erfolgreichen amerikanischen Werbefachfrau Shirley Polykoff: »Wenn ich sowieso nur ein Leben habe, möchte ich es zumindest als Blondine leben.«

Tatsächlich liegen die Dinge bei den Millennials aber völlig anders als vor 40 Jahren. Denn es ist eine Sache, Bewährtes zu hinterfragen, neue Gedanken zu denken oder gar praktisch auszuprobieren, sich selbst zu suchen oder gar neu zu erfinden; und es ist eine ganz andere Sache, in eine Welt hineingeboren zu werden, die ganz anders *ist.* Es ist einfach alles schon da und ganz anders. Der größte Unterschied zu früher ist die Omnipräsenz digitaler Informationstechnik, durch die Aufmerksamkeit und Kommunikation, Werte und Haltungen und vor allem das ganz normale Handeln im Alltag völlig verändert wurden. »Selfie« war bereits im Jahr 2013 vom altehrwürdigen *Oxford-English Dictionary* als »Wort des Jahres« ausgerufen worden. Junge Leute bewerten sich und andere nach der Anzahl ihrer Facebook-Freunde und der Likes oder Follower auf Twitter. So entstand für die Generation der Millennials wiederum die Bezeichnung »Generation Me«[12], für die auch die Bezeichnungen »Look At Me«-Generation[13] oder »Generation Me Me Me«[14] verwendet wurden (siehe Abb. 1.2).

Der amerikanische Publizist Christopher Orlet kommentierte im Jahr 2007 kritisch: »Ich selbst war nicht Teil der Generation der Millennials, die mit einer Überdosis an Selbstüberschätzung und Technologie zur Eigenwerbung aufwuchs, was in der Kombination einen perfekten Sturm des Narzissmus entfesselt hat.«[15] Ihm zufolge ließen im Jahr 2007 zwei Drittel der College-Studenten überdurchschnittliche Anzeichen von Selbstverherrlichung erkennen – 30 Prozent mehr als 25 Jahre zuvor. Die Millennials seien zwar zuversichtlicher, selbstbewusster und Hals über Kopf in sich selbst verliebt, hätten hierzu jedoch überhaupt keinen Grund, beklagt der Autor und meint damit

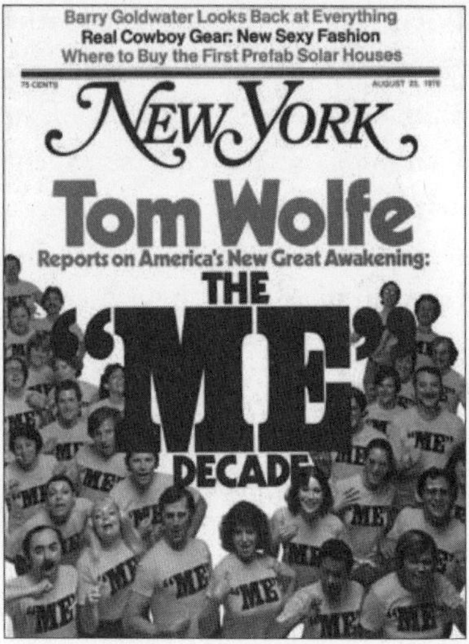

1.2: Titelseite zur »Generation Me« mit Bezug auf die Babyboomer (Titelseite des *New York Magazine* vom 23.8. 1976).

explizit ihre geringere Bildung, die ausgeprägtere Oberflächlichkeit, die »jämmerliche Armseligkeit« (wörtlich!) und geringere emotionale Reife.

Ist das nicht einfach nur romantisch verklärter Kulturpessimismus? Sind die jungen Menschen und ihre Kultur im Laufe der letzten Jahrzehnte tatsächlich zunehmend von Einsamkeit geprägt? Nicht wenige, zumeist ältere Menschen haben heutzutage den Eindruck, dass die Jüngeren egoistischer und weniger sozial eingestellt sind als früher. Aber war nicht schon immer früher alles besser? Waren nicht schon immer – aus der Sicht der Älteren – die jungen Leute faul, vorlaut, selbstbezogen und oberflächlich?

»Ich habe keine Hoffnung mehr für die Zukunft unseres Volkes, wenn diese von der leichtfertigen Jugend von heute abhängig sein sollte. Denn die Jugend ist ohne Zweifel unerträglich, rücksichtslos und altklug. Als ich noch jung war, lehrte man uns gutes Benehmen und Respekt vor den Eltern. Aber die Jugend von heute will alles besser wissen.« Dieses Zitat findet sich in vielfacher (und immer genau der gleichen) Form im Internet und wird dort dem griechischen Dichter Hesiod zugeschrieben, der vor mehr als zweieinhalbtausend Jahren lebte (vor 700 v. Chr.). Ein ganz ähnliches Zitat findet sich dort ebenfalls, das dem 250 Jahre späteren Sokrates (um 469–399 v. Chr.) zugeschrieben wird: »Die Jugend liebt heutzutage den Luxus. Sie hat schlechte Manieren, verachtet die Autorität, hat keinen Respekt vor den älteren Leuten und schwatzt, wo sie arbeiten sollte. Die jungen Leute stehen nicht mehr auf, wenn Ältere das Zimmer betreten. Sie widersprechen ihren Eltern, schwadronieren in der Gesellschaft, verschlingen bei Tisch die Süßspeisen, legen die Beine übereinander und tyrannisieren ihre Lehrer.«

Diese beiden Zitate scheinen zu belegen, dass »die Alten« sich schon immer über »die Jungen« beschwerten, ohne dass da irgendetwas dran ist. Man kann also trefflich darüber streiten: Kommt übertriebene Selbstbezogenheit und damit geringeres Interesse an Gemeinschaft heute tatsächlich häufiger vor als früher?

Für die einen steht fest: »Früher war das Gemeinschaftsgefühl einfach besser.« – »Man traf sich früher viel öfter für einen kurzen Plausch.« – »Der soziale Zusammenhalt und die Solidarität zwischen den Menschen waren früher ausgeprägter.« – »Die Menschen waren früher nicht so selbstverliebt wie heute.«

Andere entgegnen: »Ach, das meinst du nur!« – »Früher war nichts besser – diese Ansicht ist ein Produkt der rosa Brille für die Vergangenheit.« – »Immer die schimpfenden Alten mit ihren Gedächtnislücken.« Wer hat nun recht? Wie kommt man hier weiter?

Subjektives Erleben versus objektive Tatsache

Einsamkeit ist nicht das Gleiche wie soziale Isolation, sondern deren psychologischer Aspekt. Mit Einsamkeit wird ein subjektives Erleben bezeichnet – man *fühlt* sich einsam –, wohingegen soziale Isolation objektiv gemessen werden kann (wie einsam *ist* man?). Wer allein lebt (Singlehaushalt), wenige Sozialkontakte hat oder nur ein kleines Netzwerk von sozialen Beziehungen aufrechterhält, weist eine größere soziale Isolation auf als jemand, der viele Freunde und Bekannte hat und mit anderen zusammenlebt. Ob dieser Mensch sich deswegen einsam fühlt, ist dennoch offen. Ein an Depression erkrankter Mensch kann in einer intakten Familie leben, sehr viele Freunde und Bekannte haben und sich dennoch sehr einsam fühlen. Manchmal suchen Menschen die Einsamkeit gezielt auf (meist nur für einen gewissen Zeitraum; vgl. hierzu das letzte Kapitel in diesem Buch) und fühlen sich dabei sehr wohl. Die Zusammenhänge sind also nicht einfach, sondern kompliziert!

Erlebte Einsamkeit und tatsächliche soziale Isolation sind nicht dasselbe. Sie hängen nicht einmal so stark zusammen, wie man zunächst annehmen könnte (siehe Grafik 1.3). So fanden

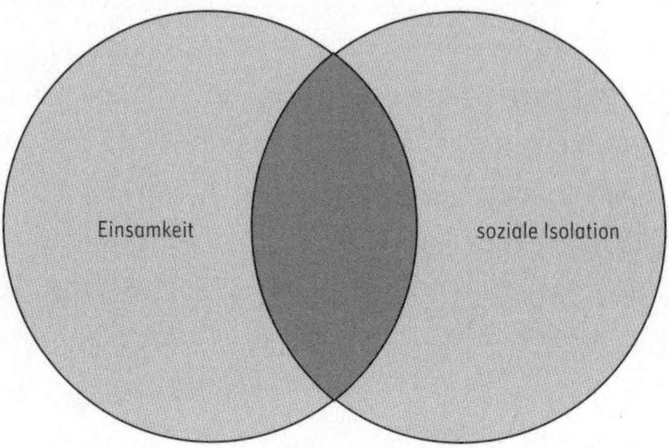

1.3: Einsamkeit und soziale Isolation sind nicht dasselbe: Jemand kann sich einsam fühlen, obwohl er nicht sozial isoliert ist. Umgekehrt kann jemand sozial isoliert sein, ohne sich einsam zu fühlen. Der Anteil der Menschen, bei denen beides zutrifft, ist gemäß wissenschaftlichen Studien kleiner, als man erwarten würde.

Caitlin Coyle und Elizabeth Dugan[16] in einer Studie mit 11 825 Personen nur eine Korrelation von 0,2 zwischen Einsamkeit und tatsächlicher sozialer Isolation.

Methodisch werden Einsamkeit und soziale Isolation mit unterschiedlichen Skalen erfasst (vgl. die Tabellen 1.1 und 1.2).[17] Dabei macht es durchaus einen Unterschied, wie man hier im Einzelnen vorgeht. Wenn man die soziale Unterstützung, die ein Mensch erlebt, mehrfach konkret abfragt, kann man damit dessen Einsamkeit besser erfassen, als wenn man nur einmal fragt.[18]

Ganz ähnlich ist es bei der sozialen Isolation: Man kann einfach nur fragen, ob jemand allein lebt oder nicht. Man kann aber auch sein soziales Umfeld sehr genau erfassen, wobei man im Allgemeinen zwischen engstem Freundeskreis, dem Kreis der (guten) Freunde und dem Bekanntenkreis unterscheidet (siehe Grafik 1.4).[19] Beste Freunde (gemäß Definition kann und würde man sie um Hilfe bitten, wenn man Hilfe braucht) haben wir im Schnitt etwa eine Handvoll, gute Freunde (gemäß Definition würde deren Tod uns sehr nahegehen) 12 bis 15, Bekannte etwa 150.

Diese unterschiedlichen Netzwerke – beste Freunde, gute Freunde und Bekannte – bedingen einander in ihrer Größe: Wer viele beste Freunde hat, hat auch eher viele gute Freunde und viele Bekannte. Weil Frauen bekanntermaßen sozial kompetenter als Männer sind (dieser Unterschied zwischen den Geschlechtern gehört übrigens zu den wenigen, an denen wirklich etwas dran ist), haben sie im Durchschnitt auch etwas größere soziale Netzwerke als Männer. Man weiß auch, dass in diesen Netzwerken mehr gleichgeschlechtliche Menschen vorkommen (Männer haben mehr Männer als Freunde, Frauen mehr Frauen), dass sich die Menschen stark hinsichtlich der Größe ihrer sozialen Netzwerke unterscheiden. Die meisten Menschen sind erstaunt darüber, dass diese Unterschiede teilweise erblich bedingt sind.[20]

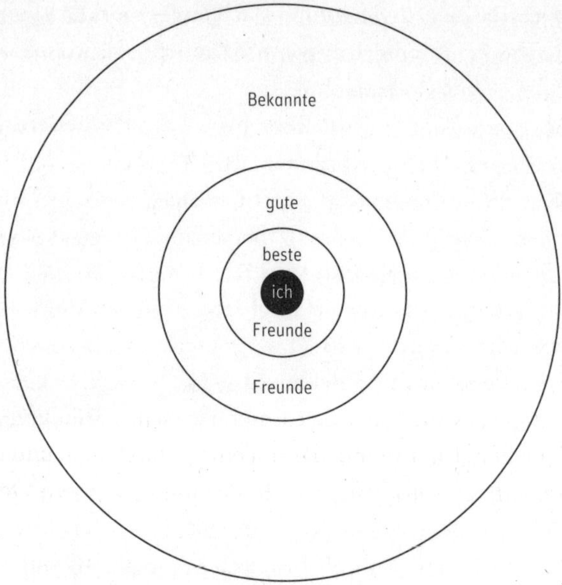

1.4: Aufbau des sozialen Netzes eines Menschen.[21] Die Darstellung entspricht unserem Sprachgebrauch: Jeder hat einen »engsten Freundeskreis«, einen »Freundeskreis« und einen »Bekanntenkreis«. Sie sind unterschiedlich groß und ineinandergeschachtelt. Die genaue Zahl (Größe der Kreise) variiert von Mensch zu Mensch erheblich.

Manche Persönlichkeitsmerkmale wie beispielsweise Schüchternheit oder Neugierde haben kaum eine Auswirkung auf die Größe der sozialen Netzwerke einer Person.[22] Andere hingegen schon: Besonders das Einfühlungsvermögen einer Person und ihre Selbstbezogenheit (Narzissmus) haben einen großen Einfluss auf ihre sozialen Netzwerke. Zudem gilt, was gerne vergessen wird: Wer ein besseres Gedächtnis hat, hat mehr *gute* Freunde. Zugleich gilt auch: Wer mehr Einfühlungsvermögen hat, hat mehr *beste* Freunde![23] Das verwundert nicht: Man hat mehr gute Freunde als beste Freunde, die Zahl der guten Freunde hängt somit eher davon ab, wie gut man sich etwas merken kann. Die Zahl der besten Freunde hingegen ist ohnehin klein, sodass das Gedächtnis keine Rolle spielt.

Menschen mit ausgeprägterem Mitgefühl für andere Menschen haben mehr beste Freunde als Menschen, die »gefühlskalt« bzw. egoistisch wirken. Das ist wichtig, denn die Zahl der besten Freunde bestimmt ganz wesentlich, wie einsam sich jemand fühlt. Da die Ausmaße der Kreise jedoch miteinander in Beziehung stehen, haben gemeinschaftsorientierte Menschen im Allgemeinen nicht nur mehr beste Freunde, sondern auch mehr gute Freunde sowie mehr Bekannte.

Wichtiger als die Quantität unserer sozialen Bindungen ist deren Qualität: Ein Freund, der mit einem durch dick und dünn geht, ist wichtiger als 500 virtuelle Bekannte in einem Online-Netzwerk. Das leuchtet unmittelbar ein.

Neben den Freunden und Bekannten spielt nicht zuletzt die Familie eine große Rolle hinsichtlich der Quantität und Qualität von Sozialkontakten: Im Hinblick auf die Qualität gibt es alles, von völlig zerstrittenen und sich aus dem Wege gehenden Geschwistern, Eltern und Kindern bis hin zu über Generationen gewachsenen sehr tragfähigen Verbindungen, in denen sich der Einzelne besser aufgehoben fühlt als irgendwo sonst. Und schließlich macht es einen Unterschied, ob jemand mehr oder weniger regelmäßig mit einem Partner intime Zärtlichkeiten austauscht oder nicht: Mehr oder weniger regelmäßiger (»verlässlicher«) Körperkontakt reduziert einerseits Angst und Stress und fördert das Wohlbefinden eines Menschen in ganz besonderem Maße.[24]

Wie misst man soziale Isolation und Einsamkeit?

All dies ist wichtig, wenn man ermitteln will, wie einsam sich jemand fühlt bzw. wie sozial isoliert ein Mensch ist. Mancher lebt zwar allein (also in einem Singlehaushalt), ist aber dauernd mit Freunden zusammen, wohingegen andere z. B. als Paar im fortwährenden Rosenkrieg zusammenleben und nur selten mit anderen Kontakt haben.[25] In der Forschungspraxis haben sich im Lichte dieser Überlegungen mittlerweile eine Reihe kurzer Fragebögen etabliert, die man verwendet, um soziale Isolation oder Einsamkeit zu erfassen. Bei diesen Verfahren geht es immer um einen Kompromiss zwischen Länge (bzw. Kürze!) und Aussagekraft: Die eine Frage »Leben Sie allein?« bringt weniger Genauigkeit als eine Reihe von Fragen, deren Antworten man dann zu einem Summenscore zusammenfasst, auch wenn man dabei dann Äpfel, Birnen und Orangen miteinander verrechnet und sich fragen muss, mit welchem Recht man dies tun darf. Aber ebenso, wie man die Frage »Wie viel Obst essen Sie?« im Kontext der Ernährung durchaus genauer beantworten wird, wenn man Obstsorten abfragt und dann addiert, kann auch die Addition von Onkeln, Enkeln und besten Freundinnen sinnvoll sein – nicht zuletzt, weil Einsamkeit sich wie die Ernährung auch auf die Gesundheit auswirkt. Und da sollte man sich auf verlässliche Erkenntnisse stützen können.

Wenn Sie wissen wollen, wie es um den Grad Ihrer sozialen Isolation steht, gehen Sie die fünf Items in Tabelle 1.1 durch und geben Sie sich für jedes mit »Ja« beantwortete Item einen Punkt. Wenn Sie einen Wert von 0 oder 1 haben, würden Sie von den Machern des Fragebogens als gering oder durchschnittlich sozial isoliert eingestuft werden, bei einem Wert von 2 oder mehr hingegen als hochgradig sozial isoliert.[26]

Mit Fragebögen kann man nicht nur objektive Sachverhalte, sondern auch subjektives Erleben erfassen. So wird Einsamkeit

Item-Nr.	Item
1	unverheiratet/kein Geschlechtsverkehr
2	weniger als einmal im Monat Kontakt*) mit Kindern
3	weniger als einmal im Monat Kontakt*) mit anderen Familienmitgliedern
4	weniger als einmal im Monat Kontakt*) mit Freunden
5	keine Clubmitgliedschaft, keine Teilnahme an nachbarschaftlichen Gemeinschaften, religiösen Gemeinschaften oder ehrenamtlichen kommunalen Aktivitäten (»committees«)

*) Entweder persönlich (»face to face«), telefonisch, brieflich oder per E-Mail.

Tabelle 1.1: Die Messung von sozialer Isolation aufgrund von fünf Items, was in einem Summenscore von 0 bis 5 resultiert, der die Ausgeprägtheit der sozialen Isolation angibt.[27]

seit 1980 in sehr vielen Studien mit einem an der University of California, Los Angeles (UCLA) entwickelten Fragebogen erfasst. Die sogenannte *UCLA Loneliness Scale* besteht aus 20 Fragen, die jeweils vierstufig zu beantworten sind (»nie«, »selten«, »manchmal«, »oft«).[28] Ordnet man diesen Antworten die Zahlen von 1 bis 4 zu, dann ergeben sich ein Minimalwert von 20 und ein Maximalwert von 80. Zwischen diesen Werten kann also der Einsamkeitsgrad von befragten Personen variieren. Praktikabler (weil kürzer) und daher auch in jüngerer Zeit häufiger eingesetzt ist die *Three-Item Loneliness Scale* (Tabelle 1.2), die im Jahr 2004 von der amerikanischen Sozialpsychologin Mary Elizabeth Hughes und Mitarbeitern erarbeitet wurde.

Wenn Sie also wissen wollen, in welchem Maß Sie Einsamkeit erleben, dann gehen Sie die drei Items in Tabelle 1.2 einzeln durch und fragen Sie sich jeweils, ob dies für Sie oft (2 Punkte), manchmal (1 Punkt) oder selten (0 Punkte) zutrifft. Wenn Sie einen Wert von 0 bis 2 haben, würden Sie von den Machern des Fragebogens als geringfügig oder durchschnittlich einsam ein-

Item-Nr.	Item	Item
1	First, how often do you feel that you lack companionship?	Wie oft empfinden Sie, dass Ihnen ein anderer Mensch fehlt?
2	How often do you feel left out?	Wie oft fühlen Sie sich verlassen?
3	How often do you feel isolated from others?	Wie oft fühlen Sie sich von anderen isoliert?

Tabelle 1.2: Drei Fragen zur Einsamkeit (*Three-Item Loneliness Scale*;[29] die Übersetzung der Items ins Deutsche ist schwierig, weswegen sie auch im Original wiedergegeben sind). Zu Beginn des Tests werden der Person der Einführungssatz und die Fragen vorgelesen. »Die nächsten Fragen zielen darauf ab, wie Sie sich im Hinblick auf verschiedene Aspekte Ihres Lebens fühlen. Sagen Sie mir bitte bei jeder einzelnen Frage, wie oft Sie sich so fühlen.« Die drei Fragen sind jeweils dreistufig (»selten« – »manchmal« – »oft«) zu beantworten. Ordnet man den drei Stufen die Werte 0, 1 und 2 zu, ergeben sich Gesamtwerte von 0 (nicht einsam) bis 6 (sehr einsam).

geschätzt, bei einem Wert von 3 oder mehr hingegen als hochgradig einsam.[30]

Durch diese Art der Befragung fand man beispielsweise heraus, dass Menschen über ihr gesamtes Leben hinweg betrachtet in unterschiedlichem Ausmaß zum Erleben von Einsamkeit neigen, je nachdem, wie alt sie gerade sind. Wie eingangs bereits festgestellt, wird Einsamkeit vor allem von jüngeren und von älteren Menschen erlebt, wohingegen Menschen im mittleren Alter zwischen etwa 25 und 55 Jahren eher davon verschont sind. Im Hinblick auf das Geschlecht gibt es eine Wechselwirkung mit dem Familienstand: Am einsamsten sind unverheiratete Männer, gefolgt von unverheirateten Frauen und, mit einem gewissen Abstand, verheirateten Frauen. Am wenigsten einsam fühlen sich verheiratete Männer.[31]

Miteinander gegen Einsamkeit: Mitgefühl

Mitgefühl ist eine im Lauf der Evolution des Menschen entstandene *mehrschichtige* Fähigkeit.[32] Sie ist klar zu unterscheiden von der automatisch ablaufenden und auch im Tierreich zu beobachtenden sozialen und emotionalen Ansteckung:[33] Ein Vogel schreit aufgeregt, und der ganze Vogelschwarm hebt ab. Ein Mensch sieht, dass jemand Schmerzen hat, und verspürt daraufhin selbst ein ganz unangenehmes Gefühl. Dieses Phänomen wird als *Sympathie* (griechisch: *syn* = mit, *pathein* = leiden) bezeichnet. Sympathie bedeutet wörtlich genommen »mit-leiden«, das Wort hat allerdings im Laufe der Zeit einen Bedeutungswandel vollzogen (siehe unten). Diese Form des Mit-Fühlens läuft automatisch ab und ist nicht auf den Menschen beschränkt, sondern beispielsweise auch bei Mäusen und Ratten eindeutig nachweisbar.[34] Bereits Charles Darwin wies darauf hin, dass »viele Tiere ganz gewiss mit der Bedrängnis und Gefahr ihresgleichen mitfühlen«.[35] Wenn im Kino Zuschauer sich bei brutalen Szenen die Hände vors Gesicht halten, dann möchten sie verhindern, dass sie die auf der Leinwand gezeigten Qualen *selbst* fühlen. Denn dies geschieht automatisch – mehr oder weniger intensiv. Menschen sind unterschiedlich sensibel und weisen verschiedene Ausprägungen des Mitleidens auf. In der wissenschaftlichen Literatur spricht man hinsichtlich dieser Form des Mitgefühls auch von »emotionaler Empathie« *(emotional empathy)*.

Empathie hat heute meist eine andere Bedeutung. Empathisch sind wir, wenn wir um einen Menschen angesichts der besonderen Umstände, in denen er sich befindet, besorgt sind. Es ist eine Form der aktiven Zuwendung, die bewusst erfolgt, und nicht eine »Ansteckung« mit dem gleichen Gefühl eines anderen Menschen. Wir sorgen uns um einen leidenden Mitmenschen, und unser Handeln ist geleitet vom Wunsch nach Abhilfe seiner Qualen. Dies setzt erstens voraus, dass die »Umstände«

(der Kontext) als solche erkannt und bewertet werden können, und zweitens, dass die eigenen Emotionen von denen eines anderen unterschieden werden können. Beides sind – verglichen mit einfachem Mitgefühl – höhere geistige Leistungen; man spricht deshalb auch von kognitiver Empathie (*cognitive empathy;* eine weitere Bezeichnung wäre *empathic concern*).

Diese Form des Mitgefühls äußert sich beispielsweise im Spenden von Trost und Umarmen oder Streicheln eines Artgenossen, der gerade im Kampf unterlegen war bzw. verletzt wurde. Dachte man früher, dass nur Menschen zu derart komplexen Affekten fähig seien, so ist heute nachgewiesen, dass auch Menschenaffen (sowohl in Gefangenschaft als auch frei lebend) häufig Trost spenden. Während andere Affenarten dieses Verhalten nur selten oder gar nicht an den Tag legen, lässt es sich auch bei Delfinen, Elefanten und einigen Vogelarten (Raben und Krähen, die teilweise Schimpansen in ihrem intelligenten Verhalten übertreffen)[36] beobachten. Dies sind Tierarten, die in Gemeinschaften leben und zu »höheren« geistigen Leistungen (wie Werkzeuggebrauch und/oder dem Erkennen des eigenen Spiegelbilds) fähig sind. Wer hätte noch vor 20 Jahren gedacht, dass auch Saatkrähen Trost spenden können, dass Schimpansen dies recht häufig tun und Menschen sich in dieser Hinsicht beispielsweise nach Raubüberfällen ganz ähnlich verhalten wie nichtmenschliche Primaten nach aggressiven Handlungen: Unbeteiligte nähern sich dem Opfer und spenden Trost.[37]

Eine noch komplexere Form der Empathie ist die Fähigkeit, sich in einen anderen hineinzuversetzen, seine Perspektive einzunehmen und ihm daraufhin zielgerichtet zu helfen *(empathic perspective taking)*. In der Psychologie spricht man von der Fähigkeit zur *Theory of Mind* und bezeichnet damit das Vermögen, gewissermaßen »in die Haut« eines anderen zu schlüpfen, um die Welt mit »dessen Augen zu sehen«. Menschenaffen können dies bis zu einem gewissen Grad, beim Menschen ist die Fähigkeit zur Perspektivenübernahme jedoch ungleich differenzierter und wesentlich stärker ausgeprägt als bei allen anderen Lebewesen. Menschen haben oft komplexe Gedanken (»Was wäre, wenn Hans dächte, dass Lisa dächte, ich würde mit Lucy befreundet sein?«), die je nach Kontext (Wer mag wen? Wer ist hier »ich«?) ganz unterschiedliche Emotionen und Handlungen bewirken.

Die hier dargestellte Sicht der Empathie als komplexes mehrschichtiges Phänomen hat Konsequenzen, von denen drei hervorzuheben sind.

1) Die komplizierteren Formen der Empathie funktionieren nur »auf dem Rücken« der einfacheren: Wenn ich die Perspektive meines Feindes einnehme, um ihn besser töten zu können (also *ohne* mitzufühlen), sprechen wir *nicht* von Empathie.

2) Die evolutionäre Sicht macht deutlich, dass es sich bei Empathie nicht um eine kulturell gelernte Fähigkeit handelt (wie beispielsweise das Essen mit Messer und Gabel), sondern um eine tief in der Biologie des Menschen verwurzelte Funktion (wie beispielsweise die Nahrungsaufnahme oder die Ausscheidung). Wie fast alles, was die Menschen ausmacht oder was sie tun, ist auch unsere Biologie stark kulturell beeinflusst, überformt oder geprägt (wir benutzen Essbesteck und die Toilette). Dies darf jedoch nicht den Blick dafür verstellen, dass die grundlegenden Funktionen selbst nicht Teil unserer Kultur, sondern unserer Biologie sind. Diese Feststellung ist an dieser Stelle deswegen so wichtig, weil das »Wesen« des Menschen häufig als grundsätzlich böse eingestuft wird. Der englische Philosoph Thomas Hobbes prägte den Satz »Der Mensch ist dem Menschen ein Wolf« – dies ist die Formel für die Annahme, dass eine *biologisch* fest verankerte Tendenz zu Egoismus, Narzissmus und Aggressivität das menschliche Handeln ganz wesentlich bestimmen würde. Daraus wurde und wird nicht selten abgeleitet, dass nur durch drastische *kulturelle* Maßnahmen – je nach Ideologie: Erziehung, Dressur, Unterweisung, Modelllernen, Einsicht – unsere »böse Natur« gezähmt werden könne und

müsse und nur so unsere Gemeinschaft überhaupt möglich sei. Diese Sicht der Dinge ist zu einfach![38] Menschen sind biologisch weder gut noch böse, sie tragen vielmehr Anlagen für beides in sich. Wie die Entwicklung dieser Anlagen im Laufe eines individuellen Lebens erfolgt, ist offen und wird stark durch den jeweiligen kulturellen Kontext beeinflusst. Kein Mensch erzieht sich selbst. Und so wird verständlich, warum die Entwicklung von Mitgefühl beim Kind stark von der Kultur abhängt, in der es aufwächst.

3) Beim heranwachsenden Kind lässt sich gut beobachten, wie sich Mitgefühl aus verschiedenen Schichten zusammensetzt, die keineswegs alle zugleich auftreten. Vielmehr unterliegen schon Babys der Ansteckung – sie schreien, wenn ein anderes Baby schreit. Zwischen 14 und 18 Monaten beginnen Kleinkinder mit zielgerichtetem Helfen, und mit drei Jahren spenden sie schon Trost und handeln reziprok, d. h., sie behandeln andere abhängig davon, wie sie von ihnen behandelt wurden. Das Helfen, Spenden von Trost und Vermitteln bei Konflikten verstärkt sich zwischen fünf und sechs Jahren noch deutlich.[39] In diesem Alter verstehen Kinder auch schon, wenn einer (A) einem anderen (B) hilft, und verhalten sich nach einer solchen Beobachtung eher helfend gegenüber A – man spricht hier von indirekter Reziprozität. Im weiteren Verlauf lernen Kinder immer differenziertere, dem jeweiligen Kontext entsprechende soziale Verhaltensweisen – vermittelt durch das gelebte soziale Miteinander gemäß den Regeln des kulturellen Kontexts.

Betont die in einer Gesellschaft gelebte Kultur Selbstbezogenheit, Egoismus und Materialismus, so wird sich entsprechendes Verhalten bei den heranwachsenden jungen Menschen eher ausbilden. Entsprechend werden die Chancen für prosoziales Verhalten geringer und das Risiko von Einsamkeit größer. Damit kommen wir zurück zur oben gestellten Frage: Ist das wirklich so, oder meinen dies die Alten immer nur von den Jungen?

Narzissmus statt Empathie

Im Herbst 2016 war im Ruhrgebiet in einer Filiale der Deutschen Bank vor einem Geldautomaten ein 82-jähriger Rentner bewusstlos zusammengebrochen. Vier Personen stiegen nacheinander über ihn hinweg, holten Geld und gingen wieder – ohne zu helfen. Erst der fünfte Bankkunde leistete Hilfe; der Mann verstarb jedoch danach in einer Klinik.[40] »Schlägereien gab es schon immer«, sagen Polizisten, »aber heute treten die Leute auch dann noch ihrem Gegner ins Gesicht, wenn der schon regungslos am Boden liegt.« Berichte von Unfällen mit Verletzten, denen niemand hilft, die aber mit dem Smartphone schnell fotografiert werden, liest man seit einigen Jahren in den Zeitungen.[41]

Solche anekdotischen Berichte können lediglich illustrieren, was mittlerweile auch durch harte Daten belegt wurde: Das Mitgefühl der Menschen nimmt ab. Eine Metaanalyse von 72 Befragungen über drei Jahrzehnte hinweg (1979 bis 2009) mit Daten von insgesamt 13737 Studenten ergab einen deutlichen Rückgang der Empathie *(empathic concern)* und der Fähigkeit zur Einnahme der Perspektive anderer *(perspective taking)*. Sonstige ebenfalls erfragte persönliche Eigenschaften wie beispielsweise das jeweilige Vorstellungsvermögen oder bekundete Probleme im Zusammenleben mit anderen waren demgegenüber während des Befragungszeitraums konstant. Ab dem Jahr 2000 war der Empathie- und Perspektivenwechselrückgang besonders deutlich ausgeprägt (siehe Grafik 1.5).

Die Autoren der Studie verweisen in ihrer Diskussion der Frage, warum die Empathiefähigkeit der Menschen abnimmt, auf parallel verlaufende Trends unter jungen Menschen; so ist beispielsweise eine zunehmende materialistische Einstellung zu verzeichnen.[42] In einer Umfrage aus dem Jahr 2006 gaben 81 Prozent der 18- bis 25-Jährigen an, dass »reich werden« eines der wichtigsten Ziele ihrer Generation sei, für 64 Prozent war es

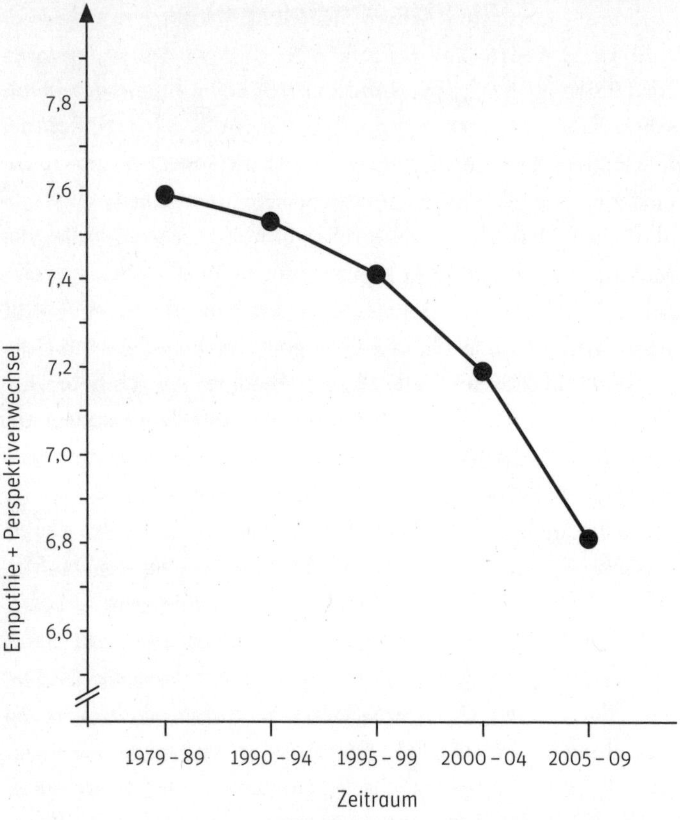

1.5: Summe der Werte für die Fähigkeiten *Mitgefühl* und *Perspektivenwechsel* über drei Jahrzehnte hinweg. Der Rückgang der Fähigkeit sowohl zur Empathie ($p < 0{,}002$) als auch zum Perspektivenwechsel ($p < 0{,}03$) war jeweils für sich statistisch bedeutsam.[43]

das wichtigste Ziel. Nur 30 Prozent der Befragten gaben als wichtigstes Ziel »den Hilfsbedürftigen helfen« an.[44]

Eine ganze Reihe weiterer Studien belegt, dass narzisstische Persönlichkeitszüge in den letzten Jahrzehnten stark zugenommen haben.[45] Ein Beispiel: Der Aussage »Ich bin eine bedeutende Person« stimmten Anfang der Fünfzigerjahre nur 12 Prozent der 14- bis 16-Jährigen zu, Ende der Achtzigerjahre waren es 77 Prozent der Mädchen und 80 Prozent der Jungen in diesem Alter.[46]

Kurz zur Klärung der Begriffe: Unter *Narzissmus* versteht man die Charaktereigenschaft der maßlosen Ichbezogenheit, die sich in Selbstverliebtheit steigern kann. Die Bezeichnung geht auf den griechischen Mythos vom jungen Narziss zurück, der am eindrücklichsten von dem römischen Dichter Ovid (43 v. Chr. – 17 n. Chr.) in seinen *Metamorphosen* überliefert wurde. Weil Narziss die Liebe einer Frau nicht erwiderte, wurde der Jüngling mit unstillbarer Selbstliebe bestraft; er starrte unentwegt auf sein Spiegelbild im Wasser (siehe Abb. 1.6) und verwandelte sich schließlich in eine schöne Blume – daher der Name »Narzisse«.

Bis heute wird Narzissmus als Charaktereigenschaft in einem kritischen Sinn gebraucht.[47] Man unterscheidet hierbei narzisstische Persönlichkeitszüge, die bei jedem Menschen mehr oder weniger stark vorhanden sind und mit entsprechenden Skalen, sogenannten Persönlichkeitsinventaren, gemessen werden können, von der narzisstischen *Persönlichkeitsstörung* als einer Diagnose im Bereich der Psychiatrie. Große Datensätze, die über Jahrzehnte hinweg im Rahmen wissenschaftlicher Studien an verschiedenen Orten gewonnen wurden, zeigen ein vermehrtes Aufkommen narzisstischer Persönlichkeitszüge in den letzten Jahrzehnten, im gleichen Zeitraum ist auch die Auftretenshäufigkeit (Prävalenz) der narzisstischen Persönlichkeitsstörung auf das Dreifache angestiegen.[48]

Wissenschaftliche Studien belegen ebenfalls, dass im Gegensatz zu früher junge Menschen heute weniger spenden (sie spendeten schon immer nicht gerade viel, denn sie haben ja auch noch nicht viel Geld; aber früher hatten sie noch weniger und spendeten dennoch mehr). Sie verhalten sich egoistischer, sind weniger empathisch, haben eine stärker ausgeprägte materia-

1.6: Das bekannteste Bildnis zum Mythos des Narziss ist sicherlich das Ölgemälde von Michaelangelo Merisi da Caravaggio (1571–1610) in der Nationalen Kunstgalerie in Rom.

listische Einstellung, lügen eher, befinden sich seltener in einer festen Beziehung, lassen mehr Schönheitsoperationen an sich durchführen und neigen eher zu Aggressivität.

Manche Wissenschaftler sprechen mit Bezug auf den zunehmenden Narzissmus daher auch von einer Epidemie: »In

Anbetracht der Beweislage, insbesondere der Verdreifachung der Lebenszeit-Prävalenz der narzisstischen Persönlichkeitsstörung, glauben wir nicht, dass die Verwendung des Begriffs Epidemie hier übertrieben ist.« Die Autoren der Studie zitieren *Webster's Dictionary* (in der Folge *kursiv*) und fahren fort: »Dies trifft insbesondere im Lichte der Definition des Wortes Epidemie als Krankheit zu, *die eine untypisch große Zahl von Individuen in einer Population betrifft.*«[49]

Die Diskussion über die Frage, ob und wie sich »die Jugend« im Hinblick auf Selbstsucht und Solidarität geändert hat, ist damit durchaus in der Wissenschaft angekommen, verlief jedoch zunächst kontrovers: Die einen behaupteten, es gäbe eine starke Zunahme des Narzissmus,[50] die anderen wiegelten mit Daten ab, die dies nicht zu bestätigen schienen. Es wurden jedoch methodische Probleme dieser Daten aufgedeckt, und letztlich ist mittlerweile gut belegt, dass Egozentrismus zugenommen und Gemeinschaftsdenken abgenommen hat.

Man kann hinzufügen: Auch wenn Sokrates schon vor knapp 2500 Jahren gesagt haben mag, dass die jungen Leute zu viel Süßes essen, bedeutet dies nicht zwangsläufig, dass der Satz heute falsch ist. Kein Mensch würde das als Argument gegen das nachweislich epidemisch auftretende Übergewicht bei jungen Leuten ernst nehmen. Man hat nämlich ganz einfach viele Kinder verschiedenen Alters zu verschiedenen Zeitpunkten und mehrfach wiederholt in vielen entwickelten Ländern gewogen und dadurch wissenschaftlich nachweisen können, dass Kinder heute mit einer größeren relativen Häufigkeit übergewichtig sind als früher.

Und im Hinblick auf die beiden oben genannten Zitate von Sokrates und Hesiod kommt hinzu, dass ich die Quellen trotz einigen Aufwands nicht lokalisieren konnte. Auch die Tatsache, dass die im Internet vielfach zu findenden Zitate nirgends quellenmäßig belegt und immer im gleichen Wortlaut wiedergegeben werden (handelte es sich um übersetzte Originalquellen, würden die Übersetzungen zumindest etwas voneinander abweichen), legt nahe, dass sie – wie vieles im postfaktischen Netzzeitalter – frei erfunden sind.[51]

Geht es um psychologische Sachverhalte wie den Narzissmus, wird dem gleichen Argument, das wir bei der Ernährung nicht durchgehen lassen würden, große Bedeutung beigemessen – nicht zuletzt, weil erstens sich die meisten Menschen »von Natur aus« für Psychologen halten und weil zweitens die wenigsten Menschen wissen, wie Psychologie als Wissenschaft funktioniert. Denn auch in der Psychologie wird gemessen und verglichen; es werden Durchschnittswerte gebildet und Abweichungen festgestellt, benannt und interpretiert.

Für die Skeptiker unter den Lesern sei an dieser Stelle noch eine weitere Untersuchung hierzu angeführt, weil sie das Gleiche – mehr »ich« und weniger »wir« im Denken der Menschen – mit einer völlig anderen Methodik ermittelte.

Könnte man nicht einfach in ein paar Hunderttausend Büchern aus unterschiedlichen Epochen die Wörter »ich« und »wir« zählen und auf dieser Basis prüfen, ob sich der Gebrauch dieser Wörter über die Zeit geändert hat? Und wenn die Bedeutung eines Wortes letztlich in seinem Gebrauch besteht, wie der österreichische Philosoph Ludwig Wittgenstein eindrucksvoll herausgearbeitet hat, dann sollte die Bedeutung eines Wortes auch mit der Häufigkeit seines Gebrauchs zusammenhängen.

Es gehört zu den Segnungen der modernen Informationsgesellschaft, dass heute genau solche wissenschaftlichen Studien möglich sind, von denen man bis vor wenigen Jahren nicht einmal zu träumen gewagt hätte. Die Funktion *Ngram* der Suchmaschine *Google* erlaubt solche statistischen Auswertungen von Texten, die ein einzelner Mensch niemals lesen könnte, und ermöglicht damit eine ganz neue Form von quantitativer Kulturwissenschaft. Mit diesem Verfahren untersuchten amerikanische Wissenschaftler die Verwendung der Wörter »ich« (bzw. »mein«, »mir«, »mich«) und »wir« (bzw. »unser«, »uns«) in mehr als einer Dreiviertelmillion (genau 766513) amerikanischer Bücher, die im Zeitraum von 1960 bis 2008 publiziert worden waren. Hierbei zeigte sich über den gesamten Zeitraum eine Abnahme des Wortes »wir« um 10 Prozent und eine Zunahme des Wortes »ich« um 42 Prozent.[52]

Wer diese Erkenntnisse mit dem Argument »Wörter sind Schall und Rauch« abtut, hat nicht verstanden, worum es geht: Fragt man einzelne Menschen nach ihren Einstellungen, kann man ebenfalls feststellen, dass die Ichbezogenheit zu- und das Mitgefühl abgenommen hat. Aber sagen die Leute auch immer die Wahrheit? Und was sind schon solche Umfragen wert, wenn sie doch heute jeder mit seinen eigenen Interessen und Zielen durchführt, entsprechend die Fragen stellt und folgerichtig herausbekommt, was auch immer er herausbekommen will (oder haben Sie schon einmal erlebt, dass eine gewerkschaftsnahe Stiftung herausgefunden hat, dass es den Arbeitnehmern zu gut geht? Oder dass die Bertelsmann Stiftung herausgefunden hat, dass digitale Medien den Kindern schaden?). Die Daten aus einer Dreiviertelmillion Büchern sind daher nicht nur deutlicher, sondern auch belastbarer als die Daten aus Umfragen.

Soziales Kapital im Anthropozän

Im angloamerikanischen Sprachraum ist in diesem Zusammenhang oft von »sozialem Kapital« und dessen Verlust die Rede. Das Wort »Kapital« führt hier jedoch in die Irre, denn gemeint sind nicht die finanziellen Ressourcen einer Person, sondern deren soziales Netzwerk. Es ist ein »elastischer« Begriff mit einer ganzen Reihe unterschiedlicher Definitionen – je nach Forschungsfeld oder Forschungsdisziplin, in der er verwendet wird.[53] Es geht um Solidarität, Altruismus, Vertrauen, Gemeinschaft, Zusammenhalt und damit letztlich auch um den »sozialen Kitt«, der eine Gesellschaft zusammenhält und deren Funktionieren überhaupt erst erlaubt. Aus medizinischer Sicht ist bekannt, dass die Höhe des vorhandenen sozialen Kapitals der Mitglieder einer Gesellschaft mit einer besseren Gesundheit, einer geringeren Kriminalitätsrate und einem effizienteren Wirtschaften der Menschen einhergeht. Daher ist der Befund, dass das soziale Kapital in manchen Gesellschaften (wie beispielsweise den USA) in jüngster Zeit abgenommen hat, von nicht zu unterschätzender Bedeutung. Man kann vermuten, dass Ähnliches – vielleicht in abgeschwächter Form – auch für Deutschland gilt.

Die Menschheit als Art ist so erfolgreich, dass der ganze Planet von unserer Anwesenheit dominiert wird und bekanntermaßen immer mehr darunter leidet. Es ist also naheliegend, dass man das Erdzeitalter, in dem wir leben, als Anthropozän bezeichnet (griechisch: *anthropos* = Mensch, *kainos* = neu), weil der Mensch zu einem der wichtigsten Einflussfaktoren auf die biologischen, geologischen und atmosphärischen Prozesse auf der Erde geworden ist.

Tatsächlich hat der Mensch mittlerweile weltweit verbreitete und langlebige Ablagerungen von Materialien hinterlassen, die nur der Mensch technisch herstellen konnte, weswegen man sie auch als »Technofossilien« bezeichnet. Damit sind keine Kühlschränke, Autos oder Atomkraftwerke gemeint, sondern Spuren, die man (bei Ausgrabungen in ferner Zukunft) überall auf der Erde finden würde: Beton, Plastik und elementares Aluminium beispielsweise. Auch das radioaktive Material aus Kernwaffentests, Stickstoff und Phosphor aus Düngemittelfabriken und die Kohlenstoffpartikel aus der Verbrennung fossiler Energieträger haben charakteristische Spuren in geologischen Sedimentablagerungen hinterlassen.[54] Der Mensch hat am Aussterben sehr vieler Tierarten seit Jahrtausenden einen wesentlichen Anteil und beeinflusst mittlerweile durch seine Aktivitäten nachweislich das Klima.

Dies alles ist weithin bekannt und wird heftig diskutiert. Was dabei leicht außer Acht gerät, ist die Tatsache, dass einzelne

Menschen im Grunde vergleichsweise klein und schwach sind. Nur weil Menschen in der Lage sind, in großen Gemeinschaften zu kooperieren – mehr als jede andere Art –, vollbringen sie als Gruppe unglaubliche Leistungen: Sie bauen Häuser von mehr als 700 Metern Höhe, Schiffe von mehr als 300 Metern Länge und flogen schon vor knapp 50 Jahren mit mehr als 100 Meter hohen Raketen zum Mond und zurück.

Und die Menschen haben *Kultur;* sie verfügen über einen tradierten Schatz von Wissen und Fertigkeiten, sodass keiner bei null anfangen muss. Man streitet sich heute zwar darüber, ob wir damit völlig alleine sind oder ob es manche Formen von Kultur auch im Tierreich gibt, wie beispielsweise der gelernte Gesang bei Singvögeln und Walen oder der Werkzeuggebrauch bei Schimpansen und Krähen; dass aber Kultur beim Menschen in einem Ausmaß vorkommt, wie man es im Tierreich nicht findet, ist unbestritten. Somit gilt auch die Tatsache, dass der wichtigste Aspekt im Umfeld eines Menschen andere Menschen sind.

Lässt man einige der wesentlichen und überall wahrnehmbaren Veränderungen unserer Lebenswelt aus den vergangenen ein bis zwei Jahrzehnten an seinem geistigen Auge vorüberziehen, dann wird jedem deutlich, dass es Fortschritte und Rückschläge, Wirkungen und Nebenwirkungen, viel Produktion und viel Müll, viel Frieden und Versöhnung, aber auch viel Terror und Krieg gegeben hat und auch in naher Zukunft noch geben wird. Damit es besser wird, ist mehr Kooperation notwendig, auf allen Ebenen der Organisation unserer Gemeinschaft zwischen einzelnen Menschen und Staaten oder Verbünden von Staaten. Sozialer Rückzug gehört nicht zur Lösung, weder beim Einzelnen noch bei Staaten (denen man dann eine nationalistische Ausrichtung attestiert). Der Megatrend zur Singularisierung muss uns daher beunruhigen und zu denken geben.

Fassen wir zusammen

Ein großer Teil der Menschen in der entwickelten, »westlichen« Welt leidet zunehmend unter Einsamkeit. Seit Jahrzehnten leben wir in immer kleineren Haushalten und legen nicht mehr so viel Wert auf Gemeinschaft wie früher. Wir erziehen unsere Kinder in geringerem Maß als früher zu Gemeinschaftswesen, sondern trainieren ihnen überbordende Selbstbezogenheit an – verbreitete Phänomene sind das »You are so very special« im Kindergarten, die Medien-Teenie-Stars, die berühmt sind, weil sie berühmt sind, und die Flut von Selfies, die Jugendliche täglich im Internet versenden. Das mit Abstand am häufigsten fotografierte Motiv von Kindern und Jugendlichen: sie selbst (mit 68 Prozent).[55] Die Technik für das Erlernen und Ausleben des eigenen Narzissmus stellen wir ihnen zur Verfügung, ist sie doch Teil unserer gegenwärtigen Kultur. Bestandteil der Kultur sind auch günstige Kredite zur Befriedigung unseres materiellen Egoismus. Konsumiert wird in aller Regel allein: Man zieht sich 'nen Burger rein oder 'nen Film – das gemeinsame Abendessen oder die gemeinsame Aktivität in der Familie (beides ohne Bildschirm in Sichtweite, der Gemeinschaft vorgaukelt) sind vielfach rar geworden. Einsamkeit hat Konjunktur! Zugleich bedenken wir aber nicht, was dies langfristig für jeden Einzelnen und unsere Gemeinschaft bedeutet.

Im vergangenen Jahrzehnt wurden in der medizinischen und psychologischen Forschung wesentliche Fortschritte bei der Aufklärung der Ursachen, Wirkungen, Mechanismen und Folgen von Einsamkeit gemacht – von den körperlichen und vor allem neurobiologischen Grundlagen bis hin zur klinischen Anwendung. Was dabei herauskam, ist brisant, aber allgemein noch wenig bekannt. Das liegt unter anderem daran, dass die Arbeiten zum Thema über eine weite wissenschaftliche Literaturlandschaft verstreut veröffentlicht wurden, in Fachzeitschriften über Immunologie, Epidemiologie, Psychosomatik, Wirtschaftswissenschaften, Architektur, Städteplanung, Sozialmedizin, Genetik oder Geriatrie, um nur einige der Fachgebiete zu nennen, in denen die Problematik und Pathologie der Einsamkeit diskutiert werden. Da kann man leicht die Übersicht verlieren oder – noch schlimmer – gar nicht erst bekommen.

Zugleich müssen wir der Einsamkeit wesentlich mehr Aufmerksamkeit schenken, denn sie ist für jeden Einzelnen deutlich gefährlicher als andere bekannte todbringende Krankheiten. Umgekehrt gilt: Nichts ist gesünder im Sinne der Verlängerung des eigenen Lebens als die aktive Teilnahme an der Gemeinschaft mit anderen Menschen. Einsamkeit erlebt jeder von uns – der eine mehr und der andere weniger –, und man sollte sie nicht leichtfertig als »Nebensache« abtun. Sie kann jeden befallen, Jung und Alt, Mann und Frau, Arm und Reich. Und langfristig bringt sie uns um!

Auch eine noch so große Zahl von Einsiedlern oder Narzissten ist keine Gemeinschaft. Aus der Sicht jeder funktionierenden Gemeinschaft ist daher alles, was das Miteinander und die Kooperation von Menschen fördert, von existenzieller Bedeutung.

2

EINSAMKEIT TUT WEH

Gemeinschaft macht Spaß, ausgestoßen sein hingegen ist schmerzlich. Das kann jeder auf der Straße beobachten: Drei Kinder spielen mit einem Ball und sind fröhlich. Plötzlich kommt es aus irgendeinem ebenso unwichtigen wie sinnlosen Grund zum Streit, es spielen nur noch zwei miteinander, und der Dritte steht abseits und ärgert sich. Er fühlt sich ausgestoßen, zurückgelassen, abgelehnt, einsam. Was geht wohl in seinem Kopf vor?

Ballspielen im Scanner

Um dies herauszubekommen, haben amerikanische Wissenschaftler schon vor etwa 15 Jahren genau diese Alltagssituation in einen Magnetresonanztomografen (MRT; vgl. Abb. 2.1) hineinverlegt.[1] Die ganze Idee war damals neu und sehr ungewöhnlich, nicht nur weil in die enge Röhre, in der die zu untersuchende Person zur Aufnahme von Bildern des Gehirns liegen muss, kein Ball hineinpasst – vom Werfen einmal gar nicht zu reden. Revolutionär war die Idee vor allem deshalb, weil man mittels Bildern vom funktionierenden Gehirn das Sozialverhalten, also das Miteinander mehrerer Personen, untersucht hat. In den gut zehn Jahren davor hatte man zwar auch schon Bilder von Gehirnfunktionen wie Sehen, Hören, Sprechen, Fühlen, Bewerten oder Entscheiden gemacht. Diese Untersuchungen bezogen sich jedoch auf eine einzelne Person, die jeweils für sich allein analysiert wurde, indem sie nur auf sich gestellt auf bestimmte äußere Reize reagierte.

Die Untersuchung von Gruppenverhalten schien außerhalb der Reichweite der Methode zu sein, denn die Röhre eines MRT

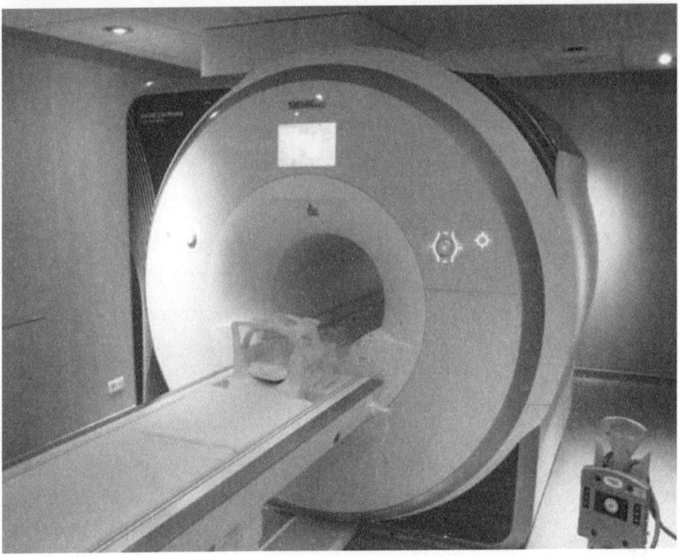

2.1: Im Magnetresonanztomografen (MRT) werden Bilder der Struktur und der Funktion des Gehirns erzeugt. Hierzu muss der Untersuchungsgegenstand – das Knie, der Bauch, die Brust oder der Kopf eines lebendigen Menschen – in ein sehr starkes Magnetfeld gebracht werden. Das Magnetfeld kann nur durch Stromfluss in einer Kupferdrahtspule, die mit flüssigem Helium gekühlt wird und dadurch supraleitend ist, erzeugt werden. Daher ist das auffälligste Merkmal eines MRT eine Röhre, in der die Person (bzw. ihr Bauch, Knie oder Kopf) liegen muss.

ist schon für eine Einzelperson recht eng. Wie untersucht man also das Ballspielen zu dritt mit einem MRT? Man spielt virtuell via Bildschirm und Controller ein Spiel, bei dem sich die drei Spieler einen virtuellen Ball auf einem virtuellen Spielfeld, das am Bildschirm dargestellt wird, gegenseitig zuwerfen. Dies kann man zunächst außerhalb des MRT üben und den Probanden dann sagen, dass man herausfinden möchte, was beim Ballspielen im Gehirn passiert.

In der Studie wurde den 13 gesunden Probanden (von denen jeder fürs Mitmachen 25 Dollar erhielt) zunächst mitgeteilt, dass sie gleich im MRT virtuell mit zwei anderen Versuchspersonen, die sich außerhalb des Labors befanden, Ball spielen könnten. Als die Probanden dann in der Röhre lagen, wurde ihnen gesagt, dass es mit der Verbindung vom MRT zu den anderen beiden Spielern noch technische Schwierigkeiten gebe, die anderen aber schon mal mit dem Spiel angefangen hätten. Die Probanden lagen also in der Röhre und schauten zu, wie auf dem Bildschirm zwei virtuelle Figuren, die die anderen beiden Spieler darstellten, sich einen Ball zuwarfen.

Da sie noch nicht verbunden waren, konnten sie nichts weiter machen als zuschauen. Dann klappte die Verbindung plötzlich (Phase 2 des Experiments), und die Versuchsperson im MRT konnte nun mitspielen; sie bekam also den virtuellen Ball zugespielt und konnte ihn zu einem der anderen beiden Spieler werfen. Nach einer Weile jedoch geschah Folgendes (Phase 3): Plötzlich warfen sich die anderen beiden Spieler den Ball gegenseitig zu, ohne den dritten Spieler im MRT einzubeziehen. Der hatte damit nichts weiter zu tun wie am Anfang des Experiments (Phase 1), wo noch keine Verbindung mit den anderen bestanden hatte: Er lag in der Röhre und schaute zu, wie zwei andere virtuell miteinander Ball spielten. Allerdings gab es einen kleinen Unterschied zwischen den beiden Situationen (d. h. dem Zustand des Probanden in Phase 1 und Phase 3 des Experiments). Dieser betraf die emotionale Verfassung der Versuchsperson: Sie fühlte sich in Phase 3 ausgestoßen, denn ihre Situation des bloßen Zuschauens war dadurch verursacht, dass die beiden anderen nicht mehr mit ihr spielten (und nicht dadurch, dass nur eine technische Panne vorlag). Der Proband lag also nicht nur in der Röhre, sondern schaute auch im Hinblick auf das gemeinsame Spielen in die Röhre, war plötzlich allein, akut vereinsamt, weil die anderen beiden ihn aus dem gemeinsamen Spiel ausgeschlossen hatten.

Und genau das war der eigentliche Zweck des gesamten Experiments! Es ging überhaupt nicht darum, was beim virtuellen Ballspielen im Gehirn geschieht, sondern darum, was im Gehirn abläuft, wenn jemand akut von seiner Gruppe alleingelassen wird – kurz: Es ging um Einsamkeit im Gehirn.

Es bedarf kaum der Erwähnung, dass es den technischen Fehler zu Beginn des Experiments nicht gab. Auch die beiden Mitspieler gab es nur in der zweiten Phase. Während der gesamten ersten Phase des Experiments lief tatsächlich ein Computerprogramm, das die beiden Spieler und deren Ballwürfe simulierte. In der dritten Phase lief dann genau das gleiche Programm noch einmal. Nur in der zweiten Phase wurde real gespielt, zu dritt. Die *Cover-Story* (Ballspielen, technischer Fehler am Anfang, dann tatsächlich gemeinsam spielen, dann nicht mehr) verfehlte ihre Wirkung auf den Zustand der Probanden im MRT nicht, wie deren Befragung gleich nach dem Experiment ergab: Sie fühlten sich durch die anderen beiden Mitspieler ausgestoßen, was ihnen – je nach Temperament in unterschiedlichem Ausmaß – ein unangenehmes, schmerzliches Gefühl bereitete, verlassen worden und daher einsam zu sein.

Die Frage nach der Lokalisation dieses Gefühls der akuten Einsamkeit im Gehirn ließ sich nun dadurch beantworten, dass man die Bilder mit der aufgezeichneten Aktivität des Gehirns aus Phase 1 mit denjenigen aus Phase 3 verglich. Das Wichtige an diesem Vergleich ist, dass man dadurch die Auswirkungen dessen, was vermeintlich untersucht worden war – nämlich Ballspielen –, auf die Gehirnfunktion nicht sieht. Denn bis auf die zusätzliche Einsamkeit in Phase 3 waren die Phasen 1 und 3 vollkommen identisch: Der Proband schaut beim Ballspiel zu und tut sonst nichts weiter. In Phase 3 ist er jedoch darüber hinaus einsam. Vergleicht man nun die Gehirnaktivität von Phase 3 mit Phase 1, schaut also nach, ob (und wo) sich in Phase 3 beim Erleben von Einsamkeit mehr Aktivität im Gehirn zeigt als in Phase 1, gewinnt man ein Bild von Gehirnregionen, deren

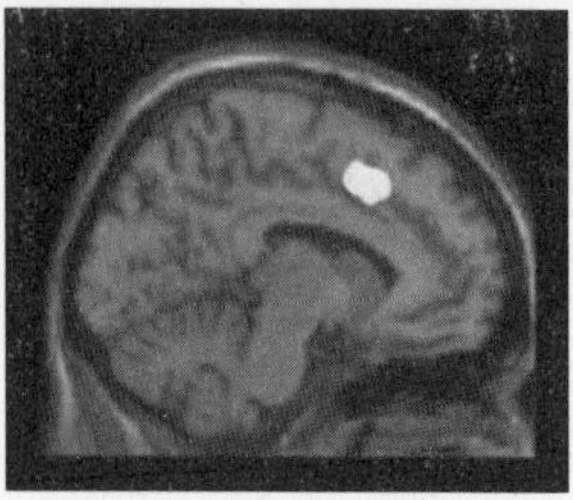

2.2: Gesteigerte Aktivierung durch das Gefühl, von anderen verlassen worden zu sein, findet man unter anderem im anterioren zingulären Kortex (ACC), hier weiß dargestellt.[2]

Aktivität mit dem Erleben von Einsamkeit zusammenhängt. Man bildet damit eine Gehirnfunktion – das Erleben von Einsamkeit – ab, weswegen man bei solchen Untersuchungen auch von funktioneller Magnetresonanztomografie (fMRT) spricht. Was beim Experiment herauskam, zeigt die Abbildung 2.2.

Man ermittelte eine Aktivierung in zwei Bereichen des Gehirns, die als anteriorer zingulärer Kortex (ACC)[3] sowie als rechter ventraler präfrontaler Kortex bezeichnet werden. Diese beiden Bereiche des Gehirns arbeiten mehr, wenn Einsamkeit als schmerzliche Ablehnung erfahren wird.

Neuro-Hype?

Nun könnte man einwenden, dass es doch egal sein könne, wo es »im Kopf leuchtet«, wenn jemand einsam ist. Etwas genauer ausformuliert lautet dieser Einwand, der häufig von Leuten geäußert wird, die von Gehirnforschung wenig oder gar nichts verstehen, wie folgt: »Irgendwo wird im Gehirn schon etwas passieren, wenn jemand irgendeinen Gedanken hat oder irgendein Gefühl erlebt – aber das sagt doch im Grunde gar nichts aus über diesen Gedanken oder dieses Gefühl. Und wenn man wissen will, ob jemand etwas Bestimmtes denkt oder fühlt, dann kann man ihn auch einfach fragen. Das ist zudem wesentlich billiger als ein Gehirn-Scan. Diese bunten Flecken im Gehirn – alles nur Neuro-Hype!«

Dieses dreiteilige Argument – Fragen ist erstens billiger und zweitens besser als Scannen, das drittens ohnehin nichts aussagt – mag zunächst plausibel klingen. Es trifft allerdings heute nur noch dahingehend zu, dass Fragen tatsächlich noch immer (trotz gesunkener Kosten der MRTs) deutlich billiger ist als Scannen.

Dass man – zweitens – das Erleben und Fühlen eines Menschen in jedem Fall durch Fragen besser erfassen könne als durch Scannen, dachten die meisten Neurowissenschaftler bis vor wenigen Jahren auch noch. Es zeigte sich mittlerweile jedoch verschiedentlich, dass Menschen nicht sehr gut darin sind, ihre eigenen Gehirnzustände »auszulesen«. Anders gesagt: Man konnte mehrfach und im Hinblick auf ganz verschiedene Erlebnisweisen bzw. Gehirnfunktionen zeigen, dass ein Scan genauer bzw. zuverlässiger ist als der entsprechende Erlebnisbericht. Dies dürfte für alle, die sich intensiv mit dem Erleben von Menschen beschäftigt haben (zu denen zähle ich mich auch), zu den größten Überraschungen der Neurowissenschaft der letzten Jahre gehört haben. Aber die Beweise sind mittlerweile erdrückend (siehe unten).

Drittens traf es seit Beginn der Gehirnforschung noch nie zu, dass der Ort einer geistigen Funktion bzw. irgendeines seelischen Geschehens im Gehirn irrelevant ist für das Verständnis dieser Funktion oder dieses Geschehens. Betrachten wir hierzu beispielhaft die Forschung zu einem der persönlichsten und zugleich unangenehmsten Gefühle – Schmerzen.

Gibt es Schmerzen? – Zahnweh und Realität

Man kann durchaus behaupten, dass es Schmerzen »eigentlich« gar nicht gibt. Denn »es gibt« nach unserem naturwissenschaftlichen Verständnis der Welt streng genommen nur Materie und

Energie in Raum und Zeit. Die Physik kann deren Zustände mathematisch so gut beschreiben, dass wir Sonden zu Himmelskörpern senden konnten und auf dem Mond und Mars sogar schon herumgefahren sind – auf dem Mond mit einem Zweisitzer-Cabrio und auf dem Mars mit einem ferngesteuerten kleineren unbemannten Fahrzeug. Mittlerweile haben wir sogar atemberaubende detaillierte Aufnahmen vom weit entfernten Pluto, der zudem so klein ist, dass wir ihm während der zehn Jahre, die die Sonde mit integrierter Kamera zu ihm unterwegs war, die Bezeichnung »Planet« abgesprochen haben.

In genau dem wissenschaftlichen Weltbild, das all dies und vieles mehr – Autos, Kühlschränke, Medikamente, Fernreisen – ermöglichte, kommen Schmerzen nicht vor. Sie sind »rein private Erlebnisse«, wie man zu sagen pflegt – womit man zugleich ihren Status als Wirklichkeit relativiert. Auch »Einbildungen« sind »private Erlebnisse«, Wahnideen und Halluzinationen auch. Und sie sind dadurch definiert, dass ihnen »in der Realität« nichts entspricht: Wenn man sagt, dass sich jemand einen grünen Elefanten *einbildet,* dann meint man damit, dass da *kein* grüner Elefant *ist.*

Dennoch: Auch der schärfste Verfechter eines naturwissenschaftlichen Weltbildes wird einräumen, dass ihn Zahnweh sehr stört, obgleich es sich nur um »rein privates Erleben« handelt. Den kaputten Zahn gibt es natürlich, und der Zahnarzt kann ihn – hoffentlich – reparieren oder entfernen. Aber die Zahnschmerzen sind nur erlebt. Karl Valentin soll gesagt haben: »Zu einem Philosophen soll man gehen, wenn er Zahnweh hat.« Er meinte damit wohl den Verfechter eines sehr *reduktionistischen* (wie man dies auch nennt) materialistischen Weltbildes. Denn in diesem vermeintlich »objektiven« Weltbild ist für Gefühle, Gedanken und andere private Erlebnisse – einschließlich Zahnweh – kein Platz. Mit Herrn Valentin kann man vermuten, dass selbst der Philosoph René Descartes beim Nachdenken über sich selbst vor ein paar Hundert Jahren vielleicht »Ich habe Zahnweh, also bin ich« gesagt hätte, wären seine Meditationen über sich selbst, Gott und die Welt von einem kariösen Zahn begleitet gewesen.

Anders und kurz zusammengefasst ausgedrückt: Sobald Schmerzen erlebt werden, sind sie sehr real. Wir alle haben zwar gelernt, uns eine Realität, die völlig ohne uns existiert, zu *denken*, aber zu sagen, nur diese *Realität als Gegenstand der Physik* sei die »einzige wirkliche« Realität, schießt über das Ziel der Erkenntnis hinaus. *Erlebt* wird Realität eben auch, nicht nur *gedacht* – z.B. 1) als Widerstand (wer schon einmal durch eine Glastür gelaufen ist, weil er deren Existenz nicht bemerkt hat, weiß, wovon ich rede); 2) als Sinnesqualität (kein Physiker kann mit den Mitteln der Physik sagen, wie sich »bitter«, »rot«, »eine kleine Terz« oder »Ekel« anfühlen); 3) als Gestimmtheit oder 4) als Körpergefühl. Und hierzu gehören auch Schmerzen. Man kann sogar Schmerzen beispielsweise im linken Arm haben, obwohl man keinen linken Arm mehr hat. Solche *Phantomschmerzen* sind sogar vergleichsweise schwieriger zu behandeln, denn wo bitte sehr würden Sie in diesem Fall eine schmerzlindernde Salbe auftragen?

Manche Patienten im Bereich der Psychiatrie, die u.a. daran leiden, dass sie nicht wissen, wer sie sind und was sie wollen, fügen sich Schmerzen zu, um sich zu spüren. Dies zeigt, dass sogar unser Sinn für Realität mit Schmerzen zusammenhängt. Kürzlich wurde im Rahmen einer wissenschaftlichen Studie darüber hinaus bei ganz normalen Studenten festgestellt, dass viele sich lieber Schmerzen zufügen, als sich zu langweilen.[4] Schmerzen haben ganz offensichtlich eine besondere Unmittelbarkeit für uns, die uns in den meisten Fällen sehr stört, aber in manchen Fällen sogar bewirkt, dass wir sie uns selbst zufügen.

Noch einmal: Eine Realität, die völlig losgelöst ist von unseren Erlebnissen, können wir nur *denken* – und tun dies auch oft und letztlich immer aus dem gleichen Grund: der Einfachheit halber. Mit einem Massepunkt kann man leichter rechnen als mit einem stinkenden grauen Elefanten, wenn man dessen Flugbahn berechnen will, beispielsweise um ihn erfolgreich auf den Mond zu schießen. Man benutzt hierzu gedachte Modelle, und bei diesen handelt es sich grundsätzlich immer um Vereinfachungen. Solche Vereinfachungen sind praktisch – wir *denken* uns das Rüsseltier als eigenschaftslosen Massepunkt und berechnen dessen Flugbahn. So erfolgreich dieses vereinfachende, von unserem Erleben absehende Denken gerade in den vergangenen Jahrhunderten auch war, so wenig Sinn macht es, sich durch diese Erfolge zum Glauben verführen zu lassen, es gäbe nichts weiter als Massepunkte, und der »Rest« sei »bloß subjektiv« im Sinne von nicht real. *Diesen* Gedanken wollten René und Karl – auf jeweils ihre Weise – auf den Punkt bringen!

Schmerzen im Gehirn

Schon vor 20 Jahren wurde untersucht, was im Gehirn geschieht, wenn man Schmerzen erlebt.[5] Man legte hierzu ganz normale gesunde Probanden in einen Gehirn-Scanner (damals wurde noch mit einem Positronenemissionstomografen, kurz PET, gearbeitet) und fügte ihnen an der rechten Hand mittels einer Thermosonde Schmerzen zu. Die Schmerzschwelle der menschlichen Haut liegt bei etwa 47° Celsius; ab dieser Temperatur spürt man nicht nur Wärme bzw. Hitze, sondern eben auch Schmerzen. Wenige Grad Celsius mehr bewirken starke Schmerzen, ohne dass dies – bei nur kurzzeitiger Anwendung – schon Verbrennungen verursacht.

Weil im Gehirn immer überall Nervenzellen aktiv sind, kann man nicht einfach die Gehirnaktivierung unter Schmerzen messen. Wie bereits erwähnt, muss die Aktivierung ohne Einsamkeit von der Aktivierung unter Einsamkeit abgezogen werden, um zu erfahren, wo genau die Einsamkeit eine zusätzliche Aktivierung mit sich bringt. Beim *funktionellen Neuroimaging* – so nennt man das Erstellen von Bildern der vermehrten Aktivierung von Gehirnbereichen, wenn das Gehirn bestimmte Funktionen ausübt – kommt es immer auf den Unterschied der Aktivierung an.

Zunächst wurde also die Gehirnaktivierung ohne Schmerzen gemessen und dann mit Schmerzen, wobei sogar zwei Messungen gemacht wurden, einmal bei leichten und einmal bei stärkeren Schmerzen. Zur Erstellung von Bildern wurde dann die (bereits vorhandene) Aktivierung ohne Schmerzen von der Aktivierung mit Schmerzen abgezogen, Punkt für Punkt an jeder Stelle des Gehirns. Hierzu wird es in kleine Würfelchen (je nach Auflösung des Geräts im Bereich von 1 bis 3 Millimeter Kantenlänge) zerlegt, um die Aktivität in jedem einzelnen Würfelchen (man nennt sie *Voxel*) bei Ruhe und bei Schmerzen vergleichen zu können. Das erledigt ein Computer, der dann die Ergebnisse dieser Tausende von Vergleichen anzeigt; die Gehirnareale, in denen bei Schmerzen die Aktivität höher ist als ohne Schmerzen, sind farbig markiert. So ergeben sich dann die grauen Bilder von Gehirnen mit den zumeist bunten Farbflecken, die jeder schon mal gesehen hat, der sich für Gehirnforschung interessiert.

Wie die Abbildung 2.3 zeigt, sind beim Menschen, der gerade Schmerzen erlebt, mehrere Gehirnbereiche aktiviert, die man mittlerweile als »Schmerznetzwerk« bezeichnet. Hierzu gehört der primäre somatosensorische Kortex (zu Deutsch: die Körperwahrnehmungsgehirnrinde; man kürzt dieses Areal auch mit S1 ab), der immer dann aktiv wird, wenn Signale von unserer Körperoberfläche im Gehirn eintreffen. Dieses Gehirnareal bildet eine Landkarte der Körperoberfläche; jedes Stückchen Haut ist dort also durch ein kleines Stückchen Gehirn vertreten. Tut die rechte Hand weh, dann ist der Gehirnbereich, der für Empfindungen von der rechten Hand zuständig ist, aktiv. So wird übrigens auch nachvollziehbar, warum es Phantomschmerzen gibt: Die Landkarte im Gehirn enthält noch den rechten Arm, auch wenn er z. B. durch einen Unfall verloren ging. Und wenn sie

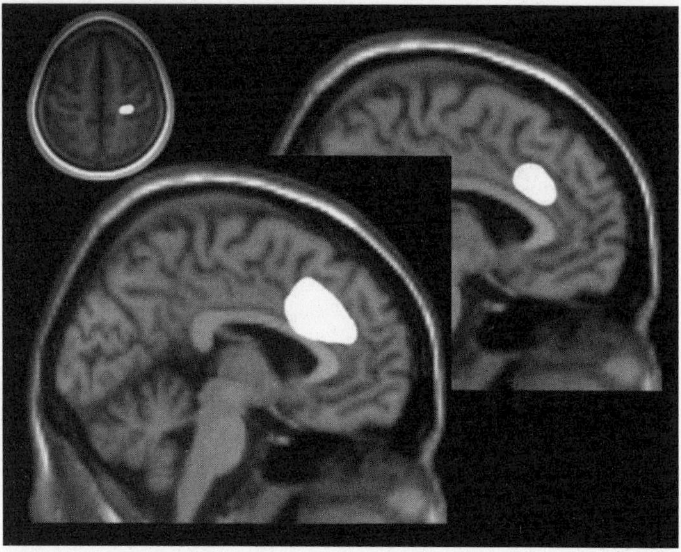

2.3: Gehirnaktivierung bei geringen (links) oder starken (rechts) Schmerzen, gemessen mittels PET. Die Aktivierung des für die rechte Hand zuständigen Bereichs des somatosensorischen Kortex (S1, links oben im kleinen Bild) ist etwa gleich, unabhängig davon, ob leichte oder starke Schmerzen gespürt werden. Ganz anders ist es bei der Aktivierung des ACC: Bei geringen Schmerzen kommt es nur zu einer geringen Aktivierung (rechtes, im Hintergrund liegendes Schnittbild), wohingegen starke Schmerzen mit einer starken ACC-Aktivierung einhergehen (linkes Schnittbild im Vordergrund).[6]

aus irgendeinem Grund aktiviert wird, dann wird das als Gefühl genau dort, also am oder im Arm, erlebt.

Die Landkarte im Gehirnareal S1 zeigt also, *wo* etwas erlebt wird. *Was* genau erlebt wird, bildet sie jedoch ganz offenbar nicht ab. Denn in diesem Bereich des Gehirns findet man keinen Unterschied der Aktivität zwischen geringen und starken Schmerzen. Es ist so, als wäre für diesen Bereich des Gehirns irrelevant, ob nur leichte oder starke Schmerzen empfunden werden. Die abgebildete Aktivität zeigt einfach an: An der rechten Hand liegt etwas vor. *Was genau* vorliegt, zeigt ein anderer Bereich des Gehirns an, nämlich der anteriore zinguläre Kortex (ACC). Dieser ist bei starken Schmerzen viel aktiver als bei leichten Schmerzen.

Ein Vergleich der Abbildungen 2.2 und 2.3 zeigt, dass zwei *unterschiedliche* Erlebnisse – Schmerzen und Einsamkeit – in unserem Gehirn mit der Aktivierung des *gleichen* Areals, des ACC, einhergehen. Bevor wir diesem Befund weiter nachgehen, sei kurz dargelegt, was es bedeuten kann, wenn man herausgefunden hat, dass ein bestimmtes Gehirnareal für eine bestimmte Gehirnfunktion zuständig ist.

Neurofeedback: Therapie im Scanner

Wenn man weiß, wo eine bestimmte Funktion – Sehen, Hören, Sprechen, Rechnen, Planen, Wollen etc. – im Gehirn lokalisiert ist, kann man sie auf ganz unterschiedliche Weise beeinflussen. So ist es heute möglich, durch Stimulation des Gehirns mittels Magnetfeldern von außen gezielt bestimmte Bereiche des Gehirns zu aktivieren oder zu deaktivieren, je nachdem, welche Ziele man im Rahmen einer Therapie verfolgt.[7]

Noch weiter geht der Versuch, einem Menschen die Aktivierung seines eigenen Schmerzareals live zu zeigen und ihn zu bitten, diese Aktivierung »irgendwie« zu vermindern. Dies mag sich nach Science-Fiction anhören, wurde jedoch bereits mit Erfolg durchgeführt. Das Verfahren gleicht dem *Biofeedback*, bei dem man jemandem den eigenen Puls akustisch oder optisch deutlich wahrnehmbar macht, sodass es einfacher ist, sich auf den Puls zu konzentrieren, um dann zu versuchen, ihn durch pure Konzentration zu verändern. Von *Neurofeedback* spricht man, wenn das abgeleitete und dem Probanden unmittelbar dargestellte Signal aus dem Gehirn kommt. So kann man schon lange Gehirnströme außen am Kopf (Elektroenzephalogramm, EEG) ableiten und der Person (mehr oder weniger »gefiltert« bzw. zur leichteren Orientierung verändert) in »Echtzeit« zur Ansicht geben. Die Probanden können dann versuchen, dieses Signal willentlich zu beeinflussen.

Man kann beispielsweise die Frequenzen der abgeleiteten Gehirnströme farbig darstellen und die Probanden bitten, eine bestimmte Farbe hervorzubringen. Oder man kann Probanden ein auf dem Bildschirm dargestelltes Objekt (z. B. eine Rakete) durch die Frequenzen des EEGs »steuern« lassen (niedrige Frequenzen: nach links; hohe: nach rechts), sodass der Proband lernt, bestimmte EEG-Frequenzen hervorzubringen, damit die Rakete ins Ziel fliegt.[8] Dass dies tatsächlich funktioniert, ist bemerkenswert, denn man sollte meinen, dass ich mein Gehirn auch ohne technische Hilfe beeinflussen kann – also einfach so durch Schließen der Augen und Konzentration auf mein Inneres. Schließlich sind die Gedanken ja frei, wie das alte Lied so schön sagt, und weil ich denken kann, was ich will, und meine Gehirnaktivierung diese Gedanken begleitet, kann ich auch mein Gehirn aktivieren, wie ich will. Das ist im Prinzip auch so, aber mit zielgenauem Feedback geht es nachweislich leichter.

Das zeigte sich vor allem, als man damit begann, nicht die Gehirnströme des EEGs, sondern die Gehirnaktivierung aus dem MRT für ein Neurofeedback zu verwenden. Dies wurde erst durch die Entwicklung immer leistungsfähigerer und damit auch schnellerer Computer möglich. Die MR-Signale basieren auf Unterschieden in der Durchblutung, die ihrerseits auf die Aktivierung von Nervenzellen reagiert. Diese Reaktion (man nennt sie neurovaskuläre Kopplung) dauert etwa drei bis vier Sekunden, sodass auch die schnellsten Computer das Signal nur mit mindestens dieser Verzögerung anzeigen können (in der Praxis brauchen sie dann noch etwa eine gute Sekunde für den Rechenvorgang).

Man kann dann die Daten so aufbereiten, dass Aktivierungen als bunte Flecken im oder auf dem Gehirn erscheinen. Diese Bilder wiederum kann man dann dem Probanden im MR-Scanner (z. B. mithilfe einer Videobrille) zeigen. Er sieht dann also (fast simultan) die momentane Aktivierung seines eigenen Gehirns. Ich kann mich noch gut daran erinnern, wie wir vor etwa zehn Jahren in Ulm solche »Echtzeit«-MRTs ausprobiert haben: Ich lag im Scanner und konnte die Aktivität meines eigenen Gehirns sehen, jeweils auf der anderen Seite, als ich abwechselnd mit der rechten oder linken Hand Bewegungen ausführte. Es war sehr eindrucksvoll, dem eigenen Gehirn bei der Arbeit zuzusehen!

Stellen Sie sich vor, Sie liegen in der Röhre zunächst in Ruhestellung, und dann fügt man Ihnen Schmerzen zu. Sie bekommen gesagt, dass Sie sich zunächst für 60 Sekunden auf die Schmerzen konzentrieren und sich dann von ihnen in den nächsten 60 Sekunden »auf Kommando« abwenden sollten.[9] Das ist gar nicht so leicht. Viel einfacher ist die Aufgabe, wenn Ihnen das Ausmaß der Aktivität Ihres Schmerzareals (ACC) z. B. durch die Größe eines Lagerfeuers am Bildschirm angezeigt wird und man Ihnen sagt, Sie mögen doch bitte das Feuer für eine Minute vergrößern und dann für eine weitere Minute verkleinern. So geht es tatsächlich viel leichter und wurde daher von den Probanden innerhalb von drei Trainingssitzungen gelernt, die jeweils 15 Minuten dauerten.

Das Besondere daran: Das Training führte auch dazu, dass die Probanden ihre Schmerzen geringer einschätzten. Auch das Schmerzerleben war also durch das Training deutlich beeinflussbar (siehe Grafik 2.4). Dies veranlasste die Autoren der Studie, das Gleiche bei Patienten mit chronischen Schmerzen zu versuchen – mit Erfolg: Bereits ein kurzzeitiges Training erbrachte bei ihnen eine Linderung der Schmerzen um bis zu 70 Prozent. Mittlerweile liegen mehrere Studien hierzu vor, die im Wesentlichen das gleiche Ergebnis aufweisen.[10] Zudem

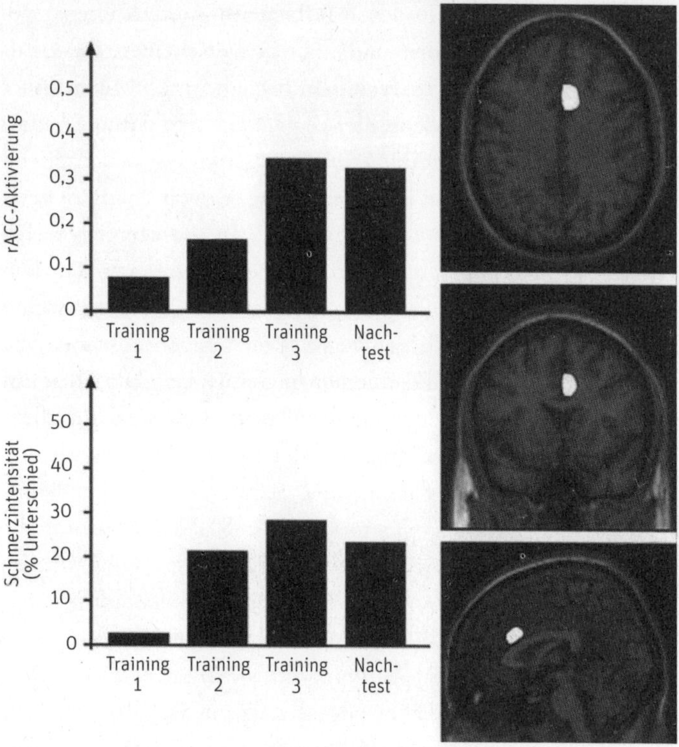

2.4: Abnahme der Aktivierung des Schmerzareals durch das Neurofeedback-Training nach der ersten, zweiten und dritten Sitzung sowie bei einem Testlauf nach erfolgtem Training. Dargestellt sind neben der Lokalisation des Areals (schematische Schnittbilder in drei Ebenen) jeweils die prozentualen Änderungen der Aktivität in diesem Areal zwischen den Bedingungen »Signal steigern« und »Signal abschwächen«. Die Probanden können also lernen, die Aktivierung dieses Areals immer besser zu kontrollieren. Der Anstieg der Kontrolle ist beim dritten Trainingslauf und beim Testlauf nach dem Training statistisch signifikant. Der Aktivität des Schmerzareals entsprechend verhält sich die von den Probanden erlebte Schmerzintensität wie unten links dargestellt.[11]

wurde diese Methode in den verschiedensten Variationen wiederholt zur Behandlung auch anderer Krankheitsbilder – Angststörungen, Aufmerksamkeitsstörungen, Depression, Sucht etc. – mit unterschiedlichem Erfolg eingesetzt.[12] Insgesamt zeigte sich dabei immer deutlicher, dass das Verfahren ein großes Potenzial besitzt und keineswegs einem Epiphänomen nachjagt.[13] Auch der motorische Kortex, der somatosensorische, visuelle, präfrontale und parietale Kortex lassen sich mit dem Verfahren trainieren[14]; sogar das Aktivierungsverhalten tief unter der Gehirnrinde liegender (subkortikaler) Strukturen, die der Verarbeitung von Emotionen dienen (Amygdala, Nucleus accumbens, ventrales tegmentales Areal), ließ sich auf diese Weise ändern.[15]

Schmerzen und Einsamkeit – verschieden und doch sehr ähnlich

Betrachten Sie bitte noch einmal Bild 2.3. Das hier abgebildete Aktivierungsmuster führt zu einer Erkenntnis über Schmerzen, die sich vereinfacht folgendermaßen zusammenfassen lässt: Wenn man sich beim Zwiebelschneiden den Finger verletzt, dann spürt man den Finger im somatosensorischen Kortex, wohingegen der Schmerz im anterioren zingulären Kortex (ACC) auftritt. Das Unangenehme am Schmerz wird mithin genau dort im Gehirn repräsentiert, wo auch das Unangenehme des Abgelehntwerdens repräsentiert ist.

Zunächst mag man sich wundern, warum unser Gehirn so eigenartig gebaut ist, dass es so völlig verschiedene Erlebnisse wie Schmerzen und Einsamkeit im gleichen Bereich der Gehirnrinde verarbeitet. Warum ist das so?

Aus evolutionärer Sicht[16] lässt sich sagen, dass Schmerzen nicht dazu da sind, uns zu ärgern oder gar zu quälen; sie haben vielmehr eine ganz wichtige Funktion für das Überleben:

Schmerzen sichern unsere körperliche Unversehrtheit. Wenn ich meine Hand auf die heiße Herdplatte lege und es so lange nicht bemerke, bis es übel riecht, ist das nicht gut für meine Hand. Wussten Sie, dass es Krankheiten gibt, deren Symptomatik darin besteht, dass man keine Schmerzen haben kann? »Na, die Krankheit hätte ich auch gerne!«, werden jetzt viele Leser denken – und liegen damit gründlich daneben: Menschen, die keine Schmerzen empfinden können, sterben in aller Regel vor ihrem dreißigsten Lebensjahr.

Zum Überleben brauchen in Gruppen lebende Wesen jedoch nicht nur einen unversehrten Körper, sondern auch eine funktionierende Gemeinschaft. Wenn vor Zehntausenden von Jahren die Horde ein Mitglied hinauswarf, war dies sein Todesurteil, denn das Jagen größerer Tiere wie auch das Vertreiben von Raubtieren funktioniert beim Menschen nur in der Gemeinschaft. Auch der ganz normale Lebensalltag und vor allem die Aufzucht der Nachkommen geschehen bei sozialen Lebewesen immer in der Gruppe. Von Eremiten stammen wir nicht ab.

Dass beim Menschen der gleiche Hirnbereich für körperliche *und* soziale Unversehrtheit (Integrität) zuständig ist, verwundert nach dieser Betrachtung nicht. Hinzu kommt noch folgender Gedanke: Im Laufe der Evolution entsteht etwas Neues in aller Regel dadurch, dass etwas Vorhandenes eine neue Funktion übernimmt. So wurden aus den Armen der Saurier die Flügel der Vögel – oder die Flossen der Meeressäuger. Aus den Kieferknochen von Fischen entwickelten sich die Gehörknöchelchen der Landtiere. Man kann mithin die Evolution als eine Art Klempner verstehen, der so gut es eben geht aus bereits vorhandenem Material (dem ACC zur Registrierung von Verletzungen der körperlichen Integrität) etwas Neues (den ACC zur Registrierung von Verletzungen der sozialen Integrität) macht.

Halten wir also zunächst einmal fest: Der Sozialverband spielt für das Überleben des Menschen eine entscheidende Rolle. Man kann daher vermuten, dass die Steuerungssysteme komplexer sozialer Interaktionen entwicklungsgeschichtliche Ableger physiologischer Systeme darstellen, die zur Regulierung und Aufrechterhaltung körperlicher Integrität dienen.[17] Eine verletzte enge Beziehung ist insofern einer verletzten Hand nicht unähnlich.

Aus neurowissenschaftlicher Sicht kann man ergänzen, dass der ACC mittlerweile fester Bestandteil eines größeren Verbandes zentralnervöser Module darstellt, die man unter dem Begriff »Social Brain« zusammenfasst,[18] ähnlich wie man vor 50 Jahren die für Emotionen zuständigen Bereiche des Gehirns als »limbisches System« bezeichnet hat.

Medizin der Einsamkeit

Aus klinisch-medizinischer Sicht lässt sich durch den Befund, dass Einsamkeit und Schmerzen von demselben Areal im Gehirn verarbeitet werden, eine ganze Reihe bekannter Phänomene besser verstehen: Menschen, die unter einer Depression leiden, ziehen sich oft sozial zurück bzw. erleben Einsamkeit – und zugleich empfinden sie oft Schmerzen verschiedenster Art. Entsprechend besteht bei chronisch depressiven Menschen oft auch ein Schmerzmittelmissbrauch. Weiterhin gilt: Wer an chronischen Schmerzen leidet und zu allem Überfluss dann auch noch den Partner verliert, braucht zuweilen eine intensivere Schmerztherapie. Umgekehrt kennt jeder Arzt Fälle, bei denen man sich wundert, was der Patient oder die Patientin alles aushält; es sind meist auch Fälle, bei denen das unmittelbare soziale Netzwerk richtig gut funktioniert: Die Familie nimmt Anteil und ist immer zur Stelle.

Jede neue wissenschaftliche Einsicht lässt uns jedoch nicht nur bereits Bekanntes besser verstehen, sondern führt auch zu neuen Fragen, auf die man ohne die neuen Erkenntnisse nicht gekommen wäre. In Anlehnung an den alten Griechen, der eine

Einsicht hatte und nackt »Heureka« (»Ich hab's«) rufend durch die Stadt rannte, spricht man in diesem Zusammenhang vom heuristischen Wert einer wissenschaftlichen Erkenntnis.[19] Was mit Blick auf die Erkenntnis, dass Schmerzen und Einsamkeit im Gehirn am gleichen Ort verarbeitet werden, in gut zehn Jahren Forschung an ganz neuen Fragen und Antworten zutage kam, lässt sich kurz folgendermaßen zusammenfassen: Man versteht heute sowohl Einsamkeit als auch Schmerzen wesentlich besser.

Wenn Schmerzen und Einsamkeit im Gehirn so eng verknüpft sind, dann sollte das Gegenteil von Einsamkeit – das Erleben von Gemeinschaft bzw. sozialer Einbettung – körperliche Schmerzen lindern können.

Um dies nachzuweisen, zeigten Wissenschaftler ihren Versuchspersonen entweder Bilder von deren jeweiligem Lebens-

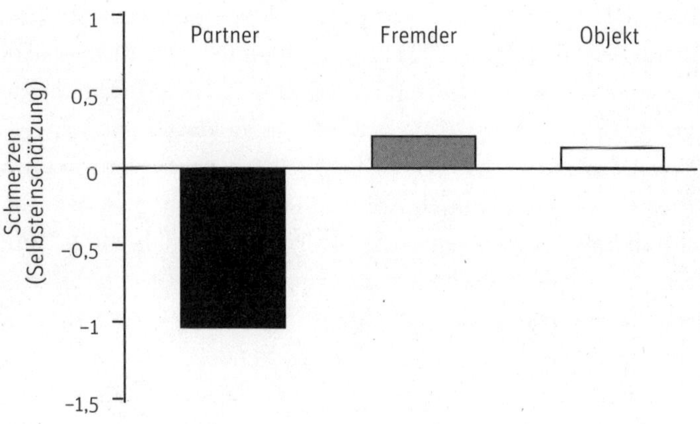

2.5: Das Gemeinschaftserlebnis lindert Schmerzen: Einschätzung der nach einem standardisierten Verfahren zugefügten Schmerzen beim Betrachten von Fotografien 1) des Partners oder 2) fremder Personen oder 3) von Objekten. Die Verringerung des Schmerzerlebens beim Anblick einer Fotografie des Partners ist statistisch signifikant.[20]

partner oder fremder Personen oder beliebiger Objekte, während ihnen zugleich experimentell Schmerzen zugefügt wurden, deren Stärke jeweils einzuschätzen war.[21] Das Bild des Partners verringerte dabei die Schmerzen deutlich, während Bilder von anderen Personen oder Objekten die Schmerzwahrnehmung unverändert ließen oder sogar leicht verstärkten (siehe Abb. 2.5).

Wenn das Betrachten von Bildern, die uns Gemeinschaft erleben lassen, Schmerzen lindert, dann erhebt sich die Frage, ob es auch eine verringerte Aktivität des ACC bewirkt. Vielleicht ist man ja nur irgendwie abgelenkt oder denkt eben gerade nicht so sehr an seine Schmerzen oder berichtet sie ganz einfach nicht in gleicher Weise, »hat« sie aber dennoch. Insofern ist es wichtig, dass dies tatsächlich untersucht wurde. Man zeigt also Bilder im MRT (wie oben), fügt dem Probanden Schmerzen zu, fragt nach deren Stärke und misst zugleich die Aktivierung des ACC. Hierdurch konnte gezeigt werden, dass der Anblick eines nahe-

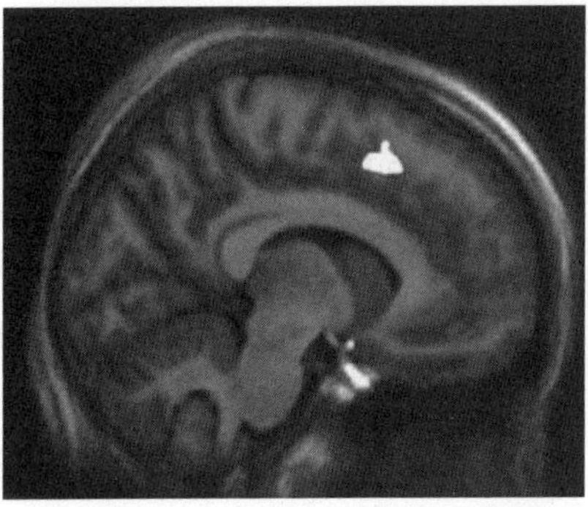

2.6: Auswirkung des Betrachtens eines Bildes des Lebenspartners auf die Gehirnaktivierung beim gleichzeitigen Aushalten von Schmerzen.[22] Verglichen wurde also die Aktivität (unter Schmerzen) beim Betrachten des geliebten Partners mit der Aktivität (unter Schmerzen) beim Anblick einer attraktiven bekannten (aber nicht geliebten) Person bzw. beim Abarbeiten einer Ablenkungsaufgabe.

stehenden Menschen nicht nur experimentell induzierte Schmerzen reduziert, sondern auch die Aktivität des ACC (»Schmerzareal«) vermindert (siehe Grafik 2.6).

Ich kann mich noch gut erinnern, dass ich mich zu Beginn meiner praktischen Tätigkeit als Krankenhausarzt immer darüber gewundert habe, wie häufig auf den Nachtschränkchen am Bett vieler Patienten ein Bild des Partners oder der ganzen Familie zu sehen war. Keine Schauspieler*innen oder sonstige Stars, keine Profifußballmannschaft, kein Landschaftsbild – sondern nahezu immer der Partner oder die ganze Familie. Im Lichte der hier dargestellten Erkenntnisse aus der psychologischen und neurobiologischen Schmerzforschung leuchtet unmittelbar ein, was die Patienten intuitiv damit erreichen: Sie reduzieren aktiv ihre Schmerzen!

Der heuristische Wert des engen Zusammenhangs von Einsamkeit und Schmerzen beschränkt sich keineswegs auf die *psychischen* Effekte *körperlicher* Schmerzen. Vielmehr gibt es auch Auswirkungen in der umgekehrten Richtung, d. h. *körperliche* Effekte auf das *psychische* Erleben von Einsamkeit.[23]

Erzeugt man beispielsweise künstlich durch Gabe von sogenanntem Endotoxin bei gesunden Probanden eine körperliche Entzündungsreaktion, kommt es auch zu einem Anstieg des Erlebens von Einsamkeit. Dies wiederum passt gut zu den in der Psychoneuroendokrinologie seit längerer Zeit diskutierten Zusammenhängen von Entzündung und Depression. Zugleich stellt sie deren bislang diskutierte theoretische Basis auf den Kopf: Man ging nämlich von der Entzündung als direkte Ursache der Depression aus. Nach den hier geschilderten Erkenntnissen führt der Weg jedoch über die Aktivierung des ACC und die daraus resultierenden Gefühle der sozialen Isolation. Da man Depressivität und soziale Isolation getrennt erfragte, zeigte eine entsprechende Auswertung der Daten, dass das Ausmaß der sozialen Isolation das der Depression vollständig statistisch erklären konnte. Es ist also durchaus denkbar, dass die (durch das Endotoxin bedingten) Schmerzen die Einsamkeit und diese dann den depressiven Affekt verursachen und dass nicht – wie bisher angenommen – die Entzündung die Depression auslöst und damit auch (indirekt) die Einsamkeitsgefühle.

Die ungewöhnlichste Schlussfolgerung aus dem Zusammenhang von Einsamkeit und Schmerz ist sicherlich die, dass – wenn das alles so stimmt – Schmerzmittel gegen Einsamkeit helfen müssten. Dies wurde tatsächlich im Rahmen zweier randomisierter placebokontrollierter Doppelblindstudien nachgewiesen.[24] An der ersten Studie nahmen 62 Probanden teil, die über einen Zeitraum von drei Wochen jeweils morgens und abends entweder 500 mg des Schmerzmittels Paracetamol in Tablettenform oder Placebo einnahmen und täglich abends einen Fragebogen zu verletzten Gefühlen am jeweiligen Tag ausfüllen mussten. Von diesem Fragebogen ist bekannt, dass er ganz wesentlich auf Erlebnisse sozialer Ablehnung ausgerichtet ist. Zudem mussten die Probanden täglich einen weiteren Fragebogen zu positiven Emotionen ausfüllen, um die Frage zu klären, ob Paracetamol einen Einfluss darauf hat. Es zeigte sich, dass Paracetamol über den Versuchszeitraum von 21 Tagen zu einer signifikanten Verminderung von Gefühlen der Verletztheit führte, was nicht auf ein vermehrtes Auftreten positiver Gefühle zurückgeführt werden konnte. Das Schmerzmittel bewirkte also nicht einfach eine bessere Stimmung, sondern führte zu einer Minderung der erlebten Einsamkeit.

Die zweite Studie wurde mit 25 Probanden durchgeführt, die ebenfalls über einen Zeitraum von drei Wochen täglich 1000 mg Paracetamol oder Placebo einnahmen und am Ende dieses Zeitraums im MRT das eingangs erwähnte Ballspiel spielten, um Einsamkeitsgefühle zu wecken. Man ging damit direkt der Hypothese nach, dass das Signal eines aktivierten ACC während des Erlebens von sozialem Ausschluss durch das Schmerzmittel verringert sein würde – und genau dies war tatsächlich der Fall.

Die Autoren fassen die Ergebnisse beider Studien wie folgt zusammen: »Die vorliegende Untersuchung liefert neue Erkenntnisse zum engen Zusammenhang zwischen sozialen und körperlichen Schmerzen, indem sie den überraschenden Konsequenzen der Hypothese nachgeht, dass beide eine gemeinsame neurobiologische Grundlage haben. Wir haben erstmals gezeigt, dass das häufig zur Therapie körperlicher Schmerzen eingesetzte, frei verkäufliche Schmerzmittel Paracetamol auch den Schmerz der sozialen Zurückweisung vermindert, sowohl in neurobiologischer Hinsicht als auch im Hinblick auf das Erleben.«[25]

Weitere Studien konnten zeigen, dass allein ein Gesichtsausdruck der Missbilligung[26] oder ein Wort der Ablehnung (wie beispielsweise: »Das Interview mit dir war langweilig«[27]) genügen, um den ACC zu aktivieren und ein entsprechendes Gefühl der sozialen Ablehnung zu erzeugen. Auch das Betrachten eines Fotos der Person, mit der man bis vor Kurzem liiert war,[28] und selbst das Erleben von unfairer Behandlung in einem Spiel führen zur Aktivierung des ACC.[29] Man hat dieses Gehirnareal daher auch schon als »Soziometer« bezeichnet: Er zeigt an, wenn mit unserer Gruppe/Gemeinschaft etwas nicht stimmt.[30] Entsprechend schwächen Gefühle der sicheren Bindung an eine bestimmte Person die Reaktion des ACC auf Vereinsamung ab[31]; ein geringes Selbstwertgefühl hingegen verstärkt sie, ein hohes Selbstwertgefühl schwächt sie ab – auch dies wurde mittlerweile nachgewiesen.[32]

Neueste Befunde aus der Entwicklungsneurobiologie zeigen zudem, dass dieses soziale »Messinstrument« in unseren Köpfen einer interessanten Entwicklung unterliegt: Im Laufe des Heranwachsens werden Beziehungen zu Gleichaltrigen – also zur sogenannten *Peergroup* – immer wichtiger für einen jungen Menschen. Das bedeutet aber auch, dass Jugendliche mit zunehmendem Alter verstärkt auf sozialen Ausschluss reagieren, im Verhalten und auch hinsichtlich der Aktivierung ihres ACC.

Dies konnte in einer Untersuchung mit Probanden im Alter von 7 bis 17 Jahren gezeigt werden.[33]

Altersabhängige Effekte wurden auch bei Erwachsenen ermittelt. Bei experimenteller sozialer Ausgrenzung im oben beschriebenen Ballspiel erlebten jüngere Erwachsene (18–25 Jahre) ein stärkeres Gefühl der Einsamkeit als ältere (26–50 bzw. 51–86 Jahre).[34] Diese Ergebnisse legen nahe, dass es eine Lebensphase mit einer besonderen Empfindlichkeit gegenüber sozialem Ausschluss und Einsamkeit gibt: das Jugendalter.

Der Kontakt mit Freunden scheint eine protektive Wirkung gegenüber sozialem Schmerz zu haben.[35] Die mit Freunden verbrachte Zeit korrelierte negativ mit der Aktivierung des ACC während einer Ausschlusssituation zwei Jahre später. Insgesamt mehren sich die Befunde dafür, dass soziale Unterstützung und Gruppenzugehörigkeit die neurobiologischen und psychologischen Auswirkungen von sozialem Schmerz, also Einsamkeit[36], aber auch die von physischem Schmerz mindern.[37]

Früher dachten Ärzte, dass sich chronisch einsame, ältere, oft etwas depressive Menschen mit Schmerzmittelabusus einfach »betäuben« oder eine »Sucht« nach Schmerzmitteln entwickelt haben. Heute wissen wir: Sie behandeln sich effektiv selbst. Zwar ist diese Behandlung nicht frei von Nebenwirkungen und zudem weniger wirksam als andere Medikamente gegen Depressivität und deswegen aus medizinischer Sicht nicht anzuraten. Aber die Reaktion der Ärzte auf solche Fälle, die früher lautete: »Alles sofort vollständig absetzen, bringt sowieso gar nichts!«, sollte man überdenken.

Fassen wir zusammen

Zahlreiche Sprichwörter über empfundenen Schmerz, Trennung und Alleinsein belegen, dass die hier dargelegten Erkenntnisse sich schon lange in der »Weisheit der Sprache« niedergeschlagen haben. Der Volksmund trifft damit neurobiologisch betrachtet den Nagel auf den Kopf!

Hatte man noch bis vor wenigen Jahren gedacht, dass in diesen Redewendungen »Schmerz« nicht wörtlich, sondern allenfalls metaphorisch zu verstehen sei – im Sinne von »unangenehm«[38] –, so ist mittlerweile klar, dass die Sprache hier einfach unserem Erleben Ausdruck verleiht. Wenn dasselbe Gehirnmodul Einsamkeit und Schmerzen meldet, dann muss es zu entsprechenden Überschneidungen kommen. Dies ist ganz ähnlich wie bei den Überschneidungen bei den Rezeptoren auf der Zunge: Für »heiß« und »scharf« ist der gleiche Rezeptor zuständig, insofern verwundert es nicht, dass wir zu scharfen Speisen gerne etwas Kühles trinken und dass die Engländer scharfes Essen als »heißes« Essen *(hot food)* bezeichnen – sie liegen damit genau richtig.

Es ist schön, wenn die Neurobiologie gelegentlich nicht nur die Weisheit der Sprache, sondern auch die Weisheit unserer Patienten bestätigt. Dies erinnert uns daran, dass die Welt komplexer ist, als wir das zuweilen annehmen. Und es zeigt, dass ein zu einfaches wissenschaftliches Weltbild nur durch intensive Forschung und präzise Analyse überwunden werden kann.

3

SOZIALE ANSTECKUNG

Wenn von »Ansteckung« die Rede ist, dann denken wir an Bakterien, Viren und andere Erreger, die Krankheiten übertragen. Man spricht dann von einer Infektion durch bestimmte Erreger. Sie ist nicht nur vom Typ des Erregers, sondern auch vom Immunsystem der angesteckten Person abhängig, denn nicht jede Übertragung von Erregern führt zu einer Infektion. Zudem können auch völlig harmlose Erreger übertragen werden, beispielsweise Keime, die in der Haut, im Mund oder im Darm angesiedelt sind. Umgekehrt kann Leiden auch ohne Krankheitserreger an andere Menschen weitergegeben werden. Meint man diese Übertragung ganz unabhängig vom Mechanismus, so spricht man von *Kontagiosität.* Sie ist eine Größenangabe der Wahrscheinlichkeit, dass es durch Kontakt zu einer Übertragung der (wie auch immer gearteten) Krankheit auf eine andere Person kommt.

Mit dem Phänomen der sozialen Ansteckung haben sich seit geraumer Zeit vor allem die Soziologie, die Psychologie, die Medizin, die Ökonomie und zuletzt auch die Informatik beschäftigt. Im Extremfall spricht man von *Massenhysterie,* bei der bestimmte Krankheitssymptome auftreten, die durch soziale Ansteckung bedingt sind. Einige dieser hysterischen Epidemien sind bekannt und in der medizinischen Fachliteratur beschrieben.[1]

Auf den ersten Blick mag es widersprüchlich erscheinen, dass Einsamkeit ansteckend sein soll. Wie kann man von jemandem angesteckt werden, der allein ist? Versteht man unter Einsamkeit jedoch das *Erleben* von sozialer Isolation (und nicht die soziale Isolation selbst, die gar nicht gegeben sein muss), so ist durchaus widerspruchsfrei denkbar, dass sich dieses Erleben durch soziale Interaktion auf andere übertragen kann.

Auch Verhaltensweisen können ansteckend sein, beispielsweise sich zu kratzen bei Juckreiz oder das Gähnen.[2] Man spricht hier von Verhaltensansteckung *(behavioral contagion),* bei Gefühlserlebnissen wie beispielsweise ansteckender Heiterkeit oder ansteckendem Unmut hingegen von emotionaler Ansteckung *(emotional contagion)*. In der Finanzwelt spricht man von *financial contagion*[3] und bezeichnet damit die tückische Gefahr von Finanzkrisen, weil alle das Gleiche fühlen und tun und *genau dadurch* die Krise überhaupt erst entsteht: Wenn alle Geld abheben, weil sie befürchten, dass Geldknappheit eintreten könnte, kommt es aufgrund von emotionaler (die Angst der anderen wird zu meiner Angst) und verhaltensmäßiger (die anderen gehen zur Bank, also gehe ich auch zur Bank) Ansteckung zum Desaster. Denn erst die Ansteckung bewirkt, dass die Angst und das Verhalten tatsächlich berechtigt sind: Wenn alle Angst um ihr Geld haben und es vom Konto abheben, wird es tatsächlich knapp.

Ansteckung von Verhalten, Gedanken und Gefühlen

Ein nicht unbeträchtlicher Teil der Weltbevölkerung glaubt an die Auferstehung der Toten. Einem aufgeklärten Christen erscheint dies harmlos, aber das war nicht immer so. Betrachten wir ein Beispiel, das sich im Frühling 1856 in Südafrika ereignet hat. Ein Mädchen namens Nongqawuse ging zu einem Teich, um Wasser zu holen. Nach ihrer Rückkehr erzählte sie ihrem Onkel, dass sie am Teich drei Geister gesehen habe, die ihr aufgetragen hätten, den Menschen in ihrem Dorf zu erzählen, dass die Toten auferstehen würden, wenn der Stamm (das waren über 100 000 Menschen) das gesamte Vieh (mehr als 400 000 Tiere) töten würde. Zunächst glaubte ihr niemand, aber schon einen Tag später hatte ihr Onkel eine ähnliche Erscheinung und erzählte sie den Häuptlingen und vielen Mitgliedern des Stammes.

Daraufhin wurden etwa 400 000 Tiere tatsächlich geschlachtet, was eine Hungerkatastrophe und den Tod von mehr als 80 000 Menschen (über drei Viertel des gesamten Stammes) nach sich zog.

Diese Geschichte klingt so absurd, dass sie nur wahr sein kann, denn wer würde sich so etwas ausdenken? Sie hat sich in der Tat so oder so ähnlich abgespielt, wie es im Buch des südafrikanischen Historikers Jeff Peires mit dem Titel *Die Toten werden auferstehen* beschrieben ist.[4] Es existiert auch ein Foto von Nongqawuse (siehe Abb. 3.1), das aufgenommen wurde, nachdem sie von den Behörden der britischen Kolonialmacht verhaftet worden war. Nach ihrer Entlassung lebte sie noch etwa 40 Jahre auf einer Farm in Südafrika und verstarb im Jahr 1898.

Der Fall ruft bis heute in Südafrika kontroverse Diskussionen hervor, nicht zuletzt, weil die damaligen britischen Kommandeure keine – wie wir heute sagen würden – humanitäre Hilfe leisteten und dem Hungertod Zehntausender Menschen tatenlos zuschauten.[5]

Wenn man nach solchen Vorfällen sucht, findet man sie überall: Der *Geistertanz der Indianer* von 1888 machte diese vermeintlich stark und löste Widerstand und Gewalt aus.[6] An Shabbetai Zevi, den sogenannten Neuen Messias und Begründer des Sabbatianismus im 17. Jahrhundert, glauben bis heute über 100 000 Menschen, obgleich sie dadurch oft großen Widrigkeiten ausgesetzt waren.[7] Den Hexenverfolgungen der frühen Neuzeit (1450–1750) erlagen in Mitteleuropa nach neueren Schätzungen 40 000 bis 60 000 Menschen, drei Viertel davon Frauen (siehe Abb. 3.2). Der Aberglaube der Alchemisten (vom Altertum bis heute), Geisterhäuser und Spukschlösser sind weitere bekannte Beispiele für soziale Ansteckungsphänomene, ebenso der tierische Magnetismus *(Mesmerismus)*. Der schottische Journalist Charles MacKay hatte diese Phänomene 1841 in seinem Werk über Aberglaube und Massenpsychose eingehend beschrieben und verwies in diesem Zusammenhang auch auf den sogenannten Tulpenwahn in

3.1: Nongqawuse (rechts im Bild) im Alter von 15 oder 16 Jahren. Das Foto zeigt ein weiteres Mädchen, die elfjährige Nonkosi. Sie hatte die Nachricht von der bevorstehenden Auferstehung ebenfalls verbreitet und damit zu der menschlichen Tragödie beigetragen. Beide tragen auf dem Foto nicht ihre normale Kleidung, sondern wurden von der Frau des verhörenden Offiziers eigens dafür eingekleidet.

den Niederlanden Mitte des 17. Jahrhunderts. Dieser gilt als die erste Marktblase mit anschließendem Crash,[8] von denen wir mittlerweile eine ganze Reihe erlebt haben, die Weltwirtschaftskrise Ende der Zwanzigerjahre des letzten Jahrhunderts, die Dotcom-Blase um die Jahrtausendwende und in den Jahren 2007/08 die Immobilien- und Finanzkrise.

Der Klassiker unter den einschlägigen Publikationen zur sozialen Ansteckung ist das Werk *Psychologie der Massen* des französischen Arztes und Sozialpsychologen Gustave Le Bon (1841–1931). Darin beschreibt er die Ausbreitung von Emotionen analog zu Erregern von Krankheiten und deren Konsequenzen im Sinne gesteigerter Angst und verminderter Kritikfähigkeit größerer, der gegenseitigen Ansteckung unterliegender Ansammlungen von Menschen. Entsprechend kann sich ihm zufolge Massenhysterie über soziale und emotionale An-

3.2: Flug der Hexen auf dem Besen. Miniatur in einer Handschrift aus dem Jahr 1451 von Martin Le Franc (1410–1461).

steckung ausbreiten. Sein Buch ist noch heute (oder gerade heute wieder!) sehr lesenswert. Denn wer meint, dass wir im 21. Jahrhundert von solch »mittelalterlichem Unfug« frei sein können, sei eines anderen belehrt: Aberglaube ist in unseren postfaktischen Zeiten hierzulande eher wieder auf dem Vormarsch,[9] anderswo (beispielsweise in Afrika) wird sogar die Hexenverfolgung praktiziert.[10]

Ansteckende Angst

Manche Menschen haben Angst vor Spinnen, andere vor Fahrstühlen. Gibt es irgendetwas, das *jedem* von uns Angst einjagt? Würde man die Macher von Kriminal- oder Horrorfilmen fragen, dann wäre die Antwort eindeutig: Die weit aufgerissenen Augen eines Menschen machen anderen Menschen Angst. Diese Erkenntnis wurde im Jahr 2004 gleichsam neurowissenschaftlich eingeholt, als amerikanische Wissenschaftler nachweisen konnten, dass gesunde Versuchspersonen beim Anblick aufgerissener Augen mit einer Aktivierung des Mandelkerns reagieren.[11] Man muss sich den Mandelkern als eine Art körpereigene Alarmanlage vorstellen, die immer dann anspringt, wenn etwas Ungewöhnliches und womöglich Bedrohliches passiert. Subjektiv erleben wir dessen Aktivierung als Aufregung und Angst. Was geschieht, wenn diese Alarmanlage nicht intakt ist, wurde bereits ein Jahr später, also im Jahr 2005, ebenfalls gezeigt: Menschen mit Schäden im Bereich des Mandelkerns reagieren beim Anblick von aufgerissenen Augen nicht mit Angst.[12]

Die Aktivierung des Mandelkerns ändert nicht nur unser Erleben mit gleichzeitiger Erhöhung von Puls, Blutdruck und Muskelspannung. Über all dies hinaus bewirkt sie auch eine Veränderung unseres Denkens: Wer Angst hat, denkt scharf[13] und eng fokussiert; und das wiederum bedeutet, dass man unter Angst genauer wird und z. B. vergleichsweise mehr Tippfehler in einem zu korrigierenden Text findet. Die Kehrseite dieser Genauigkeit ist eine geringere Weite; man denkt unter Angst nicht »lateral«, weit und offen oder gar »um die Ecke« – mit einem Wort: nicht *kreativ*. Demgegenüber wird Kreativität von positiven Emotionen gefördert.[14] Man spricht in diesem Zusammenhang auch von einer emotionsbedingten Veränderung des kognitiven Stils. Jede gute Firma, die im Rahmen von Brainstorming-Sitzungen Kreativität freisetzen will, weiß das und nutzt diese Erkenntnis: Während des Brainstormings sollte eine gute Stimmung herrschen, und jeder darf sagen, was ihm einfällt; Kritik ist verboten, denn sie macht Angst. Und wenn Angst herrscht, fällt niemandem etwas ein.

Das wird genau dann zum Problem, wenn es gilt, Probleme zu lösen. Und das macht die Angst zu einer so tückischen Emotion. Sie bewirkt, dass wir gedanklich gewissermaßen stecken bleiben. Die Chance, eine Lösung zu finden, nimmt unter Angst ab. Das macht dann noch mehr Angst – ein wahrhafter Teufelskreis!

Die Aktivierung des Mandelkerns geschieht im Notfall automatisch und dadurch auch sehr schnell – deutlich schneller als das bewusste Verstehen einer Situation. Wie wir noch sehen werden, hat dies vor allem dann pathologische Auswirkungen, wenn andere automatische Prozesse zugleich am Werk sind und miteinander in Wechselwirkung treten.

Automatisches Mit-Fühlen

Jeder kennt Menschen, die »einen runterziehen« oder »einen immer zum Lachen bringen«. Die auf Hawaii lebende und arbeitende amerikanische Psychologin Elaine Hatfield hat dieses Phänomen zusammen mit zwei Kollegen bereits vor einem Vierteljahrhundert detailliert beschrieben und Mechanismen seines Zustandekommens diskutiert.[15] Die Autoren definieren emotionale Ansteckung als »die Tendenz, den Ausdruck, die

Sprache, Gestik und Mimik einer anderen Person automatisch nachzuahmen und mit der anderen Person zu synchronisieren, um sich ihr emotional anzunähern«.[16]

Man darf sich das Ganze aber nicht als willkürlichen Akt der Nachahmung vorstellen. Denn wenn jemand einen anderen bewusst nachmacht, dann wirkt das auf Dritte meist unecht, falsch oder befremdlich. Nicht umsonst sprechen wir dann davon, dass jemand einen anderen nachäfft. Dieses bewusste Nachmachen ist nicht gemeint, wenn von sozialer Ansteckung die Rede ist. Man muss sich das Ganze daher eher als gemeinsame Improvisation vorstellen, ähnlich wie Jazzmusiker zusammen *gleichzeitig* improvisieren. Dabei gibt es keinen »Anführer«, der etwas vorgibt, auf das die anderen dann re-agieren. Es ist vielmehr so, dass man sich beim Improvisieren vorher schon geeinigt hat, worum es geht, und dann gleichzeitig agiert. Keiner reagiert! Man weiß dies, weil man das Phänomen der Improvisation experimentell gut untersucht hat.[17] Zudem hat man bei improvisierenden Jazzmusikern eine Verminderung der Aktivität von Gehirnbereichen festgestellt, die für bewusste, kontrollierte und gesteuerte Handlungen zuständig sind.[18]

Der emotionale Gesichtsausdruck von Menschen wurde zeitlich sehr genau untersucht, indem die elektrische Aktivität der jeweiligen Gesichtsmuskeln, die für den Ausdruck von beispielsweise Freude oder Ärger zuständig sind, registriert wurde: Beim Lachen sind das die Muskeln, die die Mundwinkel hochziehen, bei Ärger diejenigen, die die Augenbrauen hochziehen und einander nähern. Man nennt diese Methode der Messung der elektrischen Aktivität von Muskeln *Elektromyografie* (*elektro* = Elektrizität, *myo* = die Muskeln betreffend, *graphein* = schreiben). Gebräuchlich ist die Abkürzung EMG.

Schon länger ist bekannt, dass emotionale Gesichtsausdrücke universal sind; alle Menschen, gleich welcher Kultur sie angehören, erkennen einen fröhlichen (lachenden) oder traurigen (weinenden) Menschen sowie eine Reihe weiterer Emotionen.[19] Sieht eine Versuchsperson Gesichter mit emotional unterschiedlichen Gesichtsausdrücken (Freude, Angst, Ärger, Wut etc.), so nimmt deren Gesicht den Ausdruck des gerade gesehenen Gesichts an. Diese Reaktion tritt nach etwa einer halben Sekunde auf und lässt sich nicht nur betrachten, sondern eben auch im EMG objektiv messen.[20] Hierzu werden entsprechende Gesichter auf einem Computerbildschirm gezeigt, sodass sich die Reaktionszeit auf die Millisekunde messen lässt.

Wenn zwei Menschen in einen spannenden Dialog vertieft sind und einer von beiden dabei eine bestimmte Emotion zu erkennen gibt, zeigt das EMG, dass der andere mit nur etwa 20 Millisekunden Verzögerung die gleichen Muskeln aktiviert.[21] Dies ist viel zu schnell, um von einer Reaktion zu sprechen, denn diese braucht etwa 500 Millisekunden. Aber nicht nur die Gesichts- und die Augenmuskeln sind viel zu schnell, als dass man ihre Aktivität bei einem Dialog als Re-aktion beschreiben könnte. Unsere Sprache ist es auch!

Wie funktioniert der »Dialog«?

Zur Untersuchung von Dialogen zwischen Menschen werden diese aufgezeichnet, um das Timing der Wörter genau messen zu können. Dabei wird deutlich, was unsere sprachliche Beschreibung dessen, was bei Dialogen geschieht, schon lange vermuten ließ: Wir *fallen uns ins Wort* oder *nehmen uns gegenseitig* sogar *das Wort aus dem Mund!* Der menschliche Geist leistet beim Dialog Erstaunliches. Dauert das Hervorbringen eines Satzes (und besteht er auch nur aus einem Wort) außerhalb eines Dialogs mindestens etwa 600 Millisekunden,[22] so liegt die Länge der Dialogpausen beim Wechsel des Sprechers im Mittel bei etwa 200 Millisekunden.[23]

Aufgrund von Beschreibungen in der anthropologischen Literatur wurde zunächst vermutet, dass es im Hinblick auf die

Länge der Pausen beim Dialog große kulturelle Variationen geben würde. So wird den Menschen in nordischen Ländern beispielsweise nachgesagt, dass sie beim Dialog besonders langsam seien, wie das folgende Beispiel zeigen mag: Zwei Finnen morgens auf dem Weg zur Arbeit. Sagt der eine: »Hier hab ich mein Messer verloren.« Abends auf dem Rückweg von der Arbeit fragt der andere: »Sagtest du: dein Messer?«[24]

Der Vergleich der Pausen in Dialogen in zehn ganz verschiedenen Sprachen ergab jedoch, dass diese Unterschiede keineswegs so groß sind, wie man zunächst angenommen hatte: Die durchschnittliche Dialogpause ist bei den Dänen mit 469 Millisekunden zwar tatsächlich am längsten, bei den Italienern aber überraschenderweise auch recht lang (310 Millisekunden). Schneller sind da schon die Engländer (236 Millisekunden) und Holländer (109 Millisekunden), richtig schnell die Mexikaner (67 Millisekunden) und die Japaner (7 Millisekunden).[25] In allen Fällen geht es, wie gesagt, um Millisekunden, also Sekundenbruchteile, und nicht um Sekunden, Minuten oder – wie das Beispiel der beiden Finnen suggeriert – gar um Stunden! Wenn es aber 600 Millisekunden dauert, bis man einen Satz spricht oder auch nur ein Wort, dann folgt aus den gerade gemessenen Pausen: Sich »ins Wort fallen« oder »das Wort aus dem Mund (des anderen!) nehmen« dürfte eigentlich gar nicht vorkommen – nicht einmal in Dänemark!

Auch die Forschung zum Sprachverständnis zeigt diese Problematik – man beobachtet etwas, das es gar nicht geben dürfte. Stellen Sie sich vor, Sie lesen (auf einem Bildschirm) die folgenden Wörter einzeln nacheinander: »Die – Pizza – war – zu – heiß – zum – Fliegen«. Dann hatten Sie etwa 400 Millisekunden nach dem Lesen des Wortes »Fliegen« ein negatives elektrisches Potenzial etwa in der Mitte auf Ihrem Kopf, das man mit einem Draht (Elektrode) von der Kopfhaut ableiten und messen kann.

Diese Methode hat den Namen EKP, weil man ein mit einem *E*reignis *k*orreliertes elektrisches *P*otenzial misst (international wird von ERP, *event-related potential,* gesprochen). Das Ganze ist technisch aufwendiger als hier dargestellt, aber es geht hier nur ums Prinzip. In Wahrheit muss man Dutzende solcher Sätze zeigen, die elektrische Aktivität aufzeichnen und mitteln. Das macht man dann bei einer ganzen Reihe von Versuchspersonen, deren Daten ebenfalls gemittelt werden, um ein deutliches Signal zu erhalten.

Das gerade beschriebene Potenzial auf Wörter am Ende eines Satzes, die nicht passen, hat den Namen *N400,* weil es *n*egativ ist und *400* Millisekunden nach dem Wort-Reiz auftritt. Es wurde im Jahr 1980 von den amerikanischen Wissenschaftlern Martha Kutas und Steven Hillyard erstmals in der Fachzeitschrift *Science* beschrieben und wird bis heute bei der Analyse der Prozesse untersucht, die sich zwischen dem Eintreffen sprachlicher Signale in den Sinnen und dem Verstehen von deren Bedeutung im Gehirn abspielen.[26] Wenn Sie nämlich folgende Wörter gelesen hätten »Die – Pizza – war – zu – heiß – zum – Essen«, dann hätte es keine N400 gegeben. Und wenn Sie lesen würden »Die – Pizza – war – zu – heiß – zum – Trinken«, dann könnte man mit etwas Glück eine *kleine* N400 ableiten, denn diese ist umso größer, je weniger das Wort zum Satz passt, und »Trinken« passt nun mal ein bisschen zum Essen.

Man konnte mithilfe der N400 erstmals sprachliche Denkprozesse im Gehirn von außen messen und dadurch genauer untersuchen. Wie wir schon vor Jahren in unserer Arbeitsgruppe zeigen konnten, lässt sich sogar das gestörte Denken schizophrener Patienten besser verstehen, wenn man dieses Potenzial bei ihnen misst.[27] Am interessantesten jedoch ist letztlich der unerwartete Befund, wie lange es dauert, bis wir im Hinblick auf die Bedeutung eines wahrgenommenen Wortes auf den Trichter kommen: eine knappe halbe Sekunde!

Diese Erkenntnisse wollen einfach gar nicht zu unserer viel rascher ablaufenden verbalen und nonverbalen Kommunikation passen. Man muss daraus schließen, dass Kommunikation zwischen Menschen, die sich in einem Dialog befinden, *nicht* so funktioniert, wie es ein jeder Student – ganz gleich, ob er Pädagogik, Physik, Kunstgeschichte, Informatik oder Germanistik studiert – lernt: nach dem Modell von Sender, Kanal und Empfänger, das auf den Informatiker Claude Shannon (1916–2001) und dessen Arbeit *A Mathematical Theory of Communication* aus dem Jahr 1948 zurückgeht. Miteinander redende und handelnde Menschen senden nicht, um dann zu empfangen und danach zu reagieren. Anders ausgedrückt: Das, was sie tun, wird durch diese Theorie nicht adäquat beschrieben. Deshalb ist die Theorie nicht falsch. Sie ist vielmehr auf die spezifische Art und Weise, wie Menschen miteinander einen Dialog führen, ebenso wenig anwendbar wie die elektromagnetische Theorie des Lichts als Welle auf den Fotoeffekt oder auf die Kunst Picassos.

Menschen im Dialog verhalten sich vielmehr eher wie eine gute Jazzband oder Fußballmannschaft: Man spielt *gemeinsam*. Nicht umsonst kann das von außen dann so aussehen, als würde nicht jeder für sich handeln, sondern nur einer – eine Art Superorganismus. Man spricht deswegen in solchen Fällen folgerichtig vom Mannschafts- oder Chorgeist – im Singular!

Halten wir fest: Emotionen wie Angst oder Verhaltensweisen wie Gähnen laufen automatisch ab – unsere Interaktionen in vielerlei Hinsicht auch. Obwohl wir über gemeinschaftliches Handeln meistens im Sinne von *führen* und *geführt werden* nachdenken (man bedenke nur die vielen Seminare zu Menschenführung, Personalführung, Kommunikationswegen und -strukturen etc.), funktioniert es im Alltag ganz anders: Wenn wir miteinander reden oder etwas wirklich gemeinsam tun, dann klappt das am besten, wenn niemand führt und niemand folgt. Vielmehr planen und handeln die Beteiligten gleichzeitig und sind daher in der Lage, ihre Aktionen *millisekundengenau aufeinander abzustimmen,* was durch bloßes Agieren und Re-agieren gar nicht möglich wäre. Der Vorteil liegt auf der Hand und besteht in einer größeren Effizienz der Gruppe: Man ist sich nicht nur schneller einig beim Ver-handeln (von Arbeit, Ressourcen, Nahrung, Zuneigung oder Sex), sondern handelt auch effektiver – egal, ob beim Hausbauen, Jagen, Ernten, Kriegführen oder Kinderkriegen.

Erkauft wird diese automatische, also sehr rasche und nicht bewusst gesteuert ablaufende Fähigkeit zur wechselseitigen Abstimmung von Gefühlen, Gedanken und Handlungen mit dem Risiko, dass der Mechanismus aus dem Ruder läuft und zur Gleichschaltung sehr vieler auf engem Raum befindlicher Menschen führt: Die »Abstimmung« wird zur »Ansteckung«. Nicht etwa, weil nun etwas ganz anderes geschieht, sondern weil sich automatische Prozesse der Emotionen und des Miteinanders gegenseitig verstärken und damit zur Pathologie führen: Ansteckende Angst bewirkt Massenpanik, und ansteckende Einsamkeit bewirkt intensiv empfundene Einsamkeit.

Pathologische Ansteckung wird begünstigt, wenn der Affekt stark oder das Denken schwach ist – oder beides. Eine alkoholisierte Masse ist aggressiver und schwerer einschätzbar als eine nüchterne – die Droge schwächt bekanntermaßen das kritische Nachdenken. Bei einer angsterfüllten Masse verhält es sich ebenso.

Netzwerke im Mikrokosmos einer Kleinstadt

Dass Einsamkeit tatsächlich ansteckend ist, zeigte eine sehr clevere Analyse von Daten zu sozialen Netzwerken, die im Rahmen einer der größten und bekanntesten populationsbasierten Studien zur Epidemiologie von Krankheiten, die es weltweit überhaupt gibt, erhoben worden waren.[28]

Die *Framingham Heart Study* ist unter Herzspezialisten gut bekannt, unter Psychiatern jedoch kaum. Diese über lange Zeit laufende Beobachtungsstudie begann bereits im Jahr 1948. Damals konnte man in der amerikanischen Kleinstadt Framingham (Massachusetts) nahezu alle dort lebenden Erwachsenen (erste Kohorte mit 5209 Personen) überzeugen, an der Studie teilzunehmen. Im Jahr 1971 wurden dann die Kinder der ersten Kohorte und deren Partner in einer zweiten Kohorte (5124 Personen) und im Jahr 2002 wiederum deren Kinder und Partner in einer dritten Kohorte (4095 Personen) langfristig beobachtet. Zusätzlich gab es noch eine vierte Kohorte, deren Beobachtung im Jahr 1994 startete; sie bestand aus 508 zugezogenen Menschen mit sehr unterschiedlicher ethnischer Zugehörigkeit.

Die Teilnehmer der ersten Kohorte wurden alle zwei Jahre von speziell dafür eingestellten Ärzten untersucht, die der weiteren Kohorten alle vier Jahre. Das Besondere an der Studie ist, dass trotz der üblichen Widrigkeiten des Lebens nahezu alle Teilnehmer lückenlos über lange Zeit mitgemacht haben. Man konnte daher einen kleinen Mikrokosmos von Menschen genau beobachten, die in verwandtschaftlichen, freundschaftlichen, nachbarschaftlichen und beruflichen Beziehungen standen bzw. stehen und ihr Leben leben.

Die Mitglieder der zweiten Kohorte wurden als Knoten im sozialen Netzwerk ausgewählt, und alle Mitglieder aller Kohorten wurden als mögliche Verbindungen zu diesem Knotenpunkt untersucht. Aus den zur Verfügung stehenden Angaben zu den sozialen Beziehungen der zweiten Kohorte wurde so ein Netz zusammengepuzzelt. Freundschaften wurden so definiert, dass entweder Teilnehmer A einen Teilnehmer B als Freund benennt – oder umgekehrt. Dies wurde jeweils getrennt festgehalten. Zudem wurde noch nachgesehen, wo jeder Teilnehmer wohnt, sodass man erstens nachbarschaftliche Beziehungen und zweitens den räumlichen Abstand von jedem Teilnehmer zu jedem anderen Teilnehmer ermitteln konnte. So wurde der Mikrokosmos der amerikanischen Kleinstadt mit einer Genauigkeit erfasst, die in der wissenschaftlichen Literatur ihresgleichen sucht.

Aber nicht nur die objektiv vorhandenen sozialen (Ver-)Bindungen wurden genau gemessen. Auch das erlebte Gefühl der

Einsamkeit wurde bei jedem Teilnehmer über die Zeit hinweg zu den jeweiligen Untersuchungszeitpunkten erfasst. Dadurch wurden Analysen der objektiven sozialen Verbindungen (bzw. Isolation) und des Gefühls der Einsamkeit im Längsschnitt möglich.

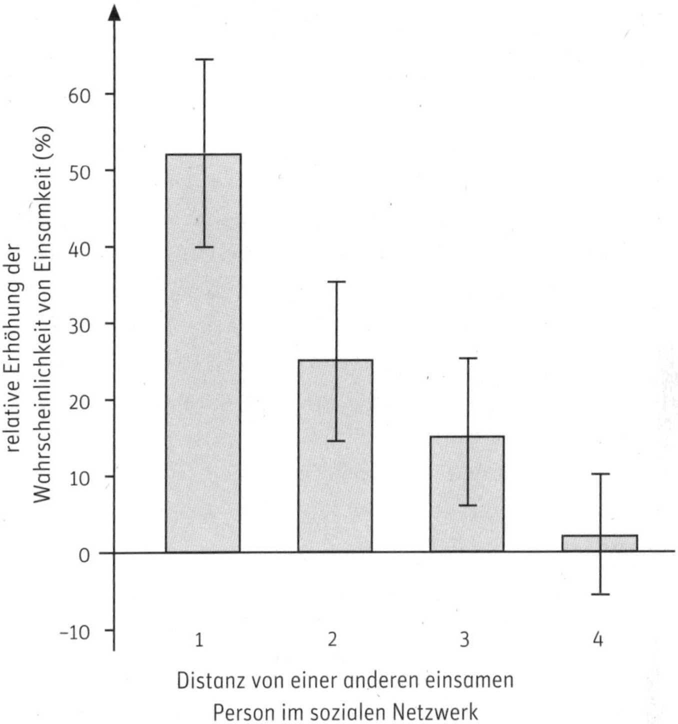

3.3: Einsamkeit ist ansteckend. Relative Erhöhung der Wahrscheinlichkeit eines Teilnehmers (Index-Person), zum nachfolgenden Messzeitpunkt einsam zu sein, in Abhängigkeit von der Einsamkeit einer Person in deren sozialem Umfeld und von deren sozialer Distanz (Mittelwerte und 95-Prozent-Vertrauensintervalle): Die soziale Distanz von 1 bezeichnet dabei einen Freund (direkte Verbindung), 2 bezeichnet den Freund eines Freundes, 3 den Freund des Freundes eines Freundes etc.[29]

Im Verlauf dieser Studie wurde erstmals ermittelt, dass Einsamkeit ansteckend ist. Einsamkeit überträgt sich nicht nur auf den nächsten Freund, sondern auch auf den Freund des Freundes und sogar auf dessen Freund – die Ansteckung läuft also über bis zu drei Verbindungen (siehe Grafik 3.3). Dabei nimmt der Effekt ab, von einer um 52 Prozent höheren Wahrscheinlichkeit, einsam zu sein, wenn der Freund einsam ist (95-Prozent-CI:[30] 40–65 Prozent), auf 25 Prozent (CI: 14–36 Prozent) beim einsamen Freund eines (nicht einsamen) Freundes und auf 15 Prozent (CI: 6–26 Prozent) beim einsamen Freund eines (nicht einsamen) Freundes eines (nicht einsamen) Freundes. Erst nach vier Verbindungen ist der Effekt mit 2 Prozent nicht mehr statistisch zu sichern (95 Prozent CI: -5–10 Prozent). Einsamkeit ist also »dosisabhängig« ansteckend; sie überträgt sich intensiver, je näher einem die einsame Person ist. Die Ansteckung funktioniert sogar über mehrere Knoten im Netzwerk hinweg, sie kann auch von Menschen übertragen werden, die sich nicht unbedingt kennen. Zudem zeigte sich, dass die Ansteckung deutlicher war, wenn die Beziehung in beide Richtungen ging, wenn also Teilnehmer A und Teilnehmer B sich wechselseitig als Freund genannt hatten.

Es ist interessant, dass die hier gefundene »Regel des Einflusses über drei Verbindungen hinweg« auch für Übergewicht[31], das Rauchen[32] sowie für das Glück einer Person bestätigt wurde.[33] Es gibt also neben der Einsamkeit weitere Verhaltens- und Erlebnisweisen, die ansteckend sind.

Wie die Daten klar zeigten, betraf diese Nähe nicht nur den sozialen Abstand, sondern auch den räumlichen (siehe Grafik 3.4). Ein guter (wechselseitig angegebener) Freund, der weniger als eine Meile entfernt wohnt und einsam ist, erhöht die Wahrscheinlichkeit, später selbst auch einsam zu sein, um 41 Prozent; ein »einseitiger« Freund um 29 Prozent; und ein Freund, der bis zu 5 Meilen (gut 8 km) entfernt wohnt, nur noch um (nicht mehr signifikante) 13 Prozent. Ein einsamer Freund im Um-

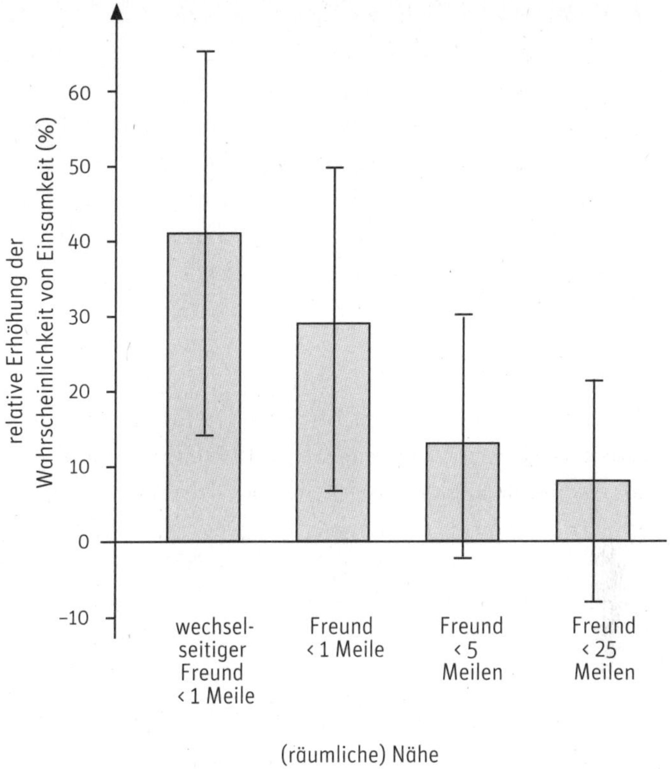

3.4: Relative Erhöhung der Wahrscheinlichkeit eines Teilnehmers (Index-Person), zum nachfolgenden Messzeitpunkt einsam zu sein, in Abhängigkeit von der Nähe eines einsamen Freundes.[34]

kreis von 25 Meilen hat praktisch keinen Einfluss mehr (8 Prozent, nicht signifikant).

Einsamkeit ist also tatsächlich ansteckend, und ganz ähnlich wie bei einer Infektionskrankheit ist die Wahrscheinlichkeit der Ansteckung höher, je näher man zusammenlebt. Dies gilt sogar für den Nachbarn, bei dem man sich eher ansteckt als bei jemandem, der lediglich in der gleichen Straße wohnt. Geschwister

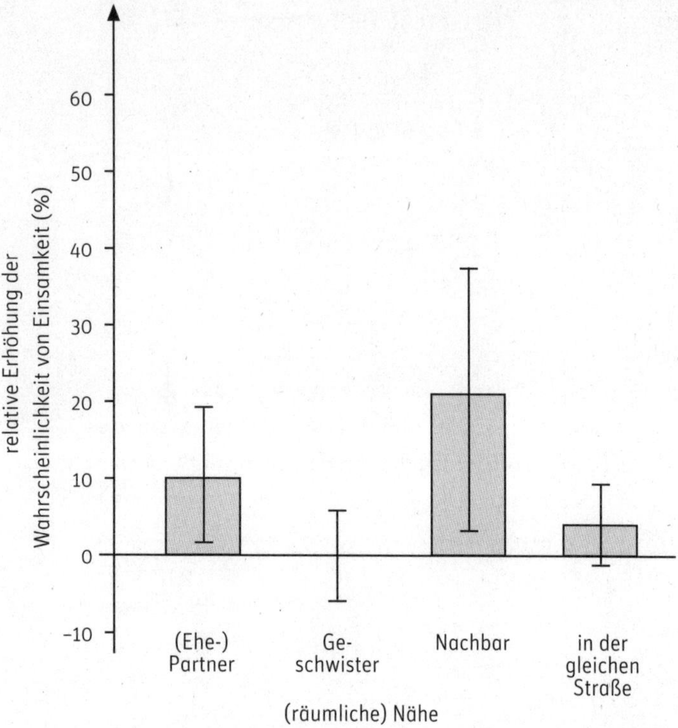

3.5: Relative Erhöhung der Wahrscheinlichkeit eines Teilnehmers (Index-Person), zum nachfolgenden Messzeitpunkt einsam zu sein, in Abhängigkeit vom (jeweils einsamen) Partner, Geschwister, Nachbar und Bewohner der gleichen Straße.[35]

sind nicht ansteckend, selbst wenn sie in der Nähe wohnen, der im gleichen Haus lebende Partner interessanterweise deutlich weniger, als man vermuten könnte (siehe Grafik 3.5), der woanders lebende Partner gar nicht.

Wer steckt wen wie stark an?

Menschen mit mehr Freunden sind weniger einsam – das weiß jeder. Man konnte in der Studie jedoch erstmals zeigen, wie groß dieser Effekt genau ist. Mit jedem zusätzlichen Freund reduziert sich die Häufigkeit von Gefühlen der Einsamkeit um 0,04 Tage pro Woche. Das mag wenig erscheinen, bei 52 Wochen pro Jahr lässt sich jedoch leicht berechnen, dass dies im Jahr etwa zwei Tage ausmacht. Da sich die Teilnehmer der Studie im Durchschnitt an 48 Tagen im Jahr einsam fühlten, folgt daraus, dass ein paar Freunde mehr die Einsamkeit um etwa 10 Prozent reduzieren. Interessant ist, dass sich mit der gleichen Methode ausrechnen ließ, wie groß der Effekt von Familienmitgliedern ist: null.

Analysiert man den gleichen Datensatz getrennt nach Geschlechtern, so zeigt sich, dass Einsamkeit unter Frauen ansteckender ist als unter Männern. Dies könnte daran liegen, dass Frauen bekanntermaßen ein höheres Maß an Einfühlungsvermögen aufweisen; ihre »Antennen« für soziale Nähe – und damit auch für deren Fehlen – sind also »empfindlicher«. Frauen sind durch den Kontakt mit einsamen Freunden und einsamen Nachbarn eher selbst einsam als Männer.

Zusätzlich konnte jedoch auch das Folgende gezeigt werden: Die Einsamkeit von Frauen ist für andere Personen ihres sozialen Netzwerks ansteckender als die von Männern. Dies bedeutet also, dass sie nicht nur »sensiblere« Antennen für den »Empfang« von Einsamkeit haben, sondern auch Antennen für Einsamkeit mit einer höheren »Sendeleistung«.

Schließlich wurde noch der mögliche Einfluss von Depressivität in die Analyse einbezogen. Wie sich herausstellte, kam es zu keinen Veränderungen der gerade beschriebenen Ergebnisse. Im Klartext heißt dies: Es ist weniger meine Depressivität, die meinen Freund einsam macht, sondern meine Einsamkeit.

Wenn nun Einsamkeit ansteckend ist, dann müsste dies eigentlich über kurz oder lang zur Folge haben, dass alle Mitglieder einer sozialen Gemeinschaft einsam sind. Dies ist aber ganz offensichtlich nicht der Fall. Warum? Epidemiologische Forschungen haben ergeben, dass eine Epidemie nicht grundsätzlich zu einer Pandemie wird,[36] sondern dass sie sich unter bestimmten Bedingungen selbst begrenzt. Nehmen wir den Extremfall: Wenn kaum noch ein Mensch am Leben ist, trifft man auch kaum noch jemanden, und so sinkt die Wahrscheinlichkeit der Ansteckung.

Nicht anders ist es mit der Einsamkeit. Obwohl sie ansteckend ist, ufert sie nicht immer weiter aus und betrifft am Ende jeden, denn einsame Menschen leben über die Zeit hinweg zunehmend sozial isolierter – sozusagen in Quarantäne. Wie die Daten aus der *Framingham Heart Study* zeigen, ist genau dies tatsächlich der Fall: Wer zum Messzeitpunkt 1 einsam war, hat zum nächsten Messzeitpunkt weniger Freunde. Konkret wurde ermittelt, dass im Vergleich zu einem Menschen, der sich nie einsam fühlt, ein sich einsam fühlender Mensch in den folgenden vier Jahren im Durchschnitt 8 Prozent seiner Freunde verliert. Die Autoren der Studie beschreiben das Ganze wie folgt: »Einsame Menschen werden von anderen seltener als Freunde benannt und benennen auch selbst seltener andere als Freunde. Das bedeutet, dass Einsamkeit sowohl eine Ursache als auch eine Folge von sozialer Isolation ist. Diese Ergebnisse legen nahe, dass unsere Gefühle und sozialen Netzwerke sich gegenseitig verstärken und einen Kreislauf in Gang setzen, der nach Art ›wer hat, dem wird gegeben‹ abläuft und diejenigen bevorzugt, die viele Freunde haben. Menschen mit wenig Freunden hingegen neigen dazu, mit der Zeit immer einsamer zu werden. Insofern ist es unwahrscheinlich, dass sie für andere als Freunde attraktiv sind oder selbst neue Beziehungen knüpfen.«[37]

So ist am Ende der Einsame *allein in der Menge,* wie die entsprechende Arbeit betitelt ist. Dies gilt übrigens nicht nur für menschliche Gemeinschaften, sondern auch für Gruppen von nichtmenschlichen Primaten. »Die kollektive Zurückweisung von sozial isolierten Individuen beim Menschen und anderen Primaten hat demnach wahrscheinlich die Funktion, die Integrität der Gruppe als Ganzes zu erhalten«, führen die Autoren in ihrer Diskussion dazu aus.[38] Das Ganze spielt sich zudem eher in sozialen Netzwerken ab, die wir uns aussuchen, und nicht in denen, in die wir hineingeboren werden. Unter Verwandten ist Einsamkeit deutlich weniger ansteckend als unter Freunden.

Fassen wir zusammen

Einsamkeit kann ansteckend sein – wie andere Emotionen, Gedanken oder Verhaltensweisen auch. Dies setzt voraus, dass Einsamkeit nicht dasselbe ist wie soziale Isolation. Sie kann jedoch dazu führen, was dann selbstverständlich die Ansteckung verringert. In der Tat wird durch diesen Mechanismus ein ungehindertes Ausbreiten der Einsamkeit gebremst. Die Ansteckung sollte man dennoch ernst nehmen, sie kann über Dritte erfolgen und sogar über mehrere Zwischenglieder eines sozialen Netzwerks. Frauen sind ansteckender als Männer, Nachbarn sind ansteckender als Verwandte; und je weiter jemand entfernt wohnt, desto weniger ist seine Einsamkeit ansteckend.

4

EINSAMKEIT LÖST STRESS AUS

Die wissenschaftlichen Erkenntnisse zu den ungünstigen *körperlichen* Auswirkungen von *seelischen* Beeinträchtigungen durch Stress, Ärger, Ausgrenzung, Feindschaft oder soziale Isolation haben im Bereich der Gesundheitspsychologie einen herausragenden Stellenwert. Bereits im 19. Jahrhundert haben sich Denker aus unterschiedlichen Fachbereichen diesem Thema zugewandt, allerdings weitgehend außerhalb des Bereichs der medizinisch-wissenschaftlichen Analyse – und wenn zuweilen nachgeprüft wurde, erwiesen sich viele der Behauptungen und Thesen aus jener Zeit als falsch. Erst die Möglichkeiten der methodisch immer leistungsfähiger werdenden biomedizinischen Grundlagenforschung und die Anwendung der damit möglich gewordenen neuen Erkenntnisse auf Probleme im klinischen Alltag haben in den vergangenen Jahrzehnten zu verlässlichem Wissen geführt, wenn es um die Frage geht: Können Gedanken und Gefühle krank machen?

Wenn erst einmal klar ist, *dass* es solche Effekte tatsächlich gibt, kann man weiter fragen, *wie* dies geschehen kann. Die eigentliche Frage müsste also lauten: Aufgrund welcher Mechanismen können sich psychische Phänomene biologisch auswirken?

Ausgangspunkt der Überlegungen dieses Kapitels ist die Erkenntnis[1], dass chronischer Stress mit einer erhöhten Wahrscheinlichkeit von Krankheiten einhergeht, die langfristig tödlich sein können. Die Wahrscheinlichkeit des Auftretens einer Krankheit nennt man *Morbidität* (lateinisch: *morbus* = Krankheit). Die Wahrscheinlichkeit, an einer Krankheit zu sterben, bezeichnet man als *Mortalität* (lateinisch: *mors*, *mortis* = Tod). Zwei Beispiele: Die Krankheit Schnupfen hat eine hohe Morbidität, aber eine sehr geringe Mortalität; sie tritt häufig auf, aber man stirbt nicht daran. Bei Krankheiten wie Tollwut oder Tetanus liegen die Dinge anders: Sie haben eine geringe Morbidität, denn glücklicherweise sind die meisten Menschen gegen Tetanus geimpft, und die Tollwut ist hierzulande seit einigen Jahren nicht mehr aufgetreten. Wenn sich jedoch jemand mit Tetanus oder Tollwut infiziert und nicht sofort behandelt wird, dann verläuft Tetanus auch heute noch in einem Viertel der Fälle tödlich, und die Tollwut verläuft fast immer tödlich. Die Mortalität beider Infektionen ist damit sehr hoch.

Wenn wir uns dem chronischen Stress zuwenden, so sehen wir, dass er nicht nur eine bestimmte Krankheit, sondern eine ganze Reihe völlig verschiedener Krankheiten auslöst, von Atemwegserkrankungen, Herz-Kreislauf-Erkrankungen, Infektionskrankheiten oder Krebserkrankungen bis zu Störungen der Wundheilung nach Unfällen oder Operationen. Wie kann das sein? Und was ist eigentlich Stress?[2]

Vom Notfall zum Normalfall

Wenn der Fahrstuhl ausgefallen ist und man die Treppe nehmen muss, um dann völlig verschwitzt im dritten Stock anzukommen, dann halten viele Menschen das für Stress. Sie liegen damit jedoch völlig falsch! Stress ist nicht das Gleiche wie körperliche Anstrengung – ganz im Gegenteil. Wenn man sich körperlich anstrengt und schwitzt, baut man Stress ab. Stress ist etwas ganz anderes, nämlich eine akute Notfallreaktion, die uns das Leben retten kann – zugleich aber auch Nebenwirkungen hat.

Stellen Sie sich vor, ein Raubtier ist hinter Ihnen her; oder der Wald um Sie herum brennt, und Sie rennen um Ihr Leben; oder Sie laufen über dünnes Eis, brechen ein und müssen sich rasch aus dem kalten Wasser befreien, um nicht zu erfrieren. In solchen Notfallsituationen reagiert Ihr Körper auf eine ganz bestimmte Weise, nämlich mit *akutem Stress,* einem Notfallprogramm, das immer gleich abläuft. In der Leber wird Energie mobilisiert, Herz und Kreislauf werden sehr rasch auf Hochtouren gebracht, um die Energie zu verteilen, und auch das Gehirn wird auf Höchstleistung getrimmt, um die Energie in jedem Augenblick optimal einzusetzen. Zugleich hemmt das Notfallprogramm alle Energie verbrauchenden Funktionen, die momentan aufgeschoben werden können: die Verdauung, das Wachstum, die Immunabwehr und die Fortpflanzung. Denn all dies benötigt auch Energie, die jedes Lebewesen im Notfall aber für das nackte und kurzfristige Überleben dringender braucht. Wenn Ihnen also der sprichwörtliche Säbelzahntiger begegnet, sollte sich Ihr Körper nicht mit Verdauung, Wachstum, Immunabwehr oder gar Fortpflanzung aufhalten. Das tut er auch nicht, denn all dies wird durch das Notfallprogramm *akuter Stress* kurzfristig abgeschaltet.[3]

Ausgelöst wird dieses Notfallprogramm durch die Ausschüttung von Hormonen der Nebennierenrinde (Cortisol; lateinisch: *cortex* = Rinde) und des Nebennierenmarks (Adrenalin und Noradrenalin; lateinisch: *ad renem* = neben der Niere). Cortisol sowie Adrenalin und Noradrenalin werden auch Stresshormone genannt. Sie mobilisieren Kräfte für Höchstleistungen, um den Notfall zu überstehen. Adrenalin und Noradrenalin bewirken einen sehr raschen Anstieg des Schlagvolumens jedes einzelnen Herzschlags sowie der Anzahl der Herzschläge pro Minute. Dadurch wird mehr Blut durch den Körper gepumpt. Zugleich kommt es zur Erweiterung der Blutgefäße in den Muskeln und zu einer Verengung der Blutgefäße in der Haut und im Darm. Dadurch werden die Muskeln und das Gehirn besser mit Blut versorgt. Zudem führt Adrenalin in der Leber zur schnellen Bereitstellung von Zucker. Damit steigen der Blutdruck und der Blutzuckerspiegel an; zudem werden die Muskeln auch noch stärker angespannt. Adrenalin und Noradrenalin gelangen nicht ins Gehirn, denn sie können die sogenannte Blut-Hirn-Schranke nicht passieren. Deshalb stellt im Rahmen einer Stressreaktion das Gehirn selbst Noradrenalin her und schüttet es aus; sehr rasch steigert es die Wachheit und Erregtheit, darüber hinaus verengt es den Fokus der Aufmerksamkeit. Die Wirkungen von Adrenalin und Noradrenalin laufen innerhalb von Sekunden ab und sind Teil dessen, was man bei Menschen und vielen Tieren die »Fight or flight«-Reaktion nennt: Kämpfen oder Flüchten, um im Notfall handlungsbereit zu sein.

Die Produktion und Ausschüttung des Stresshormons Cortisol erreichen demgegenüber erst nach etwa 25 Minuten ihr Maximum. Cortisol gelangt über das Blut in die Zellen des gesamten Körpers und auch in das Gehirn, denn Cortisol passiert die Blut-Hirn-Schranke. Im Gehirn wirkt es unter anderem im Sinne einer negativen Rückkoppelung auf seine eigene Ausschüttung dämpfend. Ähnlich wie der Thermostat einer Heizung die Wärme herunterregelt, wenn die gewünschte Raumtemperatur erreicht ist, sorgt Cortisol im Gehirn dafür, dass seine Ausschüttung wieder heruntergefahren wird (siehe Grafik 4.1).

Die Wirkungen von Cortisol können über Stunden oder Tage anhalten.[4] Sie werden über zwei unterschiedliche Rezeptoren vermittelt, deren Effekte teilweise gegenläufig sind. Zudem lagert sich das Hormon an einem der beiden Rezeptoren (dem sogenannten Mineralocorticoid-Rezeptor) stärker an als am anderen (dem Glucocorticoid-Rezeptor), und weiterhin sind diese beiden Typen von Rezeptoren in verschiedenen Geweben bzw. Organen unterschiedlich verteilt. Außerdem unterliegt der Blutspiegel von Cortisol – ganz unabhängig vom Stress – einem selbstständig ablaufenden Tagesrhythmus: Er ist eine halbe Stunde nach dem Einschlafen am niedrigsten und beim Aufwachen am höchsten.[5]

Insgesamt ergibt sich für die Wirkungen von Cortisol das fol-

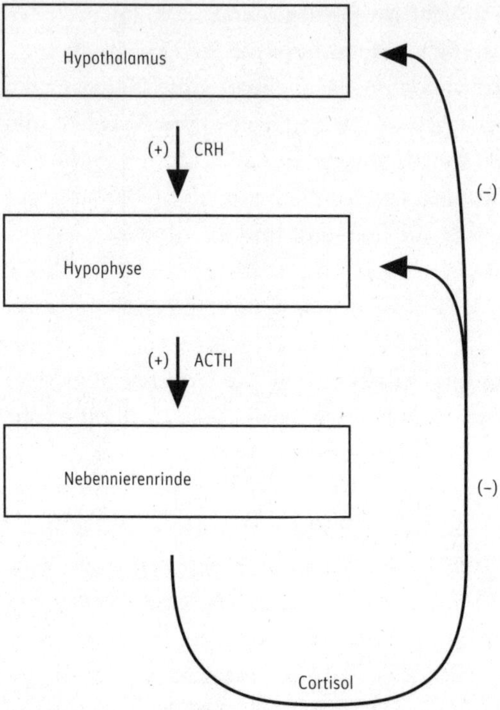

4.1: Die Ausschüttung von Cortisol aus der Nebennierenrinde wird vom Gehirn gesteuert. Dort sitzt ziemlich tief in der Mitte der Hypothalamus, der von zwei emotions- und gedächtnisrelevanten Gehirnpartien, dem Mandelkern und dem Hippocampus (nicht in der Grafik eingezeichnet), Signale erhält. Wenn diese beiden Areale einen Notfall anzeigen, setzt der Hypothalamus CRH *(corticotropin-releasing hormone)* frei, das in die benachbarte Hypophyse gelangt und dort wiederum die Freisetzung von ACTH (adrenocorticotropes Hormon, im Englischen auch *corticotropin* genannt) bewirkt. Das ACTH gelangt über das Blut in die Nebennierenrinde und löst dort die Ausschüttung von Cortisol aus. Sobald das Cortisol über das Blut das Gehirn erreicht, vermindert es seine eigene Freisetzung. Damit ist gesichert, dass die akute Stressreaktion sich selbst begrenzt und nicht vollkommen aus dem Ruder läuft.

gende Bild: Ohne dieses Hormon laufen viele Funktionen des Körpers gar nicht ab oder zumindest nicht richtig rund. Daher ist eine bestimmte Menge Cortisol im Blut notwendig, und genau dafür wird jeden Morgen automatisch mit höheren Cortisolkonzentrationen gesorgt. Am Abend, wenn der Körper zur Ruhe kommen soll, ist auch die Cortisolkonzentration am niedrigsten. Sehr hohe Konzentrationen sind dauerhaft nicht gesund und lassen Körperfunktionen aus dem Ruder laufen, wodurch Krankheiten entstehen. Einfach zusammengefasst: Ohne Cortisol geht es nicht, zu viel davon ist aber auch nicht gut. Man nennt den Zusammenhang zwischen der Cortisolkonzentration im Blut und den Körperfunktionen daher auch umgekehrt u-förmig (siehe Grafik 4.2).[6]

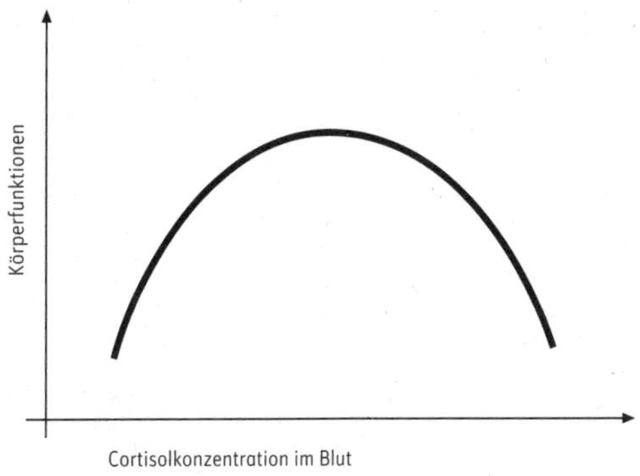

4.2: Der Zusammenhang zwischen der Cortisolkonzentration im Blut und den Funktionen des Körpers ist umgekehrt u-förmig: Sehr geringe und sehr hohe Cortisolkonzentrationen sind für den Körper ungünstig, mittlere sind günstig.

Chronischer Stress, Krankheit und Tod

Die akute Stressreaktion rettet uns im Notfall das Leben. Zugleich bringt sie uns aber auch Krankheit und Tod, wenn sie dauernd erfolgt, wenn also der Notfall chronisch und zum Normalfall wird. Dann kommt es zur vermehrten Bereitstellung von Zucker, teilweise durch Abbau von Muskeleiweiß, was zu einem erhöhten Blutzuckerspiegel *(Hyperglykämie)* und zu Muskelschwäche *(Myopathie)* führt. Beides wird als Müdigkeit und Verlust der Spannkraft erlebt. Ein auf Dauer vermehrt angetriebenes Herz-Kreislauf-System bewirkt Bluthochdruck (man spricht auch von Stress-Hypertonus). Sind Nervenzellen längerfristig zu stark erregt, wirkt sich dies schädigend auf sie aus. Man spricht hier von Toxizität durch übermäßige Erregung, die zu einem vermehrten Absterben von Nervenzellen führt. Neueren Studien zufolge kann Cortisol auch das Nachwachsen von Neuronen (was im menschlichen Gehirn tatsächlich in manchen Arealen geschieht) hemmen.

Auch das oben beschriebene, kurzfristig sinnvolle Abschalten von Körperfunktionen[7] hat langfristig negative Konsequenzen. Durch die bei chronischem Stress permanent unterdrückte Verdauung kommt es zu Magengeschwüren.[8] Die Wachstumshemmung führt in jungen Jahren zu Zwergwuchs und bei Erwachsenen durch Hemmung des Knochenwachstums zu Osteoporose, also zur Abnahme der Knochendichte und damit der Knochenhärte. Dies wiederum ist eine häufige Ursache von Knochenbrüchen im Alter, wobei der Oberschenkelknochen im Hüftbereich besonders häufig betroffen ist. Nicht selten wird dann ein künstliches Hüftgelenk eingesetzt, der Patient muss einige Tage liegen, was Blutgerinnsel in den Venen der Beine verursachen kann, die sich lösen und in die Lunge geschwemmt werden können. Eine solche Lungenembolie verläuft nicht selten tödlich.

Wird das Immunsystem längerfristig unterdrückt, können Infektionskrankheiten und Krebs mit höherer Wahrscheinlichkeit auftreten. Man wundert sich zuweilen, warum sich gerade zu einem bestimmten Zeitpunkt ein ganz normaler Pickel zu einem großen eitrigen Furunkel entwickelt, warum gerade jetzt eine Lungen- oder Nierenbeckenentzündung auftritt oder warum es gerade in dieser Lebensphase zu einem Krebsleiden kam. Sicherlich spielt in solchen Fällen das Bedürfnis eine Rolle, für alles eine ursächliche Erklärung zu finden, die es zuweilen einfach nicht gibt. Aber dieses sehr menschliche Kausalitätsbedürfnis darf uns zugleich auch nicht blind werden lassen angesichts der tatsächlichen Einflüsse von chronischem Stress auf unsere Gesundheit.

Meine Mutter war beispielsweise immer eine kerngesunde Frau. Als jedoch meine große Schwester heiratete (was meiner Mutter »Stress und schlaflose Nächte« bereitete), hatte sie plötzlich ein eitriges Furunkel seitlich auf dem Rücken. Ein Freund von mir hatte sehr viel »Stress« angesichts der Eröffnung eines Forschungsinstituts, dem er vorstand. Kurz danach erkrankte er und wäre beinahe gestorben, weil die Ärzte bei dem ansonsten kerngesunden Mann zunächst nichts finden konnten. Ein eitriger Abszess in der Leber – äußerst unwahrscheinlich unter »normalen Umständen« – wurde schließlich festgestellt und erfolgreich behandelt. Auch wenn ein erfolgreicher Schauspieler oder Politiker plötzlich nicht mehr erfolgreich ist und dann »wie aus heiterem Himmel und viel zu jung« Krebs bekommt und verstirbt, kann man eine Mitbeteiligung von »Stress« vermuten, auch wenn das im Nachhinein wenig nützt.

Die chronische Hemmung der Reproduktion schließlich kann bei Männern zu Impotenz führen und bei Frauen zum Ausbleiben der Regelblutung. Bei beiden Geschlechtern kann es zur Beeinträchtigung des sexuellen Verlangens kommen, bis hin zum Libidoverlust.

Wenn die Kontrolle fehlt

Die Hauptursache von chronischem Stress sind nicht irgendwelche Widrigkeiten, die das Leben nun einmal immer bereithält. Vielmehr geht chronischer Stress mit dem Erleben einher, den Dingen bzw. der Umgebung gegenüber ausgeliefert zu sein und keine Kontrolle über das eigene Schicksal zu haben.[9] Es ist hier meist nicht irgendein akutes Ereignis gemeint (also beispielsweise auf einer schneeglatten Straße die Kontrolle über das Auto zu verlieren), sondern das dumpfe Gefühl, das eigene Leben nicht im Griff zu haben und den Umständen ohnmächtig ausgesetzt zu sein. Dieses Gefühl der fehlenden Kontrolle über das eigene Leben *ist* chronischer Stress.

Schon vor Jahrzehnten wurde dies bereits im Tierversuch nachgewiesen: Zwei im Labor räumlich getrennte Versuchstiere, die nichts voneinander wissen, sind den gleichen schmerzhaften elektrischen Stromschlägen ausgesetzt, die von einem kleinen Apparat zum Drahtboden der jeweiligen Käfige parallel gesendet werden. In einem der beiden Käfige befinden sich eine Lampe und eine Taste, und das Ganze ist so programmiert, dass die Lampe kurz vor dem Stromschlag aufleuchtet. Drückt das Versuchstier dann sogleich die Taste, vermeidet es den Stromschlag und damit den Schmerz – sowohl für sich als auch beim anderen Tier. Die Zeitverzögerung zwischen der Ankündigung (Aufleuchten der Lampe) und dem Stromstoß (Schmerz) wird so eingestellt, dass das Tier meistens rasch genug die Taste drückt und somit den Schmerz vermeidet; nur manchmal ist es zu langsam, und dann bekommen beide Tiere einen schmerzhaften elektrischen Stromschlag. Dieses Experiment läuft dann für eine Weile, und man misst die Cortisolwerte im Blut. Oder man lässt es über Tage oder gar Wochen laufen und bestimmt die Auswirkungen von Stress, die sich beispielsweise im Aufkommen von Magengeschwüren oder Infektionen äußern können.

Interessant ist nun, dass Stress (hohe Cortisolwerte im Blut) und dessen Auswirkungen nicht bei beiden Tieren, sondern nur bei einem der beiden Tiere ermittelt werden. Bei welchem wohl? Ich habe diese Frage schon sehr oft bei Vorträgen dem Publikum gestellt, und das Ergebnis ist mehr oder weniger immer dasselbe: Die meisten Menschen denken, dass das Tier mit der Lampe und der Taste im Käfig Stress haben dürfte, denn es muss aufmerksam sein, darf nichts verpassen – schon gar nicht das Aufleuchten der Lampe –, und es muss dann rasch die Taste drücken. Das andere Tier hingegen hat ja nichts zu tun und daher auch keinen Stress.

So denken tatsächlich die meisten Menschen[10] – und liegen damit genau falsch! Um dies zu verstehen, muss man sich vor Augen führen, wie diese Situation aus der Sicht der beiden Versuchstiere erlebt wird: Für das Tier mit Lampe und Schalter im Käfig ist die Welt gewissermaßen in Ordnung. Gelegentlich geht die Lampe an, dann weiß es, dass es jetzt die Taste rasch drücken muss, und dann geschieht nichts Schlimmes. Ab und zu ist das Tier zu langsam, und dann weiß es, dass es einen Schmerz erleben wird. Für das andere Tier ist die Situation jedoch eine ganz andere: Ab und zu erlebt es einen Schmerz, und es hat keinerlei Kontrolle darüber, ob und wann dies geschieht. Genau das ist Stress. Entsprechend findet man bei diesem Tier auch die erhöhten Cortisolwerte im Blut und die langfristigen krankhaften Auswirkungen von Stress.

Man bedenke: Beide Tiere sind genau den gleichen Stromschlägen zur gleichen Zeit ausgesetzt, aber nur das Tier ohne die Kontrolle darüber hat Stress. Damit ist auch klar: Stress wird nicht durch das objektive Ausmaß der erlebten Widrigkeiten (in diesem Fall: schmerzhafte Stromschläge) ausgelöst, sondern durch das subjektive Erleben, keine Kontrolle zu haben über das, was geschieht. Es ist also die Ungewissheit einer Situation, die uns stresst, nicht deren Widrigkeit (siehe Grafik 4.3)!

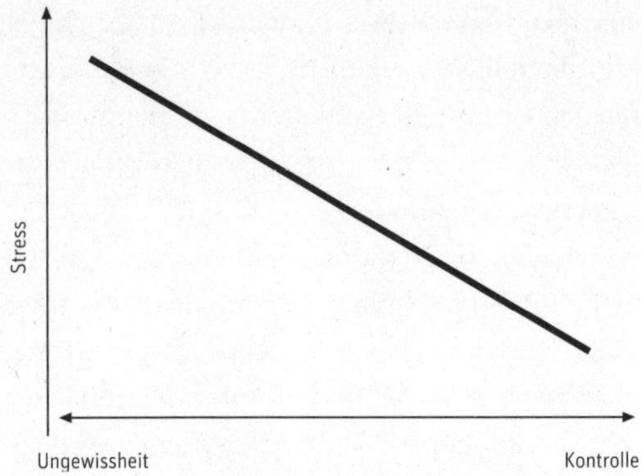

4.3: Zusammenhang zwischen Ungewissheit bzw. Kontrolle einerseits und Stressniveau andererseits.

Nun sind wir Menschen keinen Elektroschocks ausgesetzt, aber sehr vielen Widrigkeiten des ganz normalen Alltags, beispielsweise einem Partner, dessen Emotionen ohne erkennbaren Grund Achterbahn fahren: Mal schlagen sie ganz nach oben aus und mal nach unten, ohne dass dies erkennbare Gründe hätte. Das Zusammenleben mit einem solchen Lebenspartner löst beim jeweils anderen Partner Stress aus. Insofern verwundert es nicht, dass ein emotional instabiler Lebenspartner beim jeweils anderen eine um einige Jahre verminderte Lebenserwartung bewirken kann. Ja, ein Partner, der sich verhält wie das Wetter – mal gut, mal schlecht, und man kann nichts dagegen tun –, ist auf die Dauer tatsächlich tödlich. Der Effekt emotional instabiler Partnerinnen auf ihre Männer ist dabei größer als der Effekt instabiler Partner auf deren Partnerinnen. Diesem »Beziehungsstress« im privaten Bereich ist aufgrund seiner Bedeutung (und des scheinbaren Widerspruchs zum »Stress durch Einsamkeit«) das gesamte achte Kapitel gewidmet.

Im Folgenden geht es um Stress im Beruf, dem zweiten bedeutsamen Lebensbereich, in dem wir oft noch mehr Zeit zubringen als im privaten Bereich, wenn man die mit Schlafen verbrachte Zeit außer Acht lässt.

Stress bei der Arbeit

Stress am Arbeitsplatz ist ein verbreitetes Phänomen. Im Jahr 2016 gaben 60 Prozent der Arbeitnehmer an, sich häufig oder zumindest manchmal gestresst zu fühlen (siehe Grafik 4.4). Das waren mehr als noch einige Jahre zuvor (57 Prozent), und so berichteten auch 67 Prozent der im Jahr 2016 Befragten, einen höheren Stressfaktor zu haben als drei Jahre zuvor.[11] Wir haben ja gesehen, dass der Stressfaktor davon abhängig ist, in welchem Maß wir unsere Arbeitsumgebung kontrollieren können. Ein einfaches Beispiel aus dem ganz normalen Alltag: Wenn der Chef einen mal anbrüllt und mal ganz nett ist, ohne dass man weiß, warum, dann löst das Stress aus.

Wenn man weiß, dass der Chef montags immer schlecht gelaunt ins Büro kommt, wird man hingegen nicht sehr darunter leiden. Auch die Gemeinschaft am Arbeitsplatz hat einen nicht unbedeutenden Einfluss auf das Ausmaß unseres Stresserlebens. Wie stark diese Zusammenhänge ganz allgemein sind, wird nirgends klarer dargestellt als im *Stressreport Deutschland,*[12] der im Jahr 2012 von der Bundesministerin für Arbeit und Soziales als »die wohl umfassendste Datenquelle zu diesem Thema«[13] bezeichnet wurde. Ihm liegt eine Befragung hinsichtlich der Belastungen am Arbeitsplatz bei insgesamt 17562 Arbeitnehmern zugrunde – abhängig Beschäftigten (54 Prozent männlich) im Alter von 15 bis 77 Jahren (Durchschnittsalter 42 Jahre) mit einer bezahlten Tätigkeit von mindestens zehn Stunden pro Woche.

Später durchgeführte ähnliche Befragungen haben deutlich weniger Menschen erfasst. So wurden vom Meinungsforschungsinstitut Forsa im Auftrag der Techniker Krankenkasse für den neuesten Report dieser Art (Titel: *Entspann dich, Deutsch-*

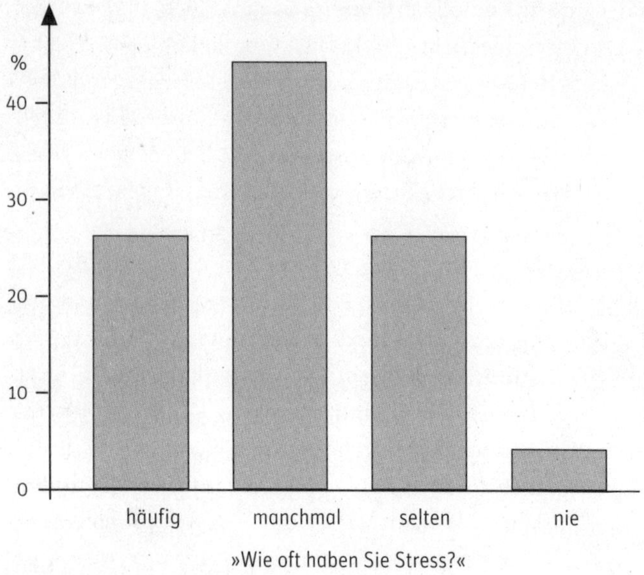

4.4: Stressniveau der Menschen in Deutschland: prozentualer Anteil von Menschen über 18 Jahren, die in unterschiedlichem Ausmaß Stress empfinden.[14]

land) im Juni und Juli 2016 lediglich 1200 deutschsprachige Personen über 18 Jahren befragt.[15] Im Jahr 2016 fühlten sich 61 Prozent der Befragten häufig oder manchmal gestresst, im Jahr 2013 waren es 57 Prozent. Bei Doppelbelastung durch Kinder und Karriere ist der Stress der 30 bis 39 Jahre alten Menschen am größten, gefolgt von den 50- bis 59-Jährigen (76 Prozent), den 18- bis 29-Jährigen und 40- bis 49-Jährigen (je 66 Prozent). Im Ländervergleich wird in Baden-Württemberg am meisten über Stress berichtet (68 Prozent), in Schleswig-Holstein oder Mecklenburg-Vorpommern am wenigsten (54 Prozent).

Der Zusammenhang von objektiv vorhandenen Arbeitsbedingungen einerseits und den (subjektiv erlebten) Belastungen andererseits ist kompliziert, und je nach Arbeitstätigkeit ergibt sich ein unterschiedliches Bild (siehe Grafik 4.5): Die Arbeit an der Grenze der Leistungsfähigkeit ist besonders belastend. Diese Anforderung tritt zwar nicht sehr häufig auf (nur 16 Prozent der Befragten), wird aber von 74 Prozent der betroffenen Arbeitnehmer als belastend erlebt, wie die dritte Säule von rechts in der Grafik 4.5 zeigt.

Über Monotonie und Langeweile klagen recht viele Beschäftigte, als belastend wird dies jedoch nur von wenigen erlebt.[16] Der Grund ist einfach: Das macht zwar keinen Spaß, aber es löst auch keinen Stress aus. Der tritt auf, wenn man keine Informationen zu Entscheidungen und Änderungen am Arbeitsplatz sowie zur konkreten Arbeit erhält. Wenn Mitarbeiter nicht beteiligt werden und sich nur als »dumme Ausführungsgehilfen« des Chefs erleben, dann ist das Stress.[17] Damit wird klar: Die Art, wie der Chef mit seinen Leuten umgeht, hat einen deutlichen Einfluss auf die Mitarbeitergesundheit.

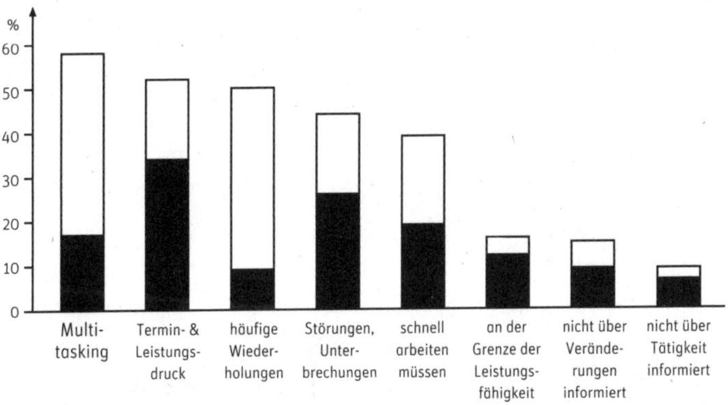

4.5: Arbeitsbedingungen (Häufigkeit in Prozent: weiße Säulen) und durch sie erlebte Belastungen (schwarze Säulen) bei insgesamt 17 562 Arbeitnehmern im Jahr 2012.[18]

Wenn der Chef einen alleinlässt

Man könnte meinen, dass der Chef nur dann »krank macht«, wenn er da ist und grundlos schimpft. Das ist jedoch nur ein Aspekt vom Stress am Arbeitsplatz. Der andere bezieht sich direkt auf Einsamkeit, die der Arbeitnehmer erlebt, wenn ihn der Chef mit seinen Problemen am Arbeitsplatz im Regen stehen lässt.

Dies ist gerade in Deutschland ziemlich oft der Fall: Fragt man Arbeitnehmer danach, wie oft ihnen der Vorgesetzte hilft, wenn es Fragen oder Probleme gibt, so geben in Europa (EU-27) durchschnittlich 60 Prozent der Arbeitnehmer an, dass dies »immer oder fast immer« der Fall ist. In Deutschland hingegen sagen dies nur 47 Prozent. In zwei EU-Ländern liegt dieser Wert bei über 80 Prozent. Nicht geholfen zu bekommen ist jedoch mit dem Erleben von Ohnmacht bzw. Kontrollverlust identisch und damit gleichbedeutend mit Stress. In Deutschland gibt es nach den vorliegenden Daten hier noch viel – wie sagt man? – Raum für Verbesserungen (siehe Grafik 4.6).

Ein guter Chef gibt soziale Unterstützung, bezieht die Mitarbeiter in Entscheidungen mit ein (Mitbestimmung, Beteiligung) und zeigt ihnen seine Anerkennung und Wertschätzung. Ein Chef, der sich darüber beschwert, dass die Mitarbeiter zu oft krank sind, sollte sich also selbst an der Nase zupfen, denn er selbst ist eine der wesentlichen Ursachen des Krankenstandes in seinem Betrieb. Wenn Mitarbeiter mit ihren Problemen am Arbeitsplatz alleingelassen werden, wenn sie bei Änderungen nicht gefragt und damit als Personen nicht ernst genommen werden, kommt Stress auf – und der macht krank.[19]

Die Art des Umgangs mit den Mitarbeitern steht in deutlichem Zusammenhang mit deren psychischer und körperlicher Gesundheit. Mitarbeiter, die häufig vom direkten Vorgesetzten Unterstützung erhalten, berichten über weniger gesundheitliche Beschwerden als Mitarbeiter, die der Chef nur manchmal, selten oder nie unterstützt (siehe Grafik 4.7).

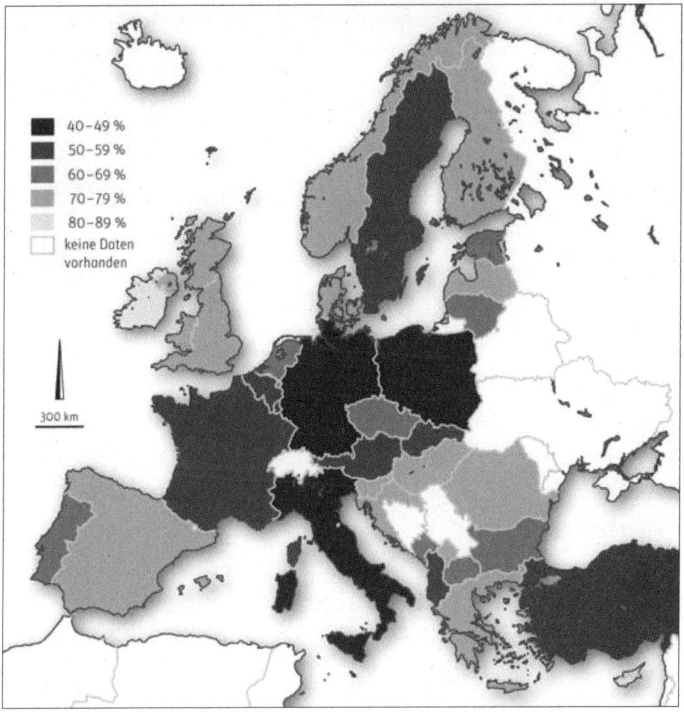

4.6: Wo in Europa der Chef seine Mitarbeiter am ehesten alleinlässt: prozentualer Anteil der Angestellten, die angeben, immer oder fast immer bei Bedarf Unterstützung vom Chef zu bekommen, im europäischen Vergleich.[20] Irland und Zypern haben mit über 80 Prozent der Befragten, die »immer oder fast immer« Unterstützung durch den Chef erhalten, die besten Werte. In Deutschland liegt der Wert weit unten.

»Vor diesem Hintergrund wird deutlich, dass das Verhalten von Führungskräften als ein wichtiger Ansatzpunkt für Maßnahmen zur betrieblichen Gesundheitsförderung gesehen werden muss. Aus der Forschung liegen fundierte Erkenntnisse darüber vor, wie Führungskräfte die Gesundheit ihrer Mitarbeiter fördern bzw. gesundheitliche Beeinträchtigungen vermeiden

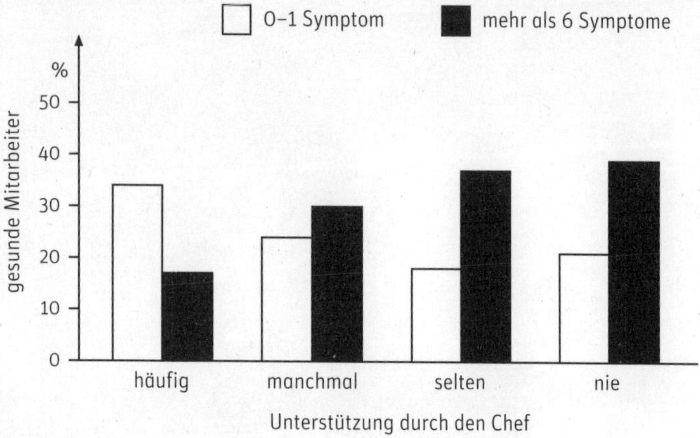

4.7: Was geschieht, wenn der Chef seine Mitarbeiter alleinlässt: Anzahl von Symptomen in Abhängigkeit von der Unterstützung durch den Chef: Der Prozentsatz der gesunden Mitarbeiter (mit keinem oder nur einem Symptom) nimmt mit der nachlassenden Unterstützung durch den Chef ab. Entsprechend nimmt der prozentuale Anteil der kranken Mitarbeiter (mit mehr als sechs Symptomen) zu.[21]

können«, kommentiert der *Stressreport Deutschland* diese Daten.[22] Sagen wir es einmal ganz freundlich und klar: Gestresste Mitarbeiter haben einen Chef mit Fortbildungsbedarf! Das Problem hierbei ist, dass kaum ein Chef (wie kaum je ein Mensch) morgens aufsteht und sich sagt: »Heute mache ich mal wieder meine Arbeit so richtig schlecht!« Menschen mit Führungsverantwortung müssen daher diese Zusammenhänge erkennen und in Taten umsetzen, um ihren Job besser zu machen.

Das Interessante am Thema »Alleinsein, Beruf und Stress« ist also, dass es hier einen Zusammenhang gibt, an den man vielleicht zunächst am allerwenigsten denken würde: der Stress, der dadurch ausgelöst wird, dass der Chef jemanden alleinelässt. Genau dies ergibt sich jedoch, wenn man den Stress im Berufsleben einmal genau unter die Lupe nimmt.[23]

Gemeinsam gegen Stress

Wer mitten im Berufsleben steht und viel mit Leuten zu tun hat, möchte am Wochenende wahrscheinlich abschalten, sich »ausklinken« und die Seele baumeln lassen. Auch den Chef möchte er am Wochenende nicht sehen. Ein solcher Mensch, der die Einsamkeit *sucht,* um dem Stress zu entgehen, käme wahrscheinlich nicht auf den Gedanken, dass Einsamkeit mit Stress eng zusammenhängt. Wie kommt man auf eine solche Idee?

Im zweiten Kapitel wurde schon beschrieben, wie eng Einsamkeit und Schmerzen zusammenhängen. Die dem Argument zugrunde gelegte evolutionäre Sicht des Menschen als Gemeinschaftswesen geht weit über »bloßes Wehtun« hinaus. Sie macht vielmehr auch klar, warum Menschen unter den Bedingungen der Steinzeit ihre Gemeinschaft als stressreduzierend erlebten, denn die Gemeinschaft war damals die Quelle jeglichen Wohlbefindens. Ohne die anderen konnte man sich nicht gegen Raubtiere verteidigen; es gab wenig oder gar nichts zu essen, und es half einem niemand in der Not – von tröstenden Worten beim Verlust eines nahestehenden Menschen (das kam häufig vor) oder Wärme beim Schlafen in der kalten Nacht (das kam noch häufiger vor) einmal gar nicht zu reden. Damit ist klar, dass akute Vereinsamung Stress auslösen muss, denn sie stellte im Laufe der menschlichen Entwicklung immer schon den größten denkbaren Notfall dar. Auf sich allein gestellt ist das Gemeinschaftswesen Mensch nicht überlebensfähig, insofern leuchtet es ein, dass das Leben in Gemeinschaft das Stressniveau senkt.

Obwohl der Mensch seit etwa 10 000 Jahren in immer größeren Gemeinschaften lebt, ist die uralte aus den Zeiten der Horde stammende Notfallreaktion immer noch genetisch angelegt. Dies wurde im Jahr 2007 einmal mehr experimentell sehr schön gezeigt: Zur Messung der sozialen Unterstützung einer Person verwendeten die Wissenschaftler einen kleinen Taschencomputer, der so programmiert war, dass er zwei- bis dreimal am Tag piepste. Bei jedem Piepser mussten sich die Probanden an den jeweils letzten persönlichen Kontakt (mit wem auch immer) erinnern und daraufhin auf einer Skala von 1 bis 7 einschätzen, wie stark unterstützend die betreffende Person für den Probanden bzw. die Probandin erfahrungsgemäß ist. Es wurde *nicht* gefragt, ob die Person während dieser Begegnung besonders unterstützend war, sondern ob die Person ganz allgemein eher zum Kreis derjenigen gehört, die dem Probanden in der Not behilflich sein würden. Nachdem man dies über einen Zeitraum von zehn Tagen insgesamt 25-mal erfragt hatte, ergab sich ein recht verlässliches Bild vom sozialen Netzwerk eines Probanden bzw. vom Ausmaß der von ihm erlebten Unterstützung durch diejenigen, mit denen er oder sie im Alltag zu tun hat.

Bei jedem einzelnen Probanden wurde zudem der sogenannte *Trierer Stresstest* durchgeführt.[24] Dieser ist so angelegt, dass er bei praktisch jedem Menschen Stress erzeugt, ohne dass man ihn mit einem Säbelzahntiger konfrontiert, auf dünnem Eis einbrechen lässt oder ihm Schmerzen zufügt. Eigentlich ist der Test ganz harmlos, denn es geht lediglich um die Chance, sich ziemlich heftig vor anderen zu blamieren. Und gerade *weil* Menschen so unglaublich soziale Wesen sind, funktioniert der Test so gut.

Stellen Sie sich vor, Sie sollen eine fünfminütige Rede darüber halten, warum Sie der ideale Büroassistent sind. Ihnen wird zuvor gesagt, dass die Rede auf Video aufgezeichnet wird und sowohl von einer Gruppe Ihrer Mitstreiter als auch von einer Expertengruppe bewertet wird. Sie halten die Rede dann tatsächlich vor zwei Studentinnen. Was Sie nicht wissen: Es handelt sich bei ihnen um studentische Hilfskräfte, die man zuvor instruiert hat, auf die Rede relativ gelangweilt bis ablehnend zu reagieren. Ihr »Publikum« verhält sich also nicht gerade freundlich, schaut gelangweilt und etwas mürrisch drein und scheint sich auch nicht für Ihren Vortrag oder für Sie als Person zu interessieren. Nach dem Vortrag wird es noch schlimmer, denn Sie müssen im Kopf rechnen. Sie werden aufgefordert, von der Zahl

2083 jeweils 13 zu subtrahieren und das Ergebnis laut auszusprechen, wobei Ihnen zuvor gesagt wird, dass Sie dies so rasch wie möglich tun sollen. Bei einem Fehler müssen Sie wieder von vorne beginnen. In Abständen von einer Minute fordern Sie die beiden anwesenden vermeintlichen »Mitstudenten« dazu auf, schneller zu rechnen. Wieder ist das Publikum eher ablehnend und desinteressiert. Dass dies bei nahezu jedem Menschen Stress verursacht, haben Wissenschaftler von der Uni Trier schon vor längerer Zeit herausgefunden. Zudem wurde es zwischenzeitlich immer wieder bestätigt![25]

Bei allen Versuchspersonen wurden etwa 40 Minuten vor dem Stresstest und etwa zehn Minuten danach die Cortisolkonzentrationen gemessen. Dies geschah mit einem Wattestäbchen, das die Probanden für knapp zwei Minuten über die Mundschleimhaut rollen mussten. Das wichtigste Ergebnis dieser Untersuchung bestand darin, dass man einen Zusammenhang zwischen dem Ausmaß der sozialen Unterstützung, die eine Person insgesamt erlebt (über zehn Tage gemessen), und dem Ausmaß der Cortisolausschüttung auf den sozialen Stress hin feststellen konnte (siehe Grafik 4.8). Je besser sich ein Proband in sein soziales Netzwerk integriert fühlte, desto geringer war der Anstieg von Cortisol als Reaktion auf den Stress.[26]

Frühe Traumatisierung und langfristiger Stress

Der Stress der Erwachsenen im Beruf ist schlimm genug, insbesondere wenn über lange Zeiträume immer wieder Hilflosigkeit und Einsamkeit erlebt werden. Noch stärker als beruflicher Dauerstress scheinen sich jedoch Einsamkeitserlebnisse in der Kindheit auszuwirken, denn dadurch wird die Empfindlichkeit des gesamten Stresssystems schon in jungen Jahren verstellt. Dies geschieht – leider – langfristig, also für den Rest des Lebens.

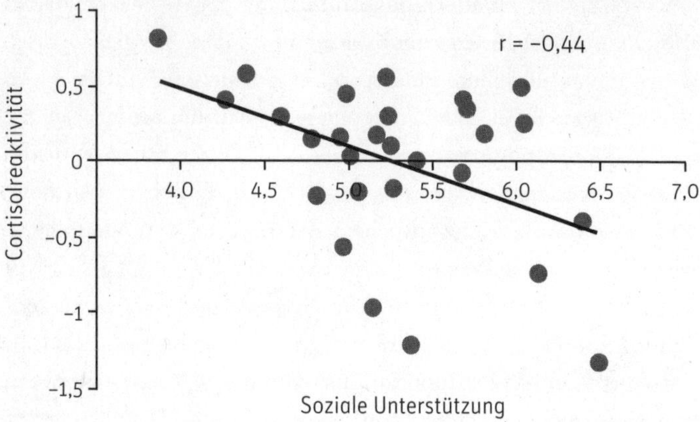

4.8: Zusammenhang zwischen sozialer Unterstützung und Stress: Je mehr Unterstützung erlebt wird, desto geringer ist der Anstieg des Stresshormons Cortisol beim *Trierer Stresstest.* Dieser Anstieg (Cortisolwert nach dem Test minus Cortisolwert vor dem Test dividiert durch Cortisolwert vor dem Test, wobei die gemessenen Rohwerte zuvor logarithmiert worden waren) wird auch als Reaktivität bezeichnet.[27]

Die Arbeitsgruppe um den weltbekannten kanadischen Wissenschaftler Michael Meaney untersucht seit 30 Jahren im Tierexperiment die Auswirkungen der mütterlichen Fürsorge auf die Nachkommen. Wird die Mutter junger Ratten am Pflegen und Lecken der Jungen gehindert und werden damit mütterliche Fürsorge und Körperkontakt unterbunden, kommt es zu dauerhaften Veränderungen im Gehirn der Jungtiere. Zunächst wurde ermittelt, dass die Tiere intensiver auf Stress reagierten, langfristig erhöhte Stresshormonkonzentrationen aufwiesen und im Alter in entsprechenden Tests eine schlechtere Merkfähigkeit hatten.[28] Später wurde den Ursachen dieser Wirkungen nachgegangen, und man fand sogenannte epigenetische Veränderungen. Diese betreffen nicht die Gene selbst (der Code ist unverändert), sondern das Ablesen des genetischen Codes in der einzelnen Zelle und damit dessen Funktion. Wird bei Jungtieren durch den fehlenden Kontakt mit der Mutter Stress erzeugt, kommt es bei ihnen zu epigenetischen Veränderungen im Gehirn, die insgesamt dazu führen, dass die Stressreaktion stärker wird und nach einer gewissen Phase mehr Stresshormon im Blut zu finden ist. Einsamkeit in der frühen Kindheit bewirkt über diesen Mechanismus vermehrten Stress über die gesamte Lebenszeit.[29]

Dies geschieht, weil die Gene für die Cortisolrezeptoren in Nervenzellen des Hippocampus mütterlich vernachlässigter Jungtiere nicht abgelesen werden und deren Ausbildung dadurch reduziert wird. Der Hippocampus sitzt regulatorisch über der stressauslösenden Hormonkaskade und dämpft diese (siehe Grafik 4.9), sodass die geringere Anzahl von Cortisolrezeptoren nun diese Dämpfung vermindert. So wird klar, warum traumatische Erlebnisse in der Kindheit langfristig zu mehr Stress führen: Sie bewirken eine verminderte Dämpfung und damit eine vermehrte Aktivierung des gesamten Stresssystems.

Man spricht in diesem Zusammenhang auch von epigenetischer »Umprogrammierung«, die lebenslang vermehrten Stress bewirkt.[30] Mittlerweile wurden weitere Mechanismen der langfristigen Umprogrammierung von Gehirnfunktionen durch frühkindlichen Stress gefunden, die nicht nur den Hippocampus, sondern auch den Mandelkern und das Frontalhirn betreffen.[31] Durch solche Mechanismen lassen sich nicht zuletzt die Auswirkungen frühkindlicher Vernachlässigung auf die Gehirnentwicklung erklären.[32]

Im Tierversuch, wo man die Umgebungsbedingungen der Tiere sehr gut kontrollieren und später die Gehirne mit allen Methoden der modernen Biochemie und Genetik untersuchen kann, lässt sich all dies nachweisen. Im Rahmen unterschiedlicher Studien wurden in den letzten zehn Jahren diese Zusam-

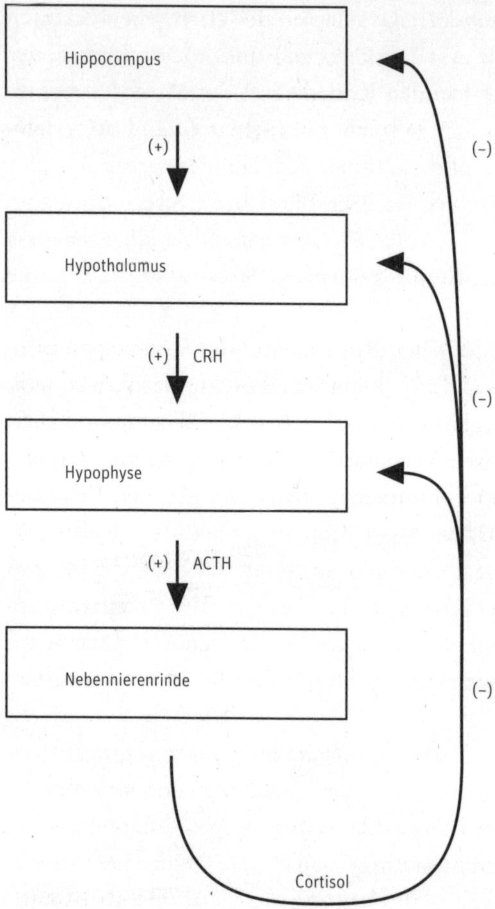

4.9: Der Hippocampus sitzt »über« der Stresshormon-Freisetzungsmaschinerie und dämpft diese, was durch »(–)« in der Zeichnung angedeutet wird. Mit »(+)« sind hingegen anregende Auswirkungen gekennzeichnet. Eine geringere Anzahl von Cortisolrezeptoren im Hippocampus senkt die Empfindlichkeit der Zellen auf Cortisol, das seinerseits eigentlich negativ auf die Aktivität des Hippocampus einwirkt. Damit fällt die Dämpfung geringer aus, was eine Veränderung des gesamten Systems und damit lebenslänglich mehr Stress bewirkt.

menhänge auch beim Menschen erforscht. Hier geht es letztlich um die Frage, wie Vernachlässigung und Einsamkeit in der Kindheit und der damit verbundene Stress auch im Erwachsenenalter krank machen können. Dies wird in Kapitel 6 ausgeführt werden.

Fassen wir zusammen

Stressauslösend sind nicht die unangenehmen Erfahrungen, vielmehr ist es das Gefühl, ihnen machtlos ausgeliefert zu sein. Wenn wir spüren, dass wir keine Kontrolle über unser Leben haben, leiden wir (wie Versuchstiere in entsprechenden Experimenten auch) unter chronischem Stress. Die gleichen Veränderungen, die bei akutem Stress sinnvoll sind – das Hochregeln von Blutdruck, Blutzucker und Kreislauf sowie das Abschalten von kurzfristig unwichtigen Körperfunktionen (Wachstum, Verdauung, Immunabwehr) –, bewirken bei chronischem Stress Krankheiten. Diese gehören zu den häufigsten in der »zivilisierten« westlichen Welt.

Chronischen Stress können wir in der Gemeinschaft mit unseren Mitmenschen abbauen; wenn wir hingegen ein zurückgezogenes Leben führen und dauerhaft Einsamkeit empfinden, führt dies, wie wir im weiteren Verlauf sehen werden, zu chronischen Krankheiten (siehe Kapitel 6) und einer deutlichen Erhöhung der Sterbewahrscheinlichkeit (Kapitel 7). Am Arbeitsplatz hängt viel vom Chef ab: Verhält er sich so unberechenbar wie das Wetter oder gibt er seinen Mitarbeitern nicht die Unterstützung, die sie brauchen, dann drohen den Mitarbeitern Stress und gesundheitliche Probleme. Ein Chef, der sich über einen hohen Krankenstand bei der Belegschaft beschwert, sollte sich also zunächst einmal selbst am Näslein zupfen! Jeder Chef ist für den Krankenstand seiner Mitarbeiter zumindest teilweise mitverantwortlich!

Einsamkeit in der frühen Kindheit und Vernachlässigung durch die Eltern können, wie in diesem Kapitel detailliert ausgeführt wurde, eine für das sich in der Entwicklung befindliche Gehirn ungünstige Programmierung bewirken und sich bis ins hohe Alter auswirken.

5

ONLINE (GEM)EINSAM?

Das Internet und das darauf aufbauende World Wide Web werden von vielen als *die* Technik gegen Einsamkeit gesehen: Immer online und damit immer mit allen verbunden sein zu können, zu jeder Zeit und an jedem Ort, erscheint vielen Menschen als *der* soziale Fortschritt einer digitalisierten Gesellschaft. Insbesondere die milliardenfache Nutzung sozialer Onlinemedien wie Facebook oder Twitter ist für viele mit der Hoffnung verknüpft, dass damit Gefühle der Einsamkeit ein für alle Mal der Vergangenheit angehören.

Wie könnte es auch anders sein? Seit Jahrzehnten dienen Computer und das Internet der Kommunikation – einem der Grundpfeiler von Gemeinsamkeit! Als in den Achtzigerjahren des letzten Jahrhunderts der Personal Computer aufkam und in die Büros Einzug hielt, wurde er zunächst als Schreibmaschine genutzt. Die Briefe wurden plötzlich schöner und fehlerfreier, denn man konnte sie jederzeit korrigieren, noch mal ausdrucken und erst dann mit der ganz normalen Post versenden. Mit dem Aufkommen der E-Mail ungefähr ein Jahrzehnt später änderte sich das. Die parallel dazu erfolgende Verbreitung einer einfachen grafischen Benutzeroberfläche ermöglichte immer neue Anwendersoftware, und so wurden irgendwann in den Neunzigerjahren nicht mehr nur Texte bearbeitet, sondern auch Bilder, Töne und vieles mehr. Nachdem dann auch noch ab der Jahrtausendwende das Internet für den Normalnutzer die Gestalt des World Wide Web angenommen hatte und damit einfach zu bedienen war und zudem das 2007 aufkommende Smartphone die Telefonie revolutionierte, war die digitale Informationstechnik (IT) nicht mehr *ein* Kommunikationsmittel unter vielen anderen, sondern *das* Kommunikationsmittel schlechthin. Dass zwischenzeitlich auch »alte« Kommunikationsmedien wie Fernsehen und Telefonieren mittels IT funktionieren, ist dabei fast schon zu einer Nebensache geworden. Das alles geschah sehr schnell, ohne dass die Menschen Zeit gehabt hätten, über die Einflüsse und Folgen dieser Veränderungen nachzudenken. »Technikfolgenabschätzung« ist bis heute ein Fremdwort im Bereich der Digitalisierung.[1]

Vermittelt versus unvermittelt

Wer sich oft dabei ertappt, viel Zeit alleine mit dem Handy zu verbringen, sich durchs Internet zu klicken, um immer »auf dem neuesten Stand« zu sein, sitzt ganz offensichtlich dem Irrglauben auf, dass sein Verhalten irgendetwas mit Wissenserwerb oder gar Bildung bzw. mit Kommunikation oder gar sozialer Interaktion zu tun hat. In Wahrheit hat er oder sie nicht bemerkt, dass sich eine Technologie in alle Bereiche des Alltags eingenistet hat, die zwischen uns und den anderen steht: »Medium« heißt »Vermittelndes« und ist damit genau das Gegenteil von *Un*mittelbarkeit. Das bleibt oft unbeachtet, wenn es um »Medien« geht; der Unterschied ist jedoch gewaltig und mitunter auch teuer, wie das folgende Beispiel zeigt.

Neulich war ich bei einer deutschen Hightech-Firma im südwestlichen Hightech-Spätzleland zu einem Vortrag eingeladen, und weil ich nun schon einmal vor Ort war, zeigte man mir auch die neueste Errungenschaft in Sachen globalisierter Kommunikation: einen angenehm einfach und nobel eingerichteten Raum mit einem schönen länglichen Holztisch, an dessen einer Seite drei bequeme Sessel aufgereiht waren. Auf der anderen Seite befanden sich drei sehr große Bildschirme. »Hier können wir mit unseren Geschäftspartnern und Kunden in Hongkong, San Francisco und Honolulu gleichzeitig sprechen, als wären sie leibhaftig da«, verkündete mein Gastgeber stolz.

Ich war beeindruckt, fragte aber nach einer kleinen Pause nach: »Wirklich?«

Die anschließende längere Diskussion lässt sich wie folgt zusammenfassen. Das Ganze klappt prima, wenn man sich schon kennt. Nicht geeignet sei die Technik für den Erstkontakt, weswegen man trotz (oder gerade wegen!) dieses Raums noch immer nach Hanoi fliegen müsse, um einen neuen vietnamesischen Geschäftspartner oder Kunden erst einmal kennenzulernen.

Jeder kennt im Grunde dieses Phänomen schon vom bloßen Telefonieren. Wer mit seinem Lebenspartner telefoniert, braucht nicht einmal ein Bildtelefon (wie unpraktisch – da müsste man sich ja vor einem Anruf kämmen oder gar schminken). Denn während eines Telefonats mit einem uns gut bekannten Menschen läuft zeitgleich innerlich ohnehin ein Film ab: Vor unserem geistigen Auge sehen wir das gerade vernommene Lachen ebenso wie die Mimik und Gestik des anderen. Wir erfahren so dessen in der Stimme mitschwingende Emotionen unmittelbar, denn wir produzieren die Gegenwart des anderen in uns. Das klappt umso besser, je näher wir dem anderen stehen. Dann spüren wir sogar ein bisschen, wie der andere riecht oder sich anfühlt. Und deswegen brauchen lang verheiratete Ehepaare kein Bildtelefon. Ihre Gehirne erledigen das – vollautomatisch, in Realtime, und nicht nur visuell.

Wenn man sich überhaupt nicht kennt, dann funktioniert das nicht. Und wenn einerseits Bilder durchaus mehr als tausend Worte sagen können, so können sie andererseits doch auch täuschen – viel leichter als ein tatsächlich präsenter Mensch. Firmen geben also – trotz (oder besser: wegen!) modernster Kommunikationstechnologie – viel Geld aus, um wenigstens einen kleinen Teil dessen, was durch Bildschirme und Lautsprecher nicht vermittelt werden kann, durch entsprechende Vorerfahrungen erlebbar zu machen. Diese *Vorerfahrungen* ermöglichen dann bei späteren Kontakten, dass man erleben kann, was gar nicht übermittelt wird.

5.1: Zwei Tische mit ganz unterschiedlichen Tischplatten – oder?

Wer dies nicht glaubt, der sollte sich vor Augen führen, dass unsere Wahrnehmung permanent so arbeitet, worauf bekanntermaßen sehr viele optische Täuschungen[2] beruhen. So sind beispielsweise in der Illustration 5.1 zwei Tische dargestellt, ein quadratischer Couchtisch links und ein länglicher Esstisch rechts, wobei die beiden Tischoberflächen in der Abbildung identische Parallelogramme sind. Die Tischplatte rechts erscheint jedoch lang und schmal, die links quadratisch, also kürzer und breiter. Wer es nicht glaubt, dass beide Platten wirklich gleich groß sind, der lege ein durchsichtiges Blatt Pergamentpapier über eine der beiden abgebildeten Tischplatten, zeichne sie ab, schneide sie aus und lege sie dann, leicht gedreht, auf die andere Tischplatte. Voilà: passt haargenau.

Sie sehen zwangsläufig zwei verschieden große Tischplatten aufgrund der von Ihnen wahrgenommenen vielen verschieden großen Tische, die im visuellen System Ihres Gehirns abgespeichert sind. Diese werden vom visuellen System automatisch zur Analyse der von den Augen gelieferten »Daten« verwendet, weil im Gehirn – ganz allgemein – die Speicherung und die Verarbeitung von Informationen durch die gleiche Hardware bewerkstelligt werden. Daher sehen Sie sich einen Couchtisch und einen länglichen Esstisch gewissermaßen »zurecht«. Das Ganze

5.2: Beispiele für das Ergänzen bei der visuellen Wahrnehmung.[3]

erledigt Ihr visuelles System; Sie machen das also keineswegs bewusst »selbst«. Vielmehr wird der Effekt durch unbewusste innere Prozesse bewirkt.[4]

Die gleichen Prozesse sind am Werk, wenn wir unvollständige Bilder oder verrauschte Sprache aufgrund von Vorwissen ganz mühelos ergänzen (siehe Abb. 5.2).

Weil dies alles völlig reibungslos funktioniert, bemerken wir in der Regel unseren »Eigenanteil« an der Produktion von Wahrnehmungen gar nicht. Er ist besonders groß, wenn es um komplexe Sachverhalte wie beispielsweise das Sozialverhalten geht: Wir schreiben den anderen permanent Ziele, Absichten, Wünsche, Gedanken, Hintergedanken, längerfristige Stimmungen und kurzfristige Affekte zu und bemerken dabei gar nicht, dass wir dies alles *selbst* tun. Und wir können dies genauso mühelos tun, wie wir laufen und sprechen können, weil wir es – nicht anders als beim Laufen und Sprechen – in unserer Kindheit und Jugend gelernt haben.

Mitgefühl lernen

Die Zentren für das Sehen und Hören, für die Motorik oder die Sprache im menschlichen Gehirn sind seit mehr als einem Jahrhundert bekannt. Die Zentren für Sozialverhalten – »the social brain«, wie es oft genannt wird – hingegen wurden erst in den letzten 20 Jahren erforscht. Wie überall im Gehirn findet auch in diesen Zentren ein permanenter Lernprozess statt. Und nicht anders als beim Spracherwerb, der dadurch erfolgt, dass wir Millionen von Wörtern hören, verarbeiten und (nach einem etwas holprigen Anfang) selbst produzieren, lernen wir durch den Umgang mit anderen Menschen, sie zu verstehen, ihre Gedanken zu lesen und ihre Gefühle mitzuempfinden. In der Realität – unvermittelt.

Anlass zur Sorge bereiten aus genau diesem Grund wissenschaftliche Studien, die belegen, dass moderne Informationstechnik reale Sozialkontakte gerade bei Kindern und Jugendlichen in einem nie da gewesenen Ausmaß ersetzt. Eine Untersuchung mit 3461 teilnehmenden Mädchen im Alter von acht bis zwölf Jahren ergab, dass sie täglich etwa zwei Stunden mit anderen Mädchen direkten Kontakt haben, jedoch 6,9 Stunden mit Bildschirmmedien verbringen.[5] Daraus muss man ableiten, dass die Nutzung von digitalen sozialen Medien wie Facebook, die ja erwiesenermaßen mit *weniger* realen Kontakten einhergeht, auch zu einer Verminderung des Mitgefühls führen muss. Belegt wird dies durch Längsschnittstudien, die zeigen, dass die Empathie von Jugendlichen für ihre Eltern und Freunde umso geringer ist, je mehr Zeit sie täglich mit Bildschirmmedien verbringen.[6] Mittlerweile zeigen sogar Metaanalysen einen deutlichen Zusammenhang zwischen der Nutzung digitaler Medien einerseits und geringerem Wohlbefinden und Depressionen andererseits.[7]

Ursächlich untermauert wird dies zudem durch neuere Erkenntnisse aus der Gehirnforschung: Im Tierversuch und beim Menschen konnte gezeigt werden, dass die Dichte von Bereichen des Gehirns zunimmt, in denen sehr viel gelernt wurde. Darüber hinaus wurde im Rahmen von Versuchen mit Pavianen ermittelt, dass die Dichte einiger Bereiche des sozialen Gehirns zunimmt, je mehr Tiere in der Kindheit und Jugend zusammen in einem Käfig aufwachsen. Auch beim Menschen wurde mittlerweile festgestellt, dass ein bestimmter Bereich des sozialen Gehirns – der orbitofrontale Kortex – umso dichter ist, je mehr Freunde und Bekannte der betreffende Mensch hat.[8]

Empathie erwirbt man vor allem im Dialog miteinander, weswegen an dieser Stelle folgende Sachverhalte zur Sprachentwicklung bedacht werden müssen: Schon vor mehr als einem Jahrzehnt wurde nachgewiesen, dass die Muttersprache sich *nicht* mittels Bildschirm und Lautsprecher erlernen lässt.[9] Vielmehr bedarf es dazu realer Dialoge mit Menschen in der Alltagswelt. Nicht anders ist es mit der Entwicklung von Mitgefühl: Wie soll ein Kleinkind das Mit-Fühlen lernen, wenn niemand da ist, der etwas fühlt?

Für kleine Kinder gibt es nichts Interessanteres als andere Menschen. In einer kürzlich publizierten Studie wurde gezeigt, dass sogar schon das Kind im Mutterleib seinen Kopf vermehrt zu einem visuellen, durch die Bauchdecke projizierten Stimulus wendet, wenn dieser wie ein Gesicht aussieht.[10] Ebenso lernen Kinder schon vor der Geburt die ersten Laute ihrer Muttersprache.[11] Wie man mittlerweile weiß, kommen daher die Kinder schon mit einem besonderen Faible für die Laute ihrer Muttersprache auf die Welt.

Nach der Geburt geht es dann richtig los: Je mehr die Eltern gleich nach der Geburt mit dem Kind sprechen, desto besser klappt es mit der Kommunikation im Alter von 18 Monaten.[12] Wenn die Mutter oder der Vater das Kind im ersten Lebensjahr auf dem Arm haben und mit ihm sprechen, dann beobachten die Kinder deren Mund besonders genau, um die Sprachlaute noch besser unterscheiden zu lernen: Wenn sich die Lippen schließen und dann schlagartig wieder öffnen, dann hört man zugleich ein P, wenn zugleich die Stimme brummt, ist es ein B – so werden die Laute akustisch *und* visuell unterschieden. Interessant ist dabei, dass die Kleinen mit etwa acht Monaten damit aufhören, den Mund des Sprechers zu beobachten – es sei denn, sie wachsen zweisprachig auf. Dann müssen sie mehr unterschiedliche

Laute lernen und schauen daher auch im Alter von etwa zwölf Monaten noch auf die Lippen des Sprechers.[13]

In den USA wurden signifikante Unterschiede bei Kindern aus der Unterschicht (wobei die Eltern staatliche Unterstützung erhielten) und Kindern aus der Oberschicht ermittelt. Ein Kind aus der Oberschicht hört etwa 1500 Wörter pro Stunde mehr als ein Kind aus der Unterschicht. Das macht auf ein Jahr umgerechnet drei Millionen (Unterschichtkind) gegenüber elf Millionen (Oberschichtkind) Wörter. Bis zum Schulanfang macht der Unterschied gemäß den Autoren dieser Studie 30 Millionen Wörter aus. Da wundert es nicht, dass das Kind aus der Oberschicht einen wesentlich besseren Start in die Schule hat.

Eine wesentliche Behinderung für die kindliche Sprachentwicklung stellt das Fernsehen dar, selbst wenn der Apparat nur im Hintergrund läuft, ohne dass jemand tatsächlich die Sendung verfolgt. Die Amerikaner tun dies seit Jahrzehnten, und auch hierzulande verbreitet sich die Unsitte immer mehr: Der Fernseher läuft – egal, ob jemand gerade zuschaut oder nicht.

Die Auswirkungen dieser konstanten TV-Berieselung der Wohnumgebung auf kleine Kinder wurden in einer groß angelegten amerikanischen Studie mit 329 teilnehmenden Kleinkindern im Alter von zwei Monaten bis vier Jahren auf methodisch sehr aufwendige Weise untersucht.[14] Jedes Kind trug ein akustisches Aufnahmegerät, das den kompletten 12- bis 16-stündigen Tag des Kindes aufzeichnete. Mittels Spracherkennungssoftware wurden diese Aufnahmen automatisch dahingehend ausgewertet, ob ein erwachsener Mann, eine erwachsene Frau, das betreffende Kind oder andere Kinder sprachen. Auch gleichzeitiges Sprechen, Lärm, Stille und der laufende Fernseher wurden von der Software erkannt und die Zeiten jeweils gemessen. Die Kinder waren so ausgewählt worden, dass sie der amerikanischen Bevölkerung im Hinblick auf Geschlecht und Ausbildung der Mutter entsprachen. Ausgeschlossen wurden Kinder mit Sprachentwicklungsproblemen und Kinder, deren Muttersprache nicht Englisch war. Die statistische Analyse der Daten zeigte, dass mit jeder zusätzlichen Stunde, die der Fernseher im Hintergrund während der Aufzeichnung lief, die Anzahl und die Dauer der Äußerungen des Kindes deutlich abnahmen. Dies galt auch für die Anzahl der Dialoge.

Wie wird Mitgefühl gelernt, wenn nicht im Dialog? Sprachentwicklung ist auch immer soziale Entwicklung. *Beides* wird durch Medien nachweislich gestört.

Facebook-Depression ...

Das soziale Netzwerk Facebook wurde im Jahr 2004 gegründet und hatte im Frühjahr 2017 etwa zwei Milliarden Nutzer. Twitter wurde im März 2006 gegründet und hatte im Frühjahr 2017 gut 300 Millionen Nutzer.

Soziales Netzwerk	Nutzer in Mio.
Facebook	2047
YouTube	1500
WhatsApp	1200
Facebook Messenger	1200
Instagram	700
Tumblr	357
Twitter	328
Skype	300
Snapchat	255
Pinterest	175
LinkedIn	106

Tabelle 5.1: Die wichtigsten sozialen Netzwerke und ihre Nutzerzahlen im Jahr 2017 (Quelle: statista).

Als die sozialen Onlinemedien aufkamen, wurden sie – wie konnte es anders sein? – zunächst vor allem von denjenigen Menschen genutzt, die ohnehin großes Interesse an Sozialkontakten hatten. Diese sozial sehr aktiven Menschen nutzten nun eben noch zusätzlich digitale Medien, um sich auszutauschen und ihre Beziehungen zu pflegen. Entsprechend ermittelten ältere Studien zu den Auswirkungen sozialer Onlinemedien auf das soziale Wohlbefinden positive Effekte.[15] Auch die ersten Autofahrer waren eher sportliche Typen, die Spaß an der Geschwindigkeit hatten und keineswegs zur Bequemlichkeit neigten, denn das Auto war ständig kaputt und verlangte dem Nutzer viele Kenntnisse und Fertigkeiten ab. Und der erste offene Massen-Onlinekurs (*Massive Open Online Course* – man spricht heute von *MOOC*) im Jahr 2011 an der Stanford University war ein großer Erfolg im Hinblick auf die Zahl der Lernenden und deren Lernfortschritt. Kein Wunder: Wiederum waren es die besonders Neugierigen, Lernbegeisterten, die sich mit der neuen Art zu lernen auseinandersetzen wollten und es schätzten, die Vorlesung eines weltbekannten Wissenschaftlers miterleben zu können.

Mittlerweile weiß man aus vielerlei solchen Erfahrungen, dass die sogenannten *early adopters* (also die frühzeitigen Anwender einer neuen Technik oder eines neuen Modetrends) keineswegs repräsentativ sind für alle diejenigen, die einem Trend irgendwann dann auch folgen, wenn es eben »jeder macht«. Im Vergleich zu Otto Normalverbraucher sind die technischen Vorreiter besser gebildet, sozial besser integriert, und sie weisen eine höhere Empathiefähigkeit und Risikobereitschaft auf.[16]

Betrachten wir die beiden gerade erwähnten Beispiele: Ein normaler Autofahrer von heute hat keineswegs große Fertigkeiten im Reparieren von Motoren und ist auch nicht besonders sportlich. Nicht anders verhält es sich mit einem heutigen durchschnittlichen Computer- und Internetnutzer, der online lernen will: MOOCs haben mittlerweile – je nach Vorbildung des Studierenden – eine Abbrecherquote von 92 Prozent (bei guter Vorbildung) bis 98 Prozent (bei geringer Vorbildung).[17] Sie gehören damit zum Frustrierendsten, was im Bereich des Lernens jemals angeboten wurde. Wer würde schon freiwillig eine Lehre, ein Studium oder irgendeine andere Bildungsmaßnahme in Betracht ziehen, bei der von hundert Teilnehmern gerade einmal zwei bis acht erfolgreich abschließen? Deswegen wurden MOOCs auch weltweit wieder weitgehend abgeschafft und die Investitionskosten von so bekannten Institutionen wie Harvard, Stanford, Berkeley oder dem Massachusetts Institute of Technology in den Wind geschrieben.

Nicht anders als bei den Autofahrern und den Nutzern von Kursen im Internet verhalten sich auch die Unterschiede zwischen den ersten Nutzern *(early adopters)* und ganz normalen Nutzern bei sozialen Onlinemedien. Die ersten Facebook-Nutzer waren sozial besonders aktive Menschen, die das neue Onlineangebot nutzten, um ihre vielen Kontakte noch besser zu managen. Mittlerweile nutzt hingegen nahezu jeder Jugendliche Facebook oder ähnliche soziale Onlinemedien in einem Ausmaß, das sein soziales Leben messbar macht und deutlich beeinträchtigt.

Um dies nachzuweisen, genügt es keineswegs, ein paar Leute zu befragen, ob oder wie intensiv sie Facebook nutzen und wie es um ihre Befindlichkeit steht.[18] Denn es gibt beispielsweise eine spezielle Angst vor Facebook, und wer die hat, nutzt Facebook nachweislich weniger. Damit gibt es bei diesen Personen einen Zusammenhang zwischen *mehr* Facebook-Nutzung und *weniger* Angst![19] Man muss vielmehr methodisch sehr genau sein, um Ursachen und Wirkungen tatsächlich genau charakterisieren zu können. Nur dann lassen sich aus statistischen Zusammenhängen Erkenntnisse zu ursächlichen Wirkungszusammenhängen gewinnen. Und wenn es diese gibt, werden auf ihrer Grundlage wiederum statistische Zusammenhänge klarer interpretierbar.

In mehreren großen wissenschaftlichen Studien wurde nachgewiesen, dass die Nutzung von sozialen Onlinemedien depressiv macht. Deshalb wurde in einer Studie mit 82 knapp 20-Jährigen der Zusammenhang zwischen der Nutzung von Facebook und dem subjektiven Befinden mittels des Verfahrens des Time-Samplings untersucht.[20] Hierbei wurden die Probanden für zwei Wochen fünfmal täglich zu zufällig gewählten Zeiten per SMS kontaktiert, um das subjektive Befinden im Augenblick sowie die Lebenszufriedenheit insgesamt zu ermitteln. Zudem wurde gefragt, wie oft die Probanden seit dem letzten SMS-Kontakt Facebook genutzt hatten. Hierbei zeigte sich ein direkter negativer Einfluss der Facebook-Nutzung auf das subjektive Befinden in der Zeit danach (siehe Grafik 5.3). Ein umgekehrter Einfluss dahingehend, dass eingeschränktes Wohlbefinden zu mehr Facebook-Nutzung führt, fand sich nicht.

Auch eine belgische Studie mit 910 teilnehmenden Jugendlichen ergab einen Zusammenhang zwischen Facebook-Nutzung und Depression, allerdings nur bei Mädchen.[21] Diese sind ohnehin die intensiveren Nutzer sozialer Onlinemedien (in ähnlicher Weise, wie Jungen mehr Gewalt-Games spielen). Auch eine britische Studie des Office for National Statistics zeigt, dass insbesondere Kinder und Teenager, die an einem normalen Schultag rund drei Stunden auf sozialen Online-Netzwerken unterwegs sind, ein deutlich höheres Risiko aufweisen, an einer Depression zu leiden, als diejenigen, die keine sozialen Medien nutzen.[22] Das Gleiche ergab eine kanadische Studie mit 753 teilnehmenden Schülern im Alter von durchschnittlich 14 Jahren.[23]

Eine Reihe deutscher Studien ging ebenfalls den negativen Auswirkungen von Facebook nach und fragte anschließend, warum das Netzwerk dennoch so häufig benutzt wird. Zunächst wurde bei 123 teilnehmenden deutschen Studenten (72 männlich, Durchschnittsalter 22 Jahre) ermittelt, dass intensivere Facebook-Nutzung zu schlechterer Stimmung führt. In einer zweiten Studie mit 263 englischsprachigen Teilnehmern (163 weiblich, Durchschnittsalter 34 Jahre) wurde nachgewiesen, dass Facebook tatsächlich für diesen negativen Effekt ursächlich verantwortlich ist und dass das Gefühl, seine Zeit mit einer letztlich bedeutungslosen Aktivität verschwendet zu haben, für diesen Effekt verantwortlich ist. Dies konnte in einer dritten Studie mit 101 Probanden (53 männlich, Durchschnittsalter 31 Jahre) bestätigt werden. Obwohl sich die Teilnehmer der Studie nach der Nutzung von Facebook schlechter fühlen und zudem das Gefühl haben, ihre Zeit sinnlos verschwendet zu haben, nutzen sie immer wieder Facebook. Der Grund: Sie irren sich systematisch über die Auswirkungen der Facebook-Nutzung auf ihre Stimmung. Fragt man sie nämlich vor der Facebook-Nutzung, wie es ihnen hinterher gehen wird, dann antworten sie, dass es

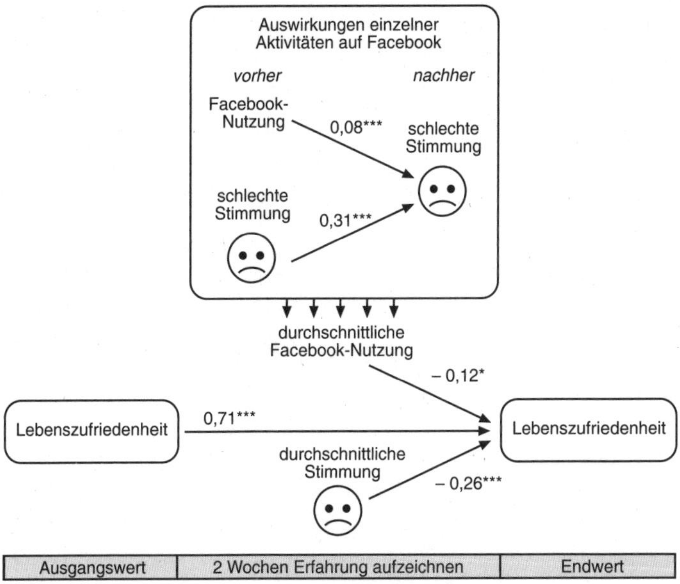

5.3: Die Nutzung von Facebook bewirkt eine schlechtere Stimmung und eine geringere Lebenszufriedenheit.

ihnen *besser* gehen werde. Tatsächlich geht es ihnen jedoch *schlechter*. Sie unterliegen damit einem Fehler bei der Vorhersage ihres eigenen affektiven Zustands *(affective forecasting error)*.[24]

In einer großen, für die USA repräsentativen Langzeitstudie an drei Untersuchungszeitpunkten (2013, 2014 und 2015) wurde bei 5206 Probanden ermittelt, dass die Nutzung von Facebook mit einer Verminderung des subjektiven Befindens einhergeht. Wer verglichen mit dem Durchschnitt aller Teilnehmer einer Standardabweichung mehr »Likes« anklickt, hat eine um 5 bis 8 Prozent einer Standardabweichung verminderte seelische Gesundheit. Im Gegensatz dazu bestand der Effekt realer sozialer Begegnungen in einer Veränderung der seelischen Gesundheit ins Positive etwa gleichen Ausmaßes. Wir wissen längst (vgl. Kapitel 1), dass Menschen sich in Gemeinschaft wohler fühlen, als wenn sie einsam sind. Hinsichtlich der Facebook-Nutzung wäre damit nachgewiesen, dass sie verglichen mit Einsamkeit den doppelten negativen Effekt auf die seelische Gesundheit hat![25]

Der Psychologe Jesse Fox und die Kinderärztin Jennifer Moreland aus dem US-Bundesstaat Ohio publizierten im Jahr 2015 eine Studie zu Interviews mit Facebook-Nutzern im Hinblick auf ihre Erfahrungen.[26] Wie sich herausstellte, hatten alle Nutzer schon negative Erfahrungen gemacht; die Bandbreite erstreckte sich von suchtartigem Nicht-aufhören-Können über lästige Inhalte, fehlende Privatheit und Beziehungsprobleme bis hin zu Eifersucht und häufigen Vergleichen mit anderen. Man ist auf Facebook eben sehr persönlich unterwegs (nicht anonym wie oft anderswo im Netz), bekommt nicht nur »Likes«, sondern auch Kritik; die Inhalte sind schwer zu löschen und werden zudem noch durch andere Nutzer weiterverbreitet. Die Erfahrungen der jüngeren und jüngsten Vergangenheit haben gezeigt: Facebook ist das am meisten zum Mobbing und Stalking verwendete Netzwerk. Dies ist den wenigsten Nutzern bewusst, hat aber langfristig negative Auswirkungen auf die Stimmung – und auf die Beziehung.

In einer kürzlich publizierten Arbeit mit dem Titel *Die Macht und die Schmerzen der digitalen Kommunikation Jugendlicher* fassen die beiden Psychologen Marion Underwood und Samuel Ehrenreich von der University of Texas in Dallas die Problematik sozialer Online-Netzwerke wie folgt zusammen: »Psychologen müssen die subtilen und potenziell schwerwiegenden Risiken Jugendlicher besser verstehen: die Agonie, wenn man zum Opfer auch nur einer einzigen Attacke von Cyberbullying wird, der leidvolle soziale Ausschluss und die quälenden Vergleiche, die im Zuge der schier endlosen Lektüre der Botschaften in den großen sozialen Netzwerken genährt werden. Man sieht Freunde, die Unternehmungen ohne einen selbst durchführen, und vergleicht seine eigenen emotionalen Erfahrungen mit den in höchstem Maße geschönten Berichten über das scheinbar wunderbare Leben anderer.«[27]

Angesichts dieser Befunde wundert es nicht, dass ein in Dänemark durchgeführtes großes Experiment mit 1095 Teilnehmern, von denen nach Zufallszuteilung in zwei Gruppen die eine Gruppe für eine Woche auf Facebook komplett verzichten musste, ergab, dass die Teilnehmer dieser Gruppe nachher eine deutliche Verbesserung der Stimmung, der Lebenszufriedenheit und sogar der Zufriedenheit mit ihren sozialen Beziehungen verzeichneten.[28]

... und Twitter-Scheidung

Soziale Onlinemedien können Beziehungen gefährden und dadurch auf direktem Weg Einsamkeit produzieren. Diese traurige Wahrheit wurde 2012 erstmals im Rahmen einer Umfrage unter britischen Scheidungsanwälten publik:[29] Bei jeder dritten Scheidung spielten Meinungsverschiedenheiten und Streit bezüglich sozialer Onlinemedien eine Rolle: Der Partner wurde mittels Facebook oder Twitter überwacht, mit seinen Äußerungen in diesen Medien (»Postings«) konfrontiert, oder man fand kompromittierende Bilder des Partners. Bereits zwei Jahre früher hatte eine Umfrage bei amerikanischen Scheidungsanwälten (American Academy of Matrimonial Lawyers, AAML) ergeben, dass 80 Prozent der Anwälte schon Daten aus sozialen Onlinemedien, allen voran aus Facebook, als Beweismittel in Scheidungsfällen verwendet hatten.

Ein Jahr später wurde dieser Sachverhalt erstmals von amerikanischen Wissenschaftlern im Hinblick auf Facebook aufgezeigt.[30] Insgesamt 205 Facebook-Nutzer im Alter von über 18 Jahren wurden nach ihren Nutzungsgewohnheiten sowie der Qualität ihrer Paarbeziehung gefragt. Direkt erfragt wurden Untreue (gedanklich und real[31]) und Beziehungsabbrüche bzw. Ehescheidungen. Das Ergebnis: Mit zunehmender Facebook-Nutzung kommt es vermehrt zu Untreue und Trennungen.[32] Dies betrifft besonders Paare, deren Beziehung weniger als drei Jahre andauert, und ist vermittelt über Konflikte, die durch Facebook-Nutzung ausgelöst wurden. Nicht alle Paare sind auf Facebook, und nicht alle Paare, die auf Facebook sind, werden untreu. Aber Facebook kann definitiv eine Rolle spielen, wenn es um Zufriedenheit in der Beziehung oder gar um Untreue geht.[33]

Gleiches gilt für Twitter.[34] In einer Studie mit dem bezeichnenden Titel *Das dritte Rad am Wagen: Zum Einfluss der Twitter-Nutzung auf Untreue und Scheidung in Beziehungen* wurden 581 Twitter-Nutzer im Alter von 18 bis 67 Jahren zur Qualität ihrer Paarbeziehung befragt. Je mehr Twitter genutzt wurde, desto mehr Konflikte entstanden, was wiederum zu mehr Untreue, Trennungen und Scheidungen führte. Damit wurden die bereits bei Facebook ermittelten Effekte repliziert, was nahelegt, dass soziale Onlinemedien die Qualität bestehender Beziehungen beeinträchtigen können.

Soziale Onlinemedien: gemeinsam einsam

Verloren unter 100 Freunden lautet der Titel eines Buches der am Massachusetts Institute of Technology arbeitenden Soziologin Sherry Turkle. Sie machte darin schon vor Jahren auf die Paradoxie aufmerksam, dass ein Mehr an digitaler Konnektivität keineswegs mit einer Zunahme vermehrter erlebter sozialer Verbundenheit einhergeht. Ganz im Gegenteil: Die Autorin führte Interviews mit jungen Menschen über deren digitale soziale Gewohnheiten und kam schon im Jahr 2010 zu dem Schluss, dass junge Menschen sich mittlerweile mehr in virtuellen Welten als in der Realität mit »echten« Freunden aufhalten.[35] Die Auswirkungen kann man sich im Grunde ableiten, wenn man die ersten beiden Kapitel dieses Buches nochmals bedenkt:

Wie in Kapitel 1 dargelegt, sind Menschen in höchstem Maße *soziale* Wesen, von der Natur auf Gemeinschaft angelegt. Und wie in Kapitel 2 dargestellt, reagieren Menschen mit Schmerzen auf Vereinsamung. Wenn Medien also tatsächlich *zwischen* den Menschen stehen und damit wirkliche Kontakte behindern – *und damit wiederum Einsamkeit erzeugen* –, dann sollte sich dies langfristig auf das Befinden von Menschen auswirken. Genau dies wird durch neue wissenschaftliche Erkenntnisse belegt: Soziale Onlinemedien verursachen Einsamkeit, Angst und Depression. Diese Feststellung ist deswegen so bedeutsam und erschreckend zugleich, weil die sozialen Onlinemedien heute gerade bei jungen Menschen einen wesentlichen Teil der Alltagsgestaltung ausmachen.

In einer Anfang des Jahres 2017 im *American Journal of Preventive Medicine* publizierten Studie auf der Grundlage einer für die USA repräsentativen Stichprobe von 1787 Erwachsenen im Alter von 19 bis 32 Jahren untersuchten die Autoren den Zusammenhang zwischen dem Erleben von Einsamkeit und der Nutzung von sozialen Onlinemedien.[36] Sowohl die Häufigkeit des Aufrufens von insgesamt elf sozialen Onlinemedien – Facebook,

Twitter, Google+, YouTube, LinkedIn, Instagram, Pinterest, Tumblr, Vine, Snapchat und Reddit – als auch die dabei verbrachte Zeit wurden gemessen; zugleich wurde mittels vier Fragen das Ausmaß erlebter Einsamkeit erfasst.[37] Alle Personen wurden anschließend anhand der jeweils erlebten Einsamkeit in drei Gruppen eingeteilt: kaum einsam (42 Prozent), mäßig einsam (31 Prozent) und sehr einsam (27 Prozent). Im Durchschnitt nutzten die Probanden 30-mal pro Woche soziale Onlinemedien; das entspricht im Rahmen dieser Studie im Mittel 61 Minuten pro Tag. Nur 58 Personen (3,2 Prozent) nutzten keinerlei soziale Onlinemedien.

Betrachtet man nur diese beiden gemessenen Größen (erlebte Einsamkeit und Nutzung sozialer Onlinemedien), so ergibt sich ein klarer Zusammenhang dahingehend, dass diejenigen, die soziale Onlinemedien täglich mehr als zwei Stunden nutzten, eine im Vergleich zu denen, die sie weniger als eine halbe Stunde nutzten, auf das Doppelte erhöhte Wahrscheinlichkeit aufwiesen, sich einsam zu fühlen. Nicht nur die Nutzungsdauer, sondern auch die Anzahl der Aufrufe der entsprechenden Netzwerke zeigten dieses Ergebnis: Diejenigen, die soziale Onlinemedien wöchentlich öfter als 58-mal aufsuchten, wiesen im Vergleich zu denjenigen, die sie weniger als neunmal pro Woche aufsuchten, eine um mehr als das Dreifache (Faktor 3,4) erhöhte Wahrscheinlichkeit auf, sich einsam zu fühlen. Auch wenn man das Einkommen, die Bildung, das Alter und das Geschlecht der Teilnehmer in die Analyse der Daten mit einbezog, zeigte sich klar und deutlich ein statistisch signifikanter Zusammenhang zwischen der Nutzung sozialer Onlinemedien und dem Erleben von Einsamkeit.

Statistische Zusammenhänge sagen nichts über Ursache und Wirkung. So könnte es sein, dass einsame Menschen eher dazu neigen, soziale Onlinemedien aufzusuchen. Es könnte aber auch umgekehrt sein: Zum einen hat man wegen der Nutzung sozialer Onlinemedien weniger Zeit für reale Kontakte; zudem kann man leicht neidisch werden auf die vielen Leute, die immer mehr Freunde und Likes haben als man selbst, und drittens entspricht nicht immer alles der Wahrheit, was andere von sich behaupten, wodurch leicht Neid und/oder Enttäuschung geschürt werden können.[38] Das Auslösen solcher Gefühle und der verschärfte Drang, sich mit anderen zu vergleichen – geschürt durch Bilder, die das Ganze so realistisch machen –, stellen im Kern den negativen Aspekt sozialer Onlinemedien dar. Wenn ein Bild wirklich mehr sagt als tausend Worte, dann sollten die Auswirkungen sozialer Onlinemedien umso stärker sein, je »bildlastiger« die Medien sind. Und so scheint es tatsächlich zu sein, wenn man sich die wenigen Studien, die es diesbezüglich gibt, näher ansieht. So ergab beispielsweise eine Onlinebefragung bei 117 jungen Leuten im Alter von 18 bis 29 Jahren einen Zusammenhang zwischen der Nutzung von Instagram und dem Vorhandensein depressiver Symptome, was auch mit der Anzahl von Instagram-Kontakten zu fremden Personen zusammenhing.[39]

Das permanente Vergleichen mit anderen, die eigene soziale Orientierung »nach oben« und Selbstunsicherheit sind vorrangige Persönlichkeitseigenschaften, die in Verbindung mit sozialen Onlinemedien besonders krank machen.[40] Man spricht mittlerweile in der Literatur auch von problematischer Nutzung sozialer Medien, möglicherweise um damit zu verdeutlichen, dass es auch eine unproblematische Nutzung gibt, um die man sich keine Sorgen zu machen braucht. Das Argument ist etwa so sinnvoll wie das Folgende: »Über den Konsum von Alkohol bei Jugendlichen muss man sich keine Sorgen machen, über den problematischen Konsum schon.« Das macht deshalb keinen Sinn, weil Alkohol für Kinder und Jugendliche ganz prinzipiell schädlich ist und weil ein vermeintlich unschädlicher Konsum häufig in einen schädlichen Konsum übergeht.[41]

Es ist überhaupt sehr interessant, welche Mühe sich manche Autoren mit den Berichten ihrer Befunde zu ungünstigen Auswirkungen sozialer Onlinemedien machen – wie sie diese mit viel »Wissenschaftschinesisch« vernebeln, obwohl sie eine klare Sprache sprechen. Da ist von »Strukturgleichungsmodellen« die Rede, die einen »Zusammenhang zwischen Facebook-Nutzung und Wohlbefinden zeigen« – verschwiegen wird, dass er negativ ist![42]

Ganz ähnlich verhält es sich mit einer Übersichtsarbeit zum Thema soziale Online-Netzwerke, Depression und Angst.[43] Von den 22 Artikeln, die zu Angst und Depression und möglichen Moderatoren eines Zusammenhangs eine Aussage machen, zeigen acht einen signifikanten Zusammenhang zwischen der Nutzung sozialer Onlinemedien und Depression sowie drei einen signifikanten Zusammenhang zu Angst auf. Jeweils etwa doppelt so viele Studien zeigen ebenfalls diese Zusammenhänge, allerdings nur numerisch, d. h. ohne statistische Signifikanz. Dagegen findet sich keine einzige Studie, die einen Zusammenhang zwischen häufigerer Social-Media-Nutzung und weniger Angst oder Depression zeigt.[44] Das Ergebnis sollte also klar sein: Soziale Medien schaden der seelischen Gesundheit. Und was schreiben die Autoren in ihrer zusammenfassenden Diskussion? Das genaue Gegenteil: »Soziale Online-Netzwerke stellen einen neuen, unaufdringlichen Weg dar, in Echtzeit die seelische Gesundheit und Informationen zum Wohlbefinden in einer natürlichen Umgebung zu beobachten und zu beeinflussen, und sie haben letztlich das Potenzial für positive Auswirkungen auf die seelische Gesundheit.«[45] Eine kritische Diskussion der gefundenen Fakten sieht anders aus.

Emotionale Ansteckung durch Facebook

Seit dem Aufkommen der sozialen Online-Netzwerke wie Facebook oder Twitter hat das Interesse am Phänomen der sozialen Ansteckung (vgl. Kapitel 3) nochmals deutlich zugenommen, denn durch die Auswertung und vor allem auch durch die Manipulation sehr großer Datenmengen kann man soziale Ansteckung nicht nur statistisch beschreiben, sondern auch experimentell untersuchen. Und das Besondere an jedem Experiment ist grundsätzlich, dass es Aussagen über Ursachen und Wirkungen erlaubt, also immun ist gegenüber der oft geäußerten Kritik, mit Statistik könne man »alles beweisen«.

Aus dieser Sicht ist ein außergewöhnliches Experiment von besonderer Bedeutung, das von Adam Kramer, einem Wissenschaftler im Core Data Science Team von Facebook, in Zusammenarbeit mit Wissenschaftlern der Cornell University im US-Bundesstaat New York mit insgesamt 689 003 Facebook-Nutzern durchgeführt wurde. Bei diesen wurden eine Woche lang manipulierte Startseiten mit veränderten Statusmeldungen ihrer Freunde angezeigt. Ein Teil der Nutzer sah hauptsächlich positive Statusmeldungen, ein anderer überwiegend negative. Das bedeutet, dass knapp 700 000 ahnungslose Menschen nicht nur ausspioniert, sondern emotional manipuliert wurden. Man wollte wissen, ob dies wirklich funktioniert, und bestimmte hierzu bei jedem dieser Nutzer die Verwendung emotionaler Wörter. Das Ergebnis: Es funktionierte. Menschen lassen sich also tatsächlich durch soziale Medien von der Stimmung anderer Menschen anstecken.[46]

Smartphone-Vertrauenskrise

Vertrauen ist ein wesentlicher Grundpfeiler von Zufriedenheit, Glück und Gesundheit des Einzelnen sowie einer ökonomisch und sozial funktionierenden Gesellschaft, wie von den unterschiedlichsten Wissenschaften – von der Soziologie und der Psychologie über die Ökonomie bis hin zur Medizin – betont wird. Vertrauen entsteht durch gelingende Interaktionen zwischen fremden Menschen: Nach dem Weg fragen, einen Kaffee oder ein Eis kaufen sind die kleinen Bausteine, auf denen unsere Gemeinschaft fußt. Täglich millionenfach ablaufende kleine Handlungen dieser Art sind der Nährboden von allgemeinem Vertrauen, durch den sich Gesellschaften deutlich voneinander unterscheiden können. In Norwegen ist beispielsweise nicht nur das Leben sehr gut organisiert, sondern auch das gegenseitige Vertrauen sehr hoch. Das Ganze klappt jedoch nur, wenn jeder sich an die Spielregeln hält. Vertrauen ist schnell verspielt und nur langsam wieder aufgebaut. Deswegen ist es wichtig, sich über die Natur dieses sozialen Kitts im Klaren zu sein. Ohne Vertrauen geht vieles gar nicht oder kostet viel mehr als mit Vertrauen.

Wenn in einer Gesellschaft gegenseitiges Vertrauen durch gelingende Interaktionen aufgebaut ist, dann rüttelt jede technische Errungenschaft, die die Häufigkeit solcher Begegnungen mindert, an diesem Fundament. Und genau an dieser Stelle kommt das Smartphone ins Spiel, denn durch die immer und überall mögliche Informationsverarbeitung (im angloamerikanischen Sprachraum spricht man von *ubiquitous computing*) nehmen die Begegnungen von Mensch zu Mensch, die uns täglich unsere wechselseitige Abhängigkeit voneinander vor Augen führen und erleben lassen, zahlenmäßig ab. Früher kauften wir im Laden, gingen zur Sparkasse oder fragten in einer fremden Umgebung jemanden nach dem Weg. Das heute übliche Onlineshopping, Onlinebanking und die GPS-getriebene Orientierung erlauben uns die (Geld-)Geschäfte und die Orientierung ohne Kontakt mit Menschen. Hinzu kommt das Chatten, Posten, Simsen und Mailen statt der direkten Kommunikation von Angesicht zu Angesicht. Auch die von den Internetkonzernen auf ihren Plattformen vorangetriebene Personalisierung sorgt dafür, dass wir weniger mit fremden Menschen zu tun haben – vom Ersatz persönlicher Unterhaltungen durch mediale Unterhaltung ganz zu schweigen. All dies bewirkt eine Minderung menschlicher Kontakte, die in einer gesunden Gesellschaft zu

Erlebnissen der Zu(sammen)gehörigkeit führen[47], die Vertrauensbildung bewirken und damit zur künftigen gesellschaftlichen Gesundheit beitragen.

Mithilfe von Daten von 2187 Teilnehmern aus der sechsten World Values Survey (mittleres Alter 46 Jahre) versuchten Wissenschaftler aus den USA und Kanada der Frage nachzugehen, ob sich diese Mechanismen tatsächlich mittlerweile in der amerikanischen Gesellschaft nachweisen lassen. Die Teilnehmer wurden gefragt, wie oft sie Informationen – jeweils aus verschiedenen Quellen (Mobiltelefon, Zeitung, Printmagazine, TV-Nachrichten, Radio, E-Mail, Internet oder Bekannte und Freunde) – einholten: (1) täglich, (2) wöchentlich, (3) monatlich, (4) seltener als monatlich oder (5) nie. Zudem wurden die Teilnehmer gefragt, wie sehr sie verschiedenen Gruppen der Gesellschaft (ihre Familie, ihre Nachbarn, persönliche Bekannte, Leute, denen sie zum ersten Mal begegnen, Menschen anderer Religionszugehörigkeit und Menschen anderer Nationalität) Vertrauen schenkten: (1) völlig, (2) etwas, (3) nicht sehr viel oder (4) gar nicht. Zudem wurden noch demografische Daten (Alter, Geschlecht, Bildungsstand etc.) erhoben. Wie sich zeigte, gibt es tatsächlich einen Zusammenhang zwischen der Smartphone-Nutzung und geringerem Vertrauen gegenüber Nachbarn, Fremden und Menschen anderer Religion oder Nationalität. Keinen Zusammenhang gab es hingegen zum Vertrauen gegenüber Bekannten und Freunden.

Man könnte nun meinen, dass auch Menschen, die sich vor allem mittels Fernsehen, Radio, Zeitungen oder auch Internet über das Zeitgeschehen (meist ja schlechte Nachrichten über Verbrechen, Krieg oder Terror) informieren, zu weniger Vertrauen gegenüber Fremden neigen. Dem ist gemäß dieser Studie aber nicht so! Ganz im Gegenteil: Wer sich über die genannten Kanäle informiert, vertraut Fremden *mehr.* Demografische Variablen wie Alter, Geschlecht oder Bildung haben keinen Einfluss. Auch die Herkunft aus der Stadt oder vom Land kann den

Smartphone-Effekt auf das Vertrauen nicht erklären. Ein umgekehrtes Ursache-Wirkung-Verhältnis (wer Fremden weniger vertraut, nutzt sein Smartphone eher zur Informationsgewinnung) konnte ebenfalls ausgeschlossen werden.

Lassen wir am Ende die Autoren selbst sprechen: »Alle Lebewesen versuchen, mit der geringsten Anstrengung den größtmöglichen Effekt zu erzielen. Dieses Prinzip des kleinsten Aufwands hat sich als eines der Hauptprinzipien beim Verhalten der Informationssuche herausgestellt. In dem Maße, wie die moderne Informationstechnik unser Leben immer leichter macht, zeigen unsere Befunde die möglichen unvorhergesehenen sozialen Kosten des Zugangs zu Informationen immer und überall: Indem sich die Leute bequemen elektronischen Geräten zuwenden, können sie damit zugleich auf Möglichkeiten zur Stärkung von Vertrauen verzichten – dem sozialen Schmierstoff unserer Gesellschaft.«[48]

Wer anderen weniger vertraut, ist einsamer. Die Smartphone-Nutzung könnte auch über diesen Weg – neben einer direkten Verminderung von Sozialkontakten, einer Vermehrung von Depressionen und einer Störung von ansonsten intakten Beziehungen – zu mehr Einsamkeit führen.

Fassen wir zusammen

Weltweit verbringen zwei Milliarden Nutzer täglich Millionen von Stunden auf Facebook. Sie nutzen dieses soziale Online-Netzwerk (wie andere ähnliche Angebote) ganz offensichtlich, weil sie sich davon ein besseres soziales Leben versprechen. Kommunikation, Verbundenheit und Gemeinschaft gehören schließlich zu den Hauptquellen menschlichen Wohlbefindens. Entgegen den Erwartungen führt die Nutzung von Facebook und anderer sozialer Onlinemedien jedoch zu geringerer Lebenszufriedenheit; das gegenseitige Vertrauen schwindet, es häufen sich Depressionen, und die Einsamkeit nimmt zu. Zudem belasten soziale Onlinemedien bestehende Beziehungen, verursachen Trennungen und Ehescheidungen. Die Beeinträchtigung (Inter*ferenz*) von Paarbeziehungen durch digitale Informations*technik* tritt so häufig auf, dass sie mittlerweile einen Namen hat: *Technoferenz*. Warum ist dies so?

Soziale Onlinemedien verhalten sich zu realen zwischenmenschlichen Bezügen wie Popcorn zu gesunder Nahrung: Wo man Freude mit Freunden erwartet, ist in Wahrheit nur heiße Luft, schaler Geschmack und Leere.

Die reale Wirklichkeit ist un-vermittelt; jeder bemerkt dies, wenn er versucht, durch eine geschlossene Tür zu gehen, einen faulen Apfel zu essen oder in sehr kaltes Wasser zu springen. Wirklichkeit ist widerständig. Noch deutlicher ist der Unterschied zwischen der virtuellen und der realen Realität im sozialen Bereich: Zwischen medialen Kontakten und dem direkten Umgang mit einem anderen Menschen – ohne Bildschirm und Lautsprecher als Medium – besteht ein Riesenunterschied. Wie bedeutsam der Unterschied zwischen unmittelbarer Präsenz und medialer Präsenz ist, zeigt das Anwendungsbeispiel aus dem ganz normalen Arbeitsalltag international arbeitender Firmen: Der direkte Kontakt zum Mitarbeiter, Partnerunternehmen oder Kunden ist durch nichts zu ersetzen.

Was für die Wirtschaft gilt und dort durchaus kostspielige Konsequenzen hat, die man in Kauf nimmt, gilt für den privaten Kontakt erst recht. Wer aus Gründen der »Effizienz« seine Zeit mit sozialen Onlinemedien verbringt, statt sich mit Leuten »in echt« zu unterhalten, muss wissen, dass er damit seine Lebenszufriedenheit und sein Glück riskiert. Das tut auch derjenige, der aus »Effizienzgründen« beim Kauf seines morgendlichen Kaffees das Lächeln des Verkäufers verpasst, weil er keine Zeit hat, ihn anzuschauen. Viele tägliche kleine reale Begegnungen mit meistens wildfremden Menschen sind der Kitt, der nicht nur unser eigenes Leben, sondern auch unsere Gesellschaft zusammenhält. Warum loggen sich dann so viele Nutzer täglich ein und verschwenden Zeit mit einer Aktivität, von der sie selbst (auf Nachfrage) angeben, dass sie sinnlos ist? Letztlich, weil Menschen oft nicht wissen, was ihnen guttut und was sie glücklich macht. Menschen *glauben,* dass sie eher zufrieden sein würden, nachdem sie sich in soziale Online-Netzwerke eingeloggt haben. Faktisch geht es ihnen jedoch schlechter. Insbesondere sind Menschen durch soziale Onlinemedien – entgegen aller Erwartung – nicht mehr oder besser miteinander verbunden, sondern einsamer. Nachweislich.

6

EINSAMKEIT ALS KRANKHEITSRISIKO

Einsamkeit macht krank. Diese Aussage mag viele Leser wundern, tatsächlich jedoch ist sie nach allem, was in Kapitel 4 ausgeführt wurde, ganz naheliegend, denn Einsamkeit verursacht Stress und damit eine ganze Reihe häufiger, chronischer und langfristig tödlich verlaufender Krankheiten. Dies zeigen mittlerweile auch die Ergebnisse zahlreicher Forschungsprojekte, in deren Rahmen Einsamkeit einerseits und Krankheiten oder Krankheitssymptome andererseits untersucht wurden.

Durch Einsamkeit steigt die Wahrscheinlichkeit des Auftretens von Bluthochdruck (Hypertonie), Stoffwechselstörungen (Übergewicht, Diabetes) und Gefäßleiden (Schlaganfall und koronare Herzkrankheit bzw. Herzinfarkt) sowie Schlafstörungen, Depression, Lungenkrankheiten und Infektionskrankheiten jeglicher Art.[1] Beginnen wir mit den Infektionskrankheiten. Einsamkeit ist übrigens keineswegs nur ein Problem in entwickelten westlichen Industrienationen. In China beispielsweise arbeiten Millionen von Landarbeitern in Städten im Servicebereich. Einsamkeit stellt für sie ein großes Problem dar, dessen gesundheitspolitische Relevanz noch nicht ausreichend verstanden und gewürdigt wird.[2]

Schnupfen durch Einsamkeit?

Wenn Einsamkeit Stress verursacht und Stress wiederum das Immunsystem schwächt, dann müsste Einsamkeit das Auftreten von Infektionskrankheiten begünstigen. Und genau so ist es auch, wie man seit dem Beginn der Neunzigerjahre schon vermutete.[3] In einem Experiment wurde der Zusammenhang von

Einsamkeit und der Anfälligkeit gegenüber einer viralen Erkältung untersucht.[4] Die Leser werden sich wundern, wie Wissenschaftler vorgehen, um tatsächliche Erkenntnisse zu gewinnen, d. h. auszuschließen, dass irgendein Scheinzusammenhang[5] oder gar ein zufälliger Irrtum vorliegen könnte.

In dieser experimentellen Studie mit 276 gesunden Probanden (151 Frauen) im Alter von 18 bis 55 Jahren wurde untersucht, ob Einsamkeit zu einer vermehrten Anfälligkeit für einen ganz normalen Schnupfen führt. Jeder Proband erhielt 800 Dollar für seine Teilnahme (wir werden gleich sehen, warum) und wurde zunächst nach seinem sozialen Netzwerk befragt, wobei zwölf unterschiedliche Typen sozialer Beziehungen unterschieden wurden: 1) Partner, 2) Eltern, 3) Schwiegereltern, 4) Kinder, 5) andere nahe Familienmitglieder, 6) Nachbarn, 7) Freunde, 8) Berufskollegen, 9) Klassenkameraden, 10) Kollegen im Bereich freiwilliger/ehrenamtlicher Hilfe, 11) Mitglieder von Vereinen oder beruflichen Organisationen, 12) Mitglieder von Religionsgemeinschaften. Sofern man mit einer anderen Person aus einem dieser zwölf Beziehungstypen innerhalb der vorherigen zwei Wochen gesprochen (d. h. persönlichen Kontakt gehabt oder telefoniert) hatte, wurde ein Punkt vergeben, sodass die maximale Anzahl von Punkten, die ein Proband erhalten konnte, bei 12 lag.

Neben diesem Maß für die Verschiedenheit der Sozialkontakte einer Person (Netzwerk-Diversifikation) wurde auch die Anzahl der Personen je Beziehungstypus erfasst (z. B. zwei Eltern, drei Kinder, ein Nachbar und fünf Freunde) und damit die Größe des Netzwerks einer Person. Dann wurde jeder Proband für eine Woche in Quarantäne genommen und nach einem weiteren Tag Beobachtungszeit, dem Ausschluss einer bestehenden Erkältung sowie weiteren medizinisch-diagnostischen Prozeduren mit einem von zwei unterschiedlichen Typen von Erkältungsviren per Nasentropfen infiziert. Man steckte also jeden Teilnehmer mit einem Erkältungsvirus an (daher die 800 Dollar!) und erfasste danach objektiv Erkältungssymptome. Zudem wurden die Probanden auch nach subjektiv erlebten Krankheitszeichen befragt.

Es zeigte sich dabei ein klarer Zusammenhang zwischen der Diversifikation der sozialen Kontakte einer Person und der Wahrscheinlichkeit, eine Erkältung zu bekommen (siehe Grafik 6.1). Die Anzahl der Personen im sozialen Netzwerk hatte

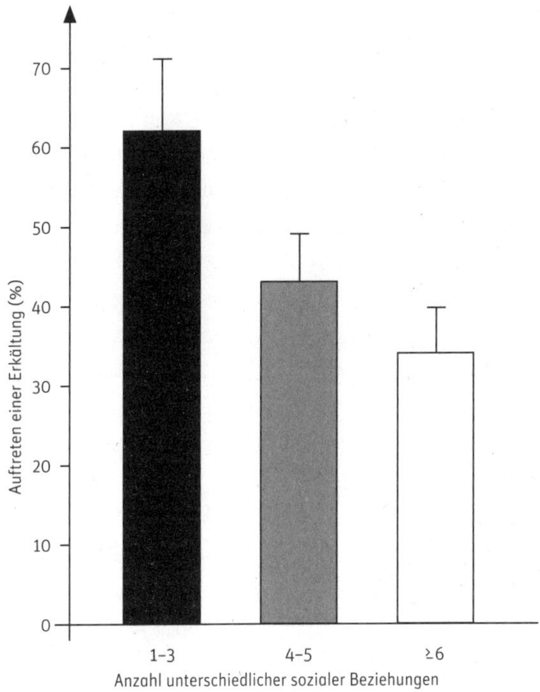

6.1: Gut vernetzt niest weniger! Die Grafik zeigt die Häufigkeit des Auftretens einer Erkältung nach Infektion von Probanden mit einem Erkältungsvirus in Abhängigkeit von deren sozialem Netzwerk (Mittelwerte und Standardfehler). Der Effekt der Diversifikation des sozialen Netzwerks – in der Abbildung gruppiert nach der Anzahl der unterschiedlichen sozialen Beziehungen in »niedrig« (1–3), »mittel« (4–5) und »hoch« (≥ 6) – war signifikant ($p < 0{,}01$).[6]

demgegenüber keine entsprechende Auswirkung. Auch weitere Kontrollvariablen konnten die Auswirkungen der sozialen Beziehungen auf das Auftreten einer Erkältung nicht oder nur zu einem sehr kleinen Teil erklären – im Gegenteil: Der Zusammenhang zwischen sozialem Netzwerk und Erkältung wurde nach Einbeziehung der Kontrollvariablen eher noch größer.

Der hier beobachtete Effekt könnte auch noch auf eine andere Weise über das Immunsystem vermittelt worden sein: Je unterschiedlicher die Sozialkontakte eines Menschen sind, desto größer ist die Wahrscheinlichkeit, dass dessen Immunsystem schon früher mit dem Erkältungsvirus in Kontakt gekommen war und damit schon eine Immunität besteht. Die Tatsache, dass der Persönlichkeitsfaktor Extraversion (je stärker ausgeprägt, desto geringer die Häufigkeit einer Erkältung) in gleicher Weise wie die Netzwerk-Diversifikation wirkte, könnte ebenfalls für diese Vermutung sprechen. Allerdings hingen beide Variablen zusammen (extravertierte Menschen haben diversifiziertere Sozialkontakte), und zweitens erklärte der Persönlichkeitsfaktor Extraversion in entsprechenden statistischen Analysen den Zusammenhang zwischen Netzwerk-Diversifikation und dem Auftreten einer Erkältung nicht.

Man konnte diese Erklärung jedoch dadurch ausschließen, indem man bei allen Probanden deren Blutserum im Hinblick auf Antikörper gegen den verabreichten Virus untersuchte (man spricht von Serostatus). Dabei ergaben sich keine Unterschiede im Verteilungsmuster des Erkrankens seropositiver und seronegativer Probanden. Auch der Typ des Virus hatte keinen Einfluss. Die Bedeutung dieses Befundes heben die Autoren klar hervor: »Von besonderem Interesse für die Interpretation unserer Daten ist, dass die Netzwerk-Diversität und die Infektionsraten mit der Erkältung gleich über beide Virus-Typen und über die (vor der Infektion gemessene) seropositiven und seronegativen Probanden verteilt sind.«[7] Die Unterschiede lagen also nicht an vorher bestehender unterschiedlicher Immunität,

d. h. daran, dass einsame Menschen weniger Kontakt mit anderen hatten und daher in geringerem Maße immunisiert waren. Vielmehr zeigen diese Ergebnisse, dass die Kausalität tatsächlich auch in der theoretisch erwarteten Richtung verlief: von der Einsamkeit zur vermehrten Häufigkeit von Infektionen.

Man hatte in der Studie auch zu Beginn die Konzentrationen von Adrenalin und Noradrenalin im Blut gemessen. Als man die Gesamtgruppe in diejenigen mit überdurchschnittlichen und diejenigen mit unterdurchschnittlichen Werten einteilte, ergab sich bei beiden Stresshormonen, dass bei Personen mit überdurchschnittlichen Konzentrationen das Risiko eines Schnupfens höher lag. Auch dies spricht für diese Interpretation der Befunde. Da man zudem bei 99 Prozent der Probanden eine Infektion tatsächlich nachgewiesen hatte (nicht alle Infizierten zeigten jedoch eine Erkältung), bleibt kaum eine andere Erklärung übrig – vor allem für die Gruppe der im Hinblick auf das zur Infektion verwendete Virus seronegativen Probanden). Noch einmal: Einsamkeit löst Stress aus und erhöht deswegen nachweislich das Risiko, einen Schnupfen oder andere Infektionskrankheiten zu bekommen.

Bluthochdruck

Bluthochdruck (arterielle Hypertonie) ist eine sonderbare Krankheit, denn die Menschen leiden zunächst nicht unter ihr, sondern fühlen sich sogar pudelwohl. Selbst wenn sie rasch aufstehen oder von der Hocke zum Stehen wechseln, wird es ihnen nicht schwindelig oder gar schwarz vor den Augen. Über die Jahrzehnte hinweg jedoch führt Bluthochdruck zu Gefäßleiden und Durchblutungsstörungen, was sich in nahezu allen Körperregionen negativ auswirken kann: von einer möglichen Erblindung bis zum Nierenversagen. Am häufigsten sind jedoch Durchblutungsstörungen des Herzens und des Gehirns, sodass ein hoher Blutdruck letztlich knapp ein Fünftel aller Todesfälle (Daten aus den USA) verursacht.

Der statistische Zusammenhang zwischen Einsamkeit und Bluthochdruck wurde schon vor mehr als zehn Jahren in einer Untersuchung mit 229 Personen im Alter von 50 bis 68 Jahren nachgewiesen.[8] Je einsamer eine Person war, desto höher war ihr Blutdruck,[9] wobei der Zusammenhang nicht auf demografische Faktoren wie Alter, Geschlecht, Ethnie, Einkommen und Bildung und auch nicht auf andere Risikofaktoren (Alkohol- und/oder Tabakkonsum, erhöhtes Körpergewicht, die Einnahme bestimmter Medikamente) zurückzuführen war. Da man weiß, dass Einsamkeit mit dem Erleben von Depression, Stress, feindlicher Umgebung und geringer sozialer Unterstützung einhergeht, ist zudem von Bedeutung, dass man all dies auch noch erfasst hatte und dabei herausbekam, dass Einsamkeit einen *zusätzlichen,* von all diesen Faktoren unabhängigen Effekt hat.

Die Patienten aus dieser Studie wurden über einen insgesamt vierjährigen Beobachtungszeitraum weiter betreut und untersucht. Durch entsprechende Analyseverfahren der zugleich erhobenen Zeitreihen-Daten konnte gezeigt werden, dass die Einsamkeit zu Beginn der Studie einen erhöhten Blutdruck im weiteren Verlauf vorhersagen konnte.[10] Auch wenn die Effekte zunächst klein erscheinen – der Blutdruckanstieg betrug nur ein paar Millimeter Quecksilbersäule[11] –, so addieren sie sich doch über die Jahre hinweg.

Dass diese Effekte tatsächlich in praktischer klinischer Hinsicht von Bedeutung sind, zeigen folgende Überlegungen: Wenn man statistisch das Alter und andere Begleitvariablen konstant hielt, gingen zehn Punkte (entsprechend einer Standardabweichung) mehr auf der Einsamkeitsskala (von insgesamt 60 Punkten) mit einem um 5 mmHg höheren systolischen Blutdruck einher. Bedenkt man, dass zwischen dem zwanzigsten und dem achtzigsten Lebensjahr der Blutdruck etwa alle zwei Jahre im Mittel um 1 mmHg ansteigt,[12] entsprechen 5 mmHg einer

»vorzeitigen Alterung« (was den Blutdruck anbelangt) um zehn Jahre.

Wie bedeutsam die Erkenntnisse hinsichtlich des Zusammenhangs von Einsamkeit und Bluthochdruck sind, zeigt auch die folgende Überlegung: Die Menschen im oberen Drittel der Einsamkeitsskala hatten einen um 10 bis 30 mmHg höheren Blutdruck als Menschen ohne jegliche Einsamkeitsgefühle. Bedenkt man nun, dass ein Blutdruckunterschied von 20 mmHg zu einer Verdopplung des Risikos eines Herzinfarkts und Schlaganfalls führt (wie die Metaanalyse der Krankheitsverläufe von über einer Million Patienten zeigte[13]), so liegt der Effekt von deutlicher Einsamkeit (oberes Drittel) auf den Blutdruck genau in der Mitte dieses Bereichs. Und da die Auswirkungen des Blutdrucks linear ansteigen, haben noch so kleine Auswirkungen gesamtgesellschaftlich eine große Bedeutung. Anders ausgedrückt: Auch kleine Veränderungen der Einsamkeit haben multipliziert mit Millionen von Menschen große Auswirkungen.

Herzinfarkt und Schlaganfall

Herzinfarkte und Schlaganfälle werden unter dem Begriff der kardiovaskulären Erkrankungen zusammengefasst (vom Griechischen *kardia* = Herz und vom Lateinischen *vas* = Gefäß). Hierbei kommt es durch Veränderungen der Wände von Arterien (also den Blutgefäßen, die sauerstoff- und nährstoffreiches Blut zu den Organen transportieren) zu Verhärtungen und Engpässen, die schließlich zu einer Störung der Durchblutung führen. Man spricht hier auch von Arteriosklerose (griechisch: *skleros* = hart). Tritt die Durchblutungsstörung akut ein und betrifft sie Blutgefäße, die den Herzmuskel versorgen, spricht man von Herzinfarkt. Betrifft sie die Blutgefäße des Gehirns, spricht man von Schlaganfall. Gleich mehrere Untersuchungen haben den Zusammenhang zwischen Einsamkeit bzw. sozialer Isolation einerseits und kardiovaskulären Ereignissen andererseits zum Thema. Wird nun eine größere Anzahl solcher Untersuchungen nochmals wiederum zusammenfassend ausgewertet, spricht man von einer Metaanalyse.

Im Rahmen einer solchen Metaanalyse von 23 Untersuchungen (aus Europa, den USA, Japan und Australien) wurden insgesamt 4628 Fälle von Herzinfarkt und 3002 Fälle von Schlaganfall ausgewertet. Alle Teilnehmer waren nach Häufigkeit und Qualität ihrer sozialen Aktivitäten und Kontakte und Einsamkeitsgefühle befragt worden und wurden danach zwischen 3 und 21 Jahre lang dahingehend beobachtet, ob sie einen Schlaganfall oder Herzinfarkt erlitten oder durch ein solches Ereignis verstarben.[14] Geringe Sozialkontakte (»poor social relationships«) erwiesen sich als Risikofaktor sowohl für Herzinfarkte (um 29 Prozent erhöhtes Risiko) als auch Schlaganfälle (um 32 Prozent erhöhtes Risiko) – übrigens gleichermaßen bei Männern und Frauen. Diese Steigerung des Risikos für Herzinfarkte und Schlaganfälle durch Einsamkeit entspricht etwa der Risikosteigerung, die man auch für Rauchen, Angst und Arbeitsstress ermittelt hat. Sie ist sogar größer als das entsprechende Risiko, das man für Fettleibigkeit gefunden hat – und dies gilt wiederum für Männer und Frauen.

Auch einsame Kinder und Jugendliche weisen als junge Erwachsene mehr Risikofaktoren für Herz-Kreislauf-Erkrankungen (Steigerung von Körpergewicht, Blutdruck und Cholesterinspiegel) auf, wie die Auswertung von Daten aus einer der bekanntesten und zugleich am längsten dauernden Studie zur menschlichen Entwicklung überhaupt zeigte. Im Rahmen der neuseeländischen Längsschnittstudie wurden in einer Stadt alle Neugeborenen vom Herbst 1972 bis Frühjahr 1973 erfasst (insgesamt 1037 Babys). Bis zu ihrem sechsundzwanzigsten Lebensjahr wurden im Rahmen dieser Studie[15] diese Menschen in Abständen von einigen Jahren immer wieder aufgesucht, befragt und teilweise auch untersucht, um festzustellen, wie es ihnen geht und wie sich ihr Leben entwickelt. Die Studie trug den Titel *Sozial isolierte Kinder 20 Jahre später,*[16] und in ihrem Rahmen konnte gezeigt werden, dass einsame Kinder und Jugendliche ein um 37 Prozent erhöhtes Risiko haben, Herz-Kreislauf-Erkrankungen zu entwickeln, unabhängig von anderen bekannten Risikofaktoren wie Stress durch ungünstige Lebensereignisse, Armut, geringer IQ, Übergewicht als Kind, Bewegungsmangel sowie Alkohol- und Tabakkonsum.

Auch im Hinblick auf die Gesundheit insgesamt während des gesamten Beobachtungszeitraums von über 30 Jahren hatte Einsamkeit einen erstaunlich hohen negativen Effekt auf die Gesundheit der jungen Erwachsenen: Ihr Erkrankungsrisiko (für jegliche Krankheiten) war gegenüber Studienteilnehmern, die während ihrer Kindheit und Jugend nicht einsam waren, um 158 Prozent erhöht.

Krebs

Einsamkeit hat einen ungünstigen Einfluss auf das Immunsystem und damit auf die Entstehung *und* den Verlauf von Krebserkrankungen, wie gerade in der jüngeren Vergangenheit durch eine Reihe von Untersuchungen gezeigt wurde. Eine große Metaanalyse von insgesamt 87 Studien zum Zusammenhang von erlebter sozialer Unterstützung (dem Gegenteil von Einsamkeit) und Krebserkrankungen ergab ein um 25 Prozent vermindertes Risiko, an Krebs zu sterben. Ein vergleichsweise größeres soziales Netzwerk minderte das gleiche Risiko um 20 Prozent und der Familienstatus »verheiratet« um 12 Prozent. Dies betrifft im Prinzip zunächst jegliche Form von Krebs.[17] Dabei war der Status »geschieden« oder »verwitwet« günstiger als »unverheiratet« (»never married«), und die Zusammenhänge zwischen sozialem Netzwerk und Krebstod waren bei jüngeren Patienten stärker. Besonders deutlich war der Zusammenhang zwischen sozialer Unterstützung bei Patienten mit Leukämie (Blutkrebs) und Lymphomen (Lymphdrüsenkrebs).

Die Größe des sozialen Netzwerks hatte bei Patientinnen mit Brustkrebs einen besonders starken Effekt. Da zudem das Stresshormon Cortisol eine besondere Rolle bei der Entwicklung der weiblichen Brustdrüsen spielt, lag es aus verschiedenen Gründen nahe, die Entstehung von Brustkrebs zu untersuchen, um den Einfluss von chronischem Stress auf Krebserkrankungen genauer zu charakterisieren. Zudem ist Brustkrebs bei Frauen die häufigste Krebserkrankung. Man hat nicht zuletzt auch aus diesem Grund dem Brustkrebs mehr Aufmerksamkeit geschenkt als anderen Krebsarten. Denn nicht zuletzt ein besseres Verständnis gerade dieser Krankheit hat eine enorme Bedeutung für die Gesundheit sehr vieler Menschen.

Bereits im Jahr 2003 wurden in einer großen epidemiologischen Studie aus Finnland[18] mit 10 808 teilnehmenden Frauen Zusammenhänge zwischen schwerwiegenden traumatisierenden Lebensereignissen und dem Auftreten von Brustkrebs ermittelt: Eine Trennung oder Scheidung erhöht dessen Wahrscheinlichkeit auf das Doppelte (2,26-fach), der Tod des Partners ebenfalls (genau 2-fach), und der Tod eines nahen Freundes oder Angehörigen erhöht die Wahrscheinlichkeit um 35 Prozent – jeweils unabhängig von der Gesamtzahl der traumatisierenden Lebensereignisse. Weitere Studien ergaben ähnliche Effekte,[19] andere Studien wiederum konnten diese jedoch nicht bestätigen,[20] sodass noch immer Unsicherheit bezüglich der tatsächlichen Auswirkungen besteht. Zusammenfassende Übersichten hierzu heben hervor, dass schwere Verlusterlebnisse (Tod des Partners oder eines Kindes) eher einen Effekt haben als Stress im Beruf oder bei der Kindererziehung.[21]

In einer Arbeit aus dem Jahr 2016 mit dem an den bekannten Song der *Beatles* angelehnten Titel *Breast Cancer and Social Environment: Getting by with a Little Help from Our Friends*[22] werden die hierfür verantwortlichen Mechanismen und Wirkfaktoren im Einzelnen diskutiert. Lange Zeit dachte man, dass einsame Krebspatienten vor allem deswegen früher sterben, weil sie weniger »instrumentelle« Hilfe bekommen, ihre Therapie also nicht so gut funktioniert. So könnte es z.B. sein, dass sie niemanden haben, der sie zum Arzt begleitet oder mit dem Wagen bringt und abholt, ihnen Medikamente vorbeibringt oder vielleicht sogar deren Einnahme überwacht. Ganz praktische Gründe also könnten dafür verantwortlich sein, warum ein einsamer Mensch ungünstigere Überlebensaussichten bei einer Krebserkrankung hat.

Interessanterweise lieferten Experimente zur sozialen Isolation mit Ratten und Mäusen, die entweder einzeln oder in einer Kleingruppe im Käfig gehalten wurden, die besten Beweise dafür, dass Einsamkeit wesentlich tiefer unter die Haut geht, als dies die Überlegungen zum Fehlen von Hilfe nahelegen: Soziale Isolation bewirkt in solchen Tiermodellen ein vermehrtes Tumorwachstum und eine erhöhte Tumormalignität.[23] Dagegen war die Wahrscheinlichkeit, überhaupt einen Tumor zu entwickeln, *nicht* erhöht. Sofern sich aber ein Tumor entwickelt hatte oder Tumorzellen in Versuchstiere experimentell eingebracht wurden, zeigten sich ein vermehrtes Wachstum des Tumors und ein Fortschreiten der Krebserkrankung in Richtung höherer Malignität und Metastasierung.

Im März 2017 erschien eine große Studie mit Daten von 16044 Personen, die zwischen 1988 und 1994 befragt worden waren (damals mindestens 17 Jahre alt waren) und für 17 bis 23 Jahre nachverfolgt wurden.[24] In diesem Zeitraum waren 1133 dieser Personen an Krebs verstorben, und amerikanische Wissenschaftler untersuchten den Zusammenhang zwischen Krebs und sozialer Isolation. Da es sich um ein repräsentatives Sample handelte, erlaubt die Studie Rückschlüsse auf die gesamte USA. Das wichtigste Ergebnis auch dieser Studie: Soziale Isolation hatte eine Erhöhung der Sterbewahrscheinlichkeit an Krebs um 25 Prozent zur Folge. Dies passt sehr gut zur eingangs erwähnten Metaanalyse. Sowohl tatsächlich vorhandene soziale Isolation als auch subjektive Einsamkeitserlebnisse erhöhen die Wahrscheinlichkeit, an Krebs zu sterben.

Seelische Krankheiten

Einsamkeit ist überall *das* Problem psychisch kranker Menschen. Dies liegt nicht zuletzt daran, dass psychische Krankheiten und Einsamkeit oft einen Teufelskreis der gegenseitigen Verstärkung bilden (siehe Abb. 6.2): Einerseits bewirkt die Krankheit Gefühle der Einsamkeit, und andererseits können Einsamkeitserlebnisse die Krankheit (mit) verursachen oder zumindest deutlich verstärken.

Hinzu kommt, dass seelische Krankheiten zum objektiven Tatbestand der sozialen Isolation beitragen können, und zwar auf doppelte Weise: Wer depressiv ist, sich verfolgt fühlt oder an einer Sucht leidet (um nur die wichtigsten Beispiele zu nennen), der zieht sich zurück, will keinen Kontakt, empfindet andere Menschen als lästig bis bedrohlich. Zugleich hob schon Immanuel Kant den Verlust des Gemeinschaftssinnes *(sensus communis)* als ein wesentliches Merkmal psychischer Störungen hervor. Dies bedeutet, dass die betroffenen Menschen auf andere weniger »sozial« wirken und die anderen sich daher von ihnen abwenden. Die soziale Isolation psychisch kranker Menschen geht damit von beiden Seiten aus, den Kranken (die aufgrund ihrer Erkrankung mit den anderen, den Gesunden, nichts mehr zu tun haben wollen) und den Gesunden, denen die Kranken »verstockt«, »abwehrend, »merkwürdig« oder gar »aggressiv« erscheinen.

So wundert es nicht, dass ein (zu) kleines soziales Netzwerk, wenige Sozialkontakte und das Erleben von Einsamkeit zu den alltäglichsten Problemen in der Psychiatrie gehören. Einsamkeit ist Leitsymptom von Patienten mit Depression, Schizophrenie,

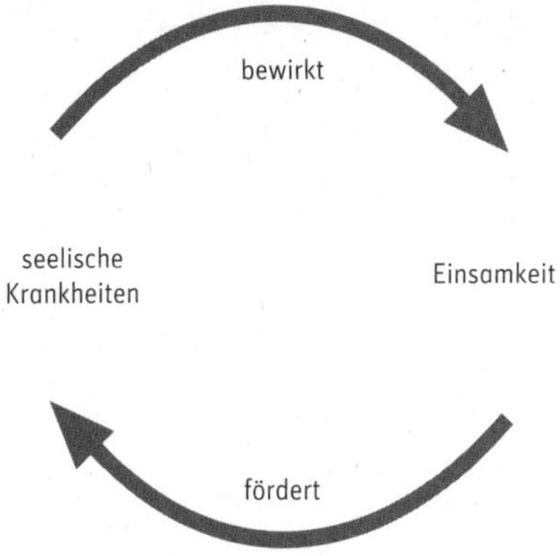

6.2: Einsamkeit und seelische Krankheiten bilden oft einen Teufelskreis.

wahnhaften Störungen, manchen Persönlichkeitsstörungen sowie Sucht. Nicht nur bei Jugendlichen stellt sie einen Risikofaktor für Suizid dar.[25]

Der Teufelskreis aus Depression und Einsamkeit wurde indirekt bereits in Kapitel 5 angesprochen: Soziale Onlinemedien bewirken beides, was die Dinge keineswegs einfacher macht. Denn zum Wesen eines Teufelskreises gehört, dass es egal ist, wie man in seinen Sog gerät. Ist man erst mal drin, kommt man nicht mehr heraus. Nun gibt es Menschen, die zu Depressionen neigen, beispielsweise weil sie entsprechende Gene vom Vater oder der Mutter geerbt haben. Bei ihnen kann es im Laufe des Lebens ohne jeglichen Anlass zu einer Depression kommen. Stecken sie erst einmal in ihrem Tief, kommt die Einsamkeit hinzu. Umgekehrt gibt es Menschen, die eigentlich in ihrem Leben nie depressiv geworden wären, hätte es da nicht einschneidende Verluste und Erlebnisse der Hilflosigkeit gegeben. Man denke an die Versuchstiere in den beiden Käfigen im Kapitel über Stress: Das eine Tier lernt im Laufe der Zeit, dass es nichts an seinem Schicksal ändern kann, und es ist genau diese *gelernte Hilflosigkeit,* die auf die Dauer zu Krankheitssymptomen führt. Seit mittlerweile einem halben Jahrhundert wird dieses Modell auch zur Erklärung der Entstehung depressiver Zustände herangezogen.[26] Man kann damit sogar im Tierexperiment nach Medikamenten suchen, die gegen Depression wirken.[27]

Wegen des Teufelskreises ist es auch letztlich wenig sinnvoll, zu fragen, ob Computer, das Internet, Smartphones oder Facebook einsam und dadurch depressiv machen oder umgekehrt. In praktischer Hinsicht ist vielmehr wichtig, die wechselseitigen Beeinflussungen zu sehen und die Risiken richtig einzuschätzen.

Nicht anders ist es bei anderen seelischen Störungen: Wer an Schizophrenie leidet, wirkt auf andere Menschen zumindest befremdend, schlimmstenfalls verworren oder aggressiv. Das macht sein Leben nicht leichter und führt zur Isolation. Umgekehrt ist in der Psychiatrie gut bekannt, dass die Einsamkeit, die ein Verlust des Hörens (und damit der sprachlichen Kommunikation) mit sich bringt, zu Wahnkrankheiten (d.h. zum unkorrigierbaren Erleben von Bedrohung, Beeinträchtigung oder Verfolgung) führen kann. Wieder stehen also biologische Krankheitsprozesse oder psychische Erlebnisse am Anfang; sie können sich wechselseitig verstärken und resultieren in gesteigerter Einsamkeit. Selbst wenn es jemanden in eine Gegend verschlägt, in der niemand seine Sprache spricht, reicht das bei manchen Menschen schon aus, um in einen Wahn hineinzuschlittern.

All dies ist psychiatrischer Alltag, wie es auch der sprichwörtliche Zusammenhang von Einsamkeit und Alkoholkonsum ist: Jüngere Frauen und ältere Männer greifen zum Alkohol, wenn sie sich einsam fühlen.[28] »Soziales Trinken« ist zwar in Grenzen gesellschaftlich akzeptiert; man sollte sich aber darüber im Klaren sein, dass Alkohol zwar kurzfristig Hemmungen beseitigen und das Empfinden von Traurigkeits- und Einsamkeitsgefühlen dämpfen kann, langfristig allerdings Einsamkeit und Depressivität steigert. Ein Tierversuch legt dies nahe: Männliche Fruchtfliegen, die am Sex gehindert werden, konsumieren anschließend mehr Alkohol, wie eine im Jahr 2012 im Fachblatt *Science* publizierte Arbeit ergab.[29]

Der Zusammenhang zwischen Einsamkeit und Tabakkonsum ist hingegen umstritten, wobei nach einer neuen Zusammenfassung der hierzu vorliegenden Studien die Anzeichen eher dafür sprechen, dass er existiert.[30] Nach neueren Erkenntnissen ist es in allen Fällen von Sucht ratsam, nach sozialer Isolation und Einsamkeit zu fragen und diese Umstände zu berücksichtigen.[31]

Die vermehrte Einsamkeit der Opfer von sexuellem Missbrauch ist bekannt; weniger bekannt ist hingegen der Zusammenhang zwischen Einsamkeit beim Täter und Kindesmissbrauch.[32]

Auch der Rückgang der geistigen Leistungsfähigkeit im Alter bzw. durch schwere Gehirnkrankheiten (wie multiple kleine Schlaganfälle oder die Alzheimer-Krankheit) wird durch Einsamkeit verstärkt. Einsamkeit bewirkt ein rascheres Fortschreiten beim Vorliegen einer Demenz. Bei der Alzheimer-Krankheit vermindert Einsamkeit die Beanspruchung des Gehirns und damit langfristig dessen Leistungsfähigkeit. Bei der Demenz aufgrund kleiner Schlaganfälle (Multi-Infarkt-Demenz) kommt die Verstärkung von Gefäßleiden durch Einsamkeit hinzu. Nicht umsonst wird mittlerweile die aktive soziale Teilhabe als *die* Präventionsmaßnahme gegen geistigen Abbau schlechthin propagiert.[33] Die zunehmende Einsamkeit eines Menschen ist zudem nicht selten der Grund für eine Einweisung in ein Alters- bzw. Pflegeheim.[34]

Fassen wir zusammen

Das subjektive Empfinden von Einsamkeit steigert das Risiko, eine ganze Reihe von Krankheiten zu bekommen – vom einfachen Schnupfen über andere Infektionskrankheiten und vor allem die häufigen Zivilisationskrankheiten wie Bluthochdruck, Herzinfarkt und Schlaganfall bis hin zu Krebs. Man sollte dabei bedenken, dass diese Erkenntnisse mit großen Bemühungen verknüpft waren, hier keinen Zufällen oder trivialen Effekten (»Wer sich schlecht fühlt, der fühlt sich auch einsam«) auf den Leim zu gehen. Die Ergebnisse sind also gerade wegen der methodischen Strenge bei ihrer Gewinnung von besonderer Bedeutung und können nicht einfach übergangen werden.

Im Fachgebiet der Psychiatrie hat die Einsamkeit einen besonderen Stellenwert, denn oftmals lässt sich ein Teufelskreis aus Einsamkeit und weiterem Fortschreiten der Krankheit ausmachen. So werden Sucht, Depression sowie manche Formen der Demenz und viele Psychosen durch Einsamkeit verstärkt und bewirken selbst mehr Einsamkeit. Daher ist soziale Teilhabe, Gemeinschaft, ein wichtiges Ziel psychiatrischer Prävention und Therapie.

7

TODESURSACHE NUMMER EINS

Im letzten Kapitel stand die Morbidität von Einsamkeit im Fokus, also die Tatsache, dass Einsamkeit Krankheiten (lateinisch: *morbus* = Krankheit) verursachen kann. Demgegenüber geht es in diesem Kapitel um die Mortalität (lateinisch: *mors, mortis* = Tod) durch Einsamkeit. Das mag für den Leser zunächst ungewöhnlich klingen: An Einsamkeit versterben? Wie soll das gehen?

Mortalität – was ist das?

Bevor wir dem weiter nachgehen, sei die Problemlage an einem Beispiel erläutert. Stellen Sie sich vor, Sie wollen wissen, wie gesundheitsschädlich das Rauchen ist. Man weiß ja schon lange, dass Rauchen zu Lungenkrebs führt, und man weiß auch, warum (Zigarettenrauch enthält krebserregende Stoffe). Man kann nun also eine große Zahl von Menschen erstens danach fragen, ob sie Raucher oder Nichtraucher sind, und zweitens abwarten und in beiden Gruppen die an Lungenkrebs sterbenden Menschen zählen. Man bekommt dann heraus, wie groß der Einfluss des Rauchens auf die Krankheit Lungenkrebs ist und auf die Wahrscheinlichkeit, an dieser Krankheit zu sterben.

Dieses Wissen allein hilft aber nur wenig bei der Abschätzung der gesundheitlichen Folgen des Rauchens allgemein. Denn Rauchen verursacht auch Blasenkrebs, weil viele der mit der Lunge aufgenommenen krebserregenden Stoffe mit dem Urin ausgeschieden werden, der in der Blase gesammelt wird. Das Rauchen verursacht aber nicht nur Lungen- und Blasenkrebs, Schlaganfälle und Herzinfarkte (drei dieser vier Krankheiten wurden bei der Erfassung von Lungenkrebs allein noch gar nicht berücksichtigt), sondern bekanntermaßen zwölf verschiedene Krebsarten, sechs verschiedene kardiovaskuläre Erkrankungen, Diabetes, chronische Lungenerkrankungen und Lungenentzündungen einschließlich schwerer Virusgrippe.[1] Will man also wissen, wie sehr das Rauchen tatsächlich der Gesundheit schadet, dann müsste man dessen Auswirkungen auf diese 21 Krankheiten untersuchen. Aber selbst dann wäre man nicht fertig, denn es bestünde noch immer die Möglichkeit, dass man bestimmte Zusammenhänge noch nicht kennt und daher übersieht.

Beim Rauchen zumindest wäre dies der Fall, wie eine Studie mit 421 378 Männern und 532 651 Frauen im Alter von mindestens 55 Jahren ergab. Die Teilnehmer wurden vom Jahr 2000 bis ins Jahr 2011 beobachtet. In diesem Zeitraum traten insgesamt 181 377 Todesfälle auf, davon betrafen 16 475 Todesfälle Raucher. Bezogen auf die jeweiligen Gruppen (Raucher versus Nichtraucher), gab es in der Gruppe der Raucher 2,8-mal mehr Tote als in der Gruppe der Nichtraucher. Anhand der vorhandenen Daten ließ sich nun ausrechnen, dass etwa 17 Prozent dieser zusätzlichen Todesfälle durch das Rauchen nicht auf das Konto der 21 oben angeführten bekannten Ursachen gingen.[2] In der Studie wurden daher neue Krankheiten entdeckt, die durch Rauchen verursacht sein können: Prostatakrebs und Brustkrebs, Durchblutungsstörungen (»Schlaganfälle«) im Bereich des Darms, verschiedene andere Lungenkrankheiten und noch einige mehr. Man ermittelte bei Rauchern im Gegensatz zu Nichtrauchern sogar eine (bei Frauen auf das 4,4-Fache und bei Männern auf das 3,2-Fache) erhöhte Selbstmordrate und eine (bei Männern und Frauen um etwa 50 Prozent) erhöhte Unfallrate. Eine erhöhte Selbstmordrate war in einer Metaanalyse von 2395 Fällen aus einer Grundgesamtheit von 1 369 807 Teilnehmern an 15 Studien zwar bereits vorbeschrieben worden, die erhöhte Unfallrate jedoch war bis dato unbekannt.[3]

Wirklich sicher kann man letztlich nie sein, dass man nun alle Folgen des Zigarettenrauchens kennt. Wie erfasst man dann die gesundheitlichen Folgen eines Phänomens, das viel schwieriger zu messen ist, nämlich Einsamkeit? Die Vorgehensweise entspricht im Grunde der mancher der gerade genannten Studien zum Rauchen: Man fragt sehr viele Leute, wie einsam sie sind, unterscheidet am besten auch noch (objektive) soziale Isolation und (erlebte) Einsamkeit, wartet einige Jahre oder Jahrzehnte ab und zählt die Toten.

In der Praxis verwendet man (bereits vorhandene) Daten aus medizinischen Studien und gleicht sie mit Sterberegistern oder anderen Daten aus weiteren Studien ab, um eine möglichst große Zahl an Menschen zu erhalten, von denen man erstens weiß, ob (und vielleicht auch noch: wie viel) sie geraucht bzw. sich einsam gefühlt haben, und zweitens, ob (und wann und vielleicht auch woran) sie gestorben sind. Das hört sich nach sehr viel Arbeit und Rechnerei an. Ist es auch! Vor allem wenn man bedenkt, dass verlässliche Daten nur dann gewonnen werden können, wenn man nicht die Vergangenheit (retrospektiv) betrachtet, sondern – prospektiv – die Zukunft.

Die Mortalität von Einsamkeit

Die Ersten, die sich Gedanken über den Zusammenhang von Einsamkeit und Sterblichkeit gemacht und sich der schwierigen Aufgabe gestellt hatten, waren die amerikanischen Soziologen James House und Karl Landis von der University of Michigan und die Soziologin Debra Umberson von der University of Texas. Sie veröffentlichten ihre damals bahnbrechende Arbeit mit dem Titel *Social Relationships and Health* vor 30 Jahren im Fachblatt *Science.*[4] Schon damals war lange bekannt, dass einsame Menschen eher zum Selbstmord neigen und dass verheiratete Menschen länger leben als unverheiratete, die damals vergleichsweise häufiger an Tuberkulose und psychischen Krankheiten wie Schizophrenie litten sowie vermehrt Unfälle hatten. Die Ursache-Wirkung-Beziehung war jedoch unklar: Sind kranke Menschen (aufgrund der Krankheit) weniger in der Lage, sich um ihre Verwandten und Bekannten zu kümmern, und *deswegen* einsamer, oder macht soziale Isolation oder gar nur das Gefühl der Einsamkeit krank? Oder gibt es gar einen dritten Faktor, der auf beides wirkt und daher einen Zusammenhang vortäuscht, wo in Wahrheit gar keiner ist.[5] Das kann bei retrospektiven Studien (bei denen Daten aus der Vergangenheit untersucht werden) grundsätzlich der Fall sein, weswegen wirklich verlässliche Erkenntnisse erst durch prospektive Studien gewonnen werden können. Man misst die soziale Isolation und wartet Jahre bzw. Jahrzehnte ab, bis genug Personen gestorben sind, um dann zu prüfen, wer von den Verstorbenen sozial isoliert war und wer nicht.

Die genannten Wissenschaftler fassten für ihre Arbeit fünf prospektive Studien zusammen, drei mit insgesamt 9588 Teilnehmern aus den USA sowie eine aus Schweden (17 433 Teilnehmer) und eine aus Finnland (13 301 Teilnehmer). Das Ergebnis war klar: Auch wenn die Sterblichkeit in den Studien unterschiedlich hoch war – je nachdem, wie alt die Leute schon waren, wie gut deren Gesundheit zu Beginn der Studie war oder wie lange man danach abgewartet hatte –, so ergab sich doch in allen Fällen der gleiche Zusammenhang zwischen sozialer Isolation und Mortalität: Wer weitgehend sozial isoliert lebt, hat ein doppeltes bis dreifaches Risiko, innerhalb eines bestimmten Zeitraums (beispielsweise von fünf oder zehn Jahren) zu sterben als jemand, der über zahlreiche und gute soziale Kontakte verfügt.

Diese Arbeit gab gewissermaßen den Startschuss für viele weitere prospektive Studien zu den Zusammenhängen von sozialen Beziehungen (bzw. deren Fehlen) und der Sterblichkeit der Menschen. Das öffentliche Interesse, einschließlich der großen Gesundheitsorganisationen, an diesem Sachverhalt blieb jedoch gering. Das lag möglicherweise daran, dass die wissenschaftliche Literatur unübersichtlich wurde und »soziale Bezüge« schwer zu definieren und zu messen waren. Es ist daher sehr verdienstvoll, dass wiederum amerikanische Wissenschaftler sich die Arbeit machten, Daten aus nicht weniger als 148 Studien mit insgesamt 308 849 Probanden auszuwerten, die im Durchschnitt für siebeneinhalb Jahre nachverfolgt wurden.[6] Solche Metaanalysen erlauben den Blick auf einen Sachverhalt gleichsam aus der Vogelperspektive: Man sieht nicht mehr jede

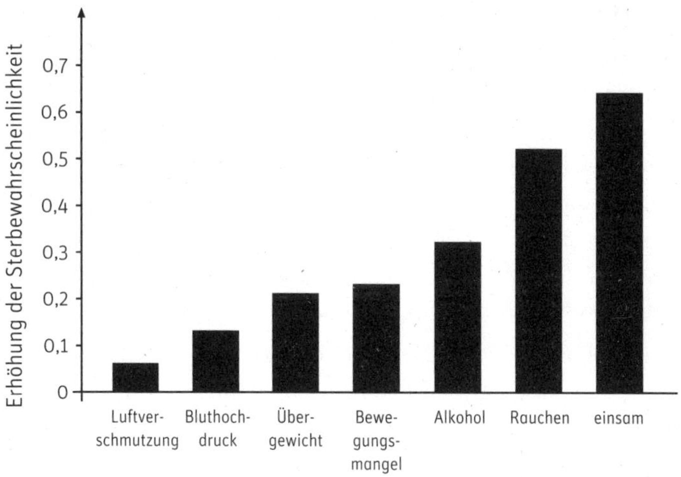

7.1: Einsamkeit, der Killer Nummer eins. Veränderung der Mortalität durch verschiedene Erkrankungen oder Belastungen der Gesundheit (angegeben ist der natürliche Logarithmus des Verhältnisses der Sterbewahrscheinlichkeiten, beispielsweise ganz links bei andauernder starker Luftverschmutzung versus einem Leben in sauberer Luft). Die Absolutwerte sind schwer zu interpretieren, es kommt in dieser Darstellung jedoch auch nicht auf diese an, sondern einzig auf den Vergleich zu anderen bekannten Risikofaktoren. Dieser zeigt die Bedeutung der sozialen Integration für ein langes Leben überdeutlich.[7]

Einzelheit, kann aber aufgrund der Übersicht über sehr viele Erkenntnisse ganz allgemeine Wahrheiten aus der Ferne eher erkennen als beim Blick durch ein Mikroskop.

Über alle Studien hinweg fanden die Autoren eine Erhöhung der Wahrscheinlichkeit des Überlebens um 50 Prozent bei sozialer Integration. Der Effekt erwies sich dabei als statistisch unabhängig von Alter, Geschlecht, Todesursache, der Länge der Beobachtungsperiode sowie von bestehenden Vorerkrankungen. Verglichen mit anderen bekannten Risikofaktoren einer erhöhten Sterblichkeit wie Übergewicht, Bluthochdruck oder Rauchen erwies sich dieser Effekt als groß (siehe Grafik 7.1).

Nichts ist also gesünder im Sinne der Verlängerung des eigenen Lebens als die aktive Teilnahme an der Gemeinschaft mit anderen Menschen. Oder umgekehrt formuliert: Wer einsam lebt, hat ein deutlich höheres Risiko, (in einem bestimmten Zeitraum von beispielsweise den nächsten fünf oder zehn Jahren) zu sterben, als jemand, der nicht einsam lebt.

»Aber man stirbt doch nicht am Alleinsein«, wird jetzt mancher Leser denken, »man stirbt an Herzinfarkten, Schlaganfällen oder Krebs.« Diese Ansicht ist etwa so sinnvoll wie das Argument: »Man stirbt doch nicht an einem Wölkchen Rauch, sondern an Lungenkrebs«, wenn es um die Gefahren des Zigarettenrauchs geht. Es sei daher nochmals betont, was derartige Ergebnisse sagen und was nicht: Zunächst einmal muss klar sein, dass sie für den Einzelfall keinerlei Aussage erlauben. Auch wenn jemand zeitlebens viel geraucht hat und dann Lungenkrebs bekommt, bedeutet dies nicht, dass der Krebs durch das Rauchen verursacht wurde. Denn es gibt viele andere Ursachen, und im Einzelfall lässt sich nicht entscheiden, welche sich wie ausgewirkt hat. Und es gibt Menschen – man denke an den erst kürzlich mit 97 Jahren verstorbenen Altbundeskanzler Helmut Schmidt –, die zeitlebens geraucht und sehr lange gelebt haben.

Mit dem Alleinsein verhält es sich also wie mit anderen Risikofaktoren auch: Es werden Wahrscheinlichkeiten geändert. So verdoppelt sich die Wahrscheinlichkeit, eine Sechs zu würfeln, wenn ich zwei Würfel verwende, und sie verdreifacht sich beim Einsatz von drei Würfeln. Aber es kann durchaus sein, dass ich zehn Würfel zugleich werfe und dennoch keine Sechs dabei ist.[8]

Anhand der Daten aus der Studie zeigte sich weiterhin, dass es besser ist, die soziale Situation eines Menschen genau und mehrfach zu messen, statt nur einmal nachzufragen, ob jemand allein wohnt oder nicht. Misst man genau, werden die Auswirkungen des sozialen Eingebundenseins (bzw. von dessen Fehlen) nämlich größer. Wenn man Unterschiede auf zwei verschiedene Arten misst und sie bei einer Art der Messung deutlicher werden, dann ist diese Messung besser (denn Fehlmessungen würden insgesamt eine Verringerung gemessener Unterschiede verursachen).

Faktische soziale Isolation oder erlebte Einsamkeit?

Fünf Jahre nach dieser Studie zur vergleichenden Mortalität publizierte die gleiche Erstautorin eine weitere Metaanalyse der wissenschaftlichen Literatur zu den negativen Auswirkungen von Einsamkeit und sozialer Isolation, die Arbeiten aus dem Zeitraum Januar 1980 bis Februar 2014 und die etwa zehnfache Anzahl von Personen einbezog.[9] Ihr ging es dabei ganz besonders um die Frage, ob sich die Auswirkungen des subjektiven Erlebens von Einsamkeit und der objektiv gemessenen sozialen Isolation einer Person empirisch unterscheiden lassen.

Von den über tausend zunächst identifizierten Arbeiten wurden 154 als Volltext weiter untersucht, von denen letztlich 70 unabhängige prospektive Studien (mit insgesamt 3 407 134 Teilnehmern) mit einer mittleren Nachbeobachtungszeit von sieben Jahren in die Metaanalyse eingingen. Die Untersuchung war so angelegt, dass man die Auswirkungen der Variablen »soziale

Isolation«, »allein lebend« und »Einsamkeit« auf die Sterblichkeit jeweils für sich betrachten konnte.

Bei dieser alleinigen Betrachtung von sozialer Isolation, Singledasein und Einsamkeit ergaben sich dabei die Effektstärken 1,83, 1,51 und 1,49; die Sterblichkeit war demnach um 83 Prozent, 51 Prozent bzw. 49 Prozent erhöht. Diese Untersuchung stellt damit zunächst eine erneute Replikation der früheren Befunde dar, wobei die Datenbasis, also die Anzahl der untersuchten Fälle, nochmals verzehnfacht wurde. Wiederum zeigte sich, dass schlecht gemessene soziale Isolation (allein mit der Frage »Leben Sie allein?«) einen geringeren Effekt hatte als die differenzierte Erhebung der sozialen Kontakte eines Menschen. Und es zeigte sich, dass der Effekt des Erlebens von Einsamkeit nicht unterschätzt werden sollte.

Aufgrund des Designs der Studie und der Fülle der Daten war es in dieser Untersuchung auch möglich, die Effekte bekannter Einflussfaktoren auf die Mortalität, die ihrerseits mit Einsamkeit bzw. sozialer Isolation in Zusammenhang stehen (Rauchen, Sporttreiben, Depressivität, Angst), aus den Daten herauszurechnen. Dies geschieht mittels statistischer Verfahren, mit denen man beispielsweise das Rauchen über bestimmte Daten konstant hält und dann danach fragt, ob Einsamkeit oder soziale Isolation noch immer einen Effekt haben. Anders betrachtet: Was bleibt an Effekt übrig, wenn man sich die bekannten Risikofaktoren wegdenkt?

Diese Art der Analyse ergab, dass der Einfluss der drei genannten Variablen auf 29 Prozent (soziale Isolation), 32 Prozent (Singledasein) bzw. 26 Prozent (Einsamkeit) sank. Wer das für niedrige Werte hält, der betrachte die Grafik 7.1 noch einmal genauer. Die Effekte von Luftverschmutzung, Bluthochdruck, Übergewicht und Bewegungsmangel – alles bekannte Risikofaktoren – sind in dieser Studie noch immer geringer als die in der Folgestudie nach unten »schöngerechneten« Werte für das Alleinsein und die Einsamkeit.

Statistisch ließen sich weiterhin die Auswirkungen von subjektivem Erleben (Einsamkeit) nicht von denen objektiver Tatbestände (soziale Isolation, allein lebend) trennen. Dies bedeutet nach Meinung der Autoren der Studie aber auch, dass man *beides* bei Interventionen im Blick haben muss. Diese dürfen also weder nur auf das subjektive Erleben noch nur auf die objektive Anzahl von Sozialkontakten abheben, sondern sollten Verhalten *und* Erleben betreffen.

Mit den Worten der Autoren: »[...] einfach die Anzahl der Sozialkontakte zu steigern, vermindert nicht unbedingt die Einsamkeit. Und das alleinige Verändern subjektiver Wahrnehmungen bei denjenigen, die tatsächlich sozial isoliert sind, dürfte deren Risiko nicht vermindern.«[10] Dies ist gerade vor dem Hintergrund eines evolutionären Verständnisses des Menschen als genuin soziales Wesen bedeutsam. Einsamkeit wird (wie Hunger) als Erleben der sich nicht ergebenden Befriedigung eines wichtigen Bedürfnisses nach Sozialkontakten (entsprechend der Nahrung) aufgefasst, das zu Verhaltensänderungen (soziale Kontakte knüpfen; essen) motiviert. »Aus dieser Perspektive sind Interventionen, die nur das Signal (Hunger, Einsamkeit) verändern, ohne auf das Verhalten (essen; soziale Bindungen eingehen) zu achten – und umgekehrt –, ineffektiv«, bemerken hierzu konsequent die Autoren.[11]

Im Gegensatz zur Metaanalyse aus dem Jahr 2010 zeigte sich in der Studie von 2015 ein Einfluss der vorbestehenden Gesundheit auf den Effekt, der bei Gesunden geringer war. Bei älteren Menschen war der Effekt ebenfalls geringer als bei jüngeren: Erwachsene unter 65 Jahren scheinen demnach im Hinblick auf die durch soziale Isolation bedingte Sterblichkeit eher gefährdet zu sein als Erwachsene zwischen 65 und 75 Jahren, und die wiederum eher als Erwachsene über 75 Jahren. Dieser Befund ist interessant, denn er scheint zunächst im Widerspruch zu stehen zu dem, was zur Häufigkeit von sozialer Isolation und Einsamkeit über den Lebenszeitraum gesagt wurde: Einsamkeit ist hinsichtlich ihrer Häufigkeit ein Problem junger und alter Menschen, nicht aber eines der Menschen im mittleren Alter.

Diese Aussage muss man nach den Befunden der angeführten sehr großen Metaanalyse relativieren: Einsamkeit tritt bei den Menschen vor dem Rentenalter (65 Jahre) nicht so häufig auf wie bei den über 65-Jährigen, ihr krank machender Effekt und letztlich das mit ihr verbundene Risiko zu sterben sind allerdings in jüngeren Jahren größer. Wer also noch nicht im Rentenalter ist, jedoch schon einsam bzw. sozial isoliert, der lebt nicht mehr so lange. Der Grund dafür ist recht einfach und wurde in Kapitel 4 schon ausführlich diskutiert: Je länger chronischer Stress besteht, desto mehr Zeit hat er, sich negativ auszuwirken. Erhöhter Blutzucker und Blutdruck schaden wenig, wenn sie erst bei einem 79-Jährigen auftreten. Die Zeit reicht nicht mehr, um die langfristigen Folgen zu entwickeln. Ein 50-Jähriger hingegen hat im statistischen Mittel hierzulande noch fast 30 Jahre Zeit, alle Spätfolgen, die man im Lehrbuch nachlesen kann, auch zu entwickeln.

Eine dritte Metaanalyse von 178 Studien mit mehr als 100 000 Personen zum Zusammenhang von sozialer Unterstützung und Sterblichkeit aus dem Jahr 2013 fand nur einen geringen Effekt von 11 Prozent.[12] Die Autoren führen dies vor allem auf ihr Bemühen zurück, Kontrollvariablen zu identifizieren und deren Effekt herauszurechnen. Denn eines ist klar: Je mehr man herausrechnet, desto weniger bleibt übrig. Allerdings sollte dies nicht zu allzu deutlicher Entwarnung Anlass geben, denn die Wirkungsmechanismen sind definitiv vorhanden, und es könnte auch sein, dass man zuweilen zu viel »herausrechnet«.

Betrachten wir noch einmal das Beispiel Bluthochdruck: Einsamkeit kann über den damit einhergehenden Stress zu einem erhöhten Blutdruck führen. Dies ist dann ein Mechanismus, über den Einsamkeit sich langfristig tödlich auswirken kann. Rechnet man den Einfluss des erhöhten Blutdrucks also aus dem

Effekt von Einsamkeit heraus, dann unterschätzt man deren Mortalität. Dies gilt auch für die anderen in Kapitel 4 genannten Auswirkungen von Stress und die in Kapitel 6 diskutierten Krankheiten. Einsamkeit wirkt sich ja über diese Wege so ungünstig aus. Alle diese Krankheiten herauszurechnen ist demnach etwa so sinnvoll, wie bei Untersuchungen der gesundheitsschädlichen Folgen des Rauchens die Sterblichkeit durch Lungenkrebs herauszurechnen. Das Rauchen von Zigaretten hätte dann immer noch einen Effekt auf die Sterbewahrscheinlichkeit (weil es auch zu Blasenkrebs, Schlaganfällen und Herzinfarkten führt), aber die rechnerisch ermittelte Mortalität des Rauchens würde beim Herausrechnen von Lungenkrebs definitiv geringer ausfallen. Ein bisschen ist auch dran an diesem Argument, denn wie oben bereits betont, kommt nicht jeder Lungenkrebs vom Rauchen.

In gleicher Weise kann man an hohem Blutdruck nicht nur über die Ursachenkette Einsamkeit – Stress – Bluthochdruck – Schlaganfall/Herzinfarkt sterben, sondern auch beispielsweise über die Ursachenkette Nierenarterienverengung – Bluthochdruck – Schlaganfall/Herzinfarkt. Dies trifft sinngemäß auch für alle anderen stressbedingten Ursachenketten zu. Wenn man diese samt und sonders herausrechnet, unterschätzt man die Effekte des Alleinseins auf die Mortalität deutlich, rechnet man sie nicht heraus, überschätzt man sie – wahrscheinlich aber nicht so deutlich. Die »Wahrheit« liegt also wie so oft irgendwo dazwischen. (Ich sage bewusst nicht: in der Mitte, denn nach der gegenwärtigen Datenlage ist es aus meiner Sicht nicht möglich anzugeben, wo *genau* dazwischen die Wahrheit liegt.)

Einsamkeit bei Kindern, Erwachsenen und älteren Menschen

Die Auswirkungen von sozialer Isolation auf die Sterblichkeit wurden bei einer Teilgruppe von Menschen schon vor Jahrzehnten erkannt und erfolgreich bekämpft: bei Kindern. Damals war es zunächst schwer vorstellbar, dass Waisenkinder in Heimen starben, obwohl man doch dafür sorgte, dass sie »satt und sauber« waren.[13] Man fand heraus, dass diese Kinder letztlich am Fehlen von Sozialkontakten zugrunde gingen. »Die medizinische Profession war schockiert, als sie zur Kenntnis nehmen musste, dass Kinder ohne sozialen Kontakt sterben würden«, beschrieben die Autoren der ersten großen oben diskutierten Metaanalyse die Situation damals und fuhren fort: »Dieser eine Befund, so vereinfacht er auch im Nachhinein erscheint, war für Veränderungen der Politik und Praxis verantwortlich, die mittlerweile die Sterblichkeit in Pflegeheimen deutlich vermindert haben. Die gegenwärtige Medizin würde in gleicher Weise davon profitieren, wenn sie die Erkenntnis akzeptierte: Soziale Beziehungen haben einen deutlichen Einfluss auf die Gesundheit – auch bei Erwachsenen.«[14]

In beiden Metaanalysen argumentieren sie, dass man nicht bei gesundem Essen, körperlicher Aktivität und dem Körpergewicht (nebst Warnungen vor Alkohol, Nikotin und anderen Suchtstoffen) stehen bleiben darf. Dies betrifft sowohl die Gesundheit junger Menschen als auch die der Erwachsenen. Schon vor Jahrzehnten beispielsweise warnten Wissenschaftler davor, dass unsere Kinder ungesunde Nahrungsmittel (vorgefertigte, nicht frisch zubereitete Kost) zu sich nehmen und sich immer weniger bewegen und sich deswegen bei Kindern und Jugendlichen Übergewicht immer mehr ausbreiten würde.[15] Das gegenwärtig zu beklagende Übergewicht bei 15 Prozent der Kinder und Jugendlichen, wie es beispielsweise vom Robert-Koch-Institut für Deutschland festgestellt wurde,[16] war also zwei

Jahrzehnte lang vorhergesehen worden und wird von der Öffentlichkeit nicht zuletzt dank der medialen Aufklärungskampagnen deutlich wahrgenommen. Aus heutiger Sicht hätte man früher warnen und besser vorsorgen können und sollen.

Nicht anders steht es um die vorherzusehenden Auswirkungen der Einsamkeit bei Erwachsenen. Verglichen mit den gesundheitsschädlichen Auswirkungen des Übergewichts (das bei Erwachsenen – ungeachtet aller Warnungen – ja in noch größerem Maße vorkommt als bei Kindern) sind die Auswirkungen von sozialer Isolation und Einsamkeit sogar deutlich größer. Der drohende Tod ist dabei der Endpunkt; die im vorangegangenen Kapitel besprochenen Krankheiten sind der Weg dorthin. Ursächlich sind die kleinen Unzulänglichkeiten im Alltag, die sich bei einsamen Menschen früher einschleichen als bei in Gemeinschaft lebenden: Man hat weniger Aktivitäten und dementsprechend zunehmende Bewegungsdefizite, wie es in einer Arbeit im Archiv für Innere Medizin dargelegt wird.[17]

Lassen wir abschließend nochmals die Autoren der Metaanalyse zu Wort kommen: »Ärzte, Gesundheitsfachleute, Pädagogen und die Medien nehmen Risikofaktoren wie Rauchen, Diät und Bewegung ernst; unsere Daten legen zwingend den Schluss nahe, dass der Faktor soziale Beziehungen zu dieser Liste hinzugefügt werden sollte.«[18]

Fassen wir zusammen

Sowohl objektiv bestehende soziale Isolation als auch das Erleben von Einsamkeit gehen mit einem erhöhten Sterberisiko einher. Im Vergleich zu den Risikofaktoren Luftverschmutzung, Bewegungsmangel, mangelhafte Ernährung, Übergewicht oder Rauchen und starker Alkoholkonsum sind die negativen Auswirkungen von Einsamkeit und sozialer Isolation auf die Gesundheit und die Lebenserwartung größer.

Die Methodik der Ermittlung von Risikofaktoren aus großen Datenmengen zu Krankheit und Tod sehr vieler Menschen hat ihre Tücken. Statistik sagt eben nichts über Ursachen und Wirkungen aus, sondern stellt nur Zusammenhänge her und sichert deren Größe gegenüber Irrtümern ab. Es ist daher von großer Bedeutung, die Ergebnisse der Epidemiologie und Gesundheitspsychologie mit denen aus der Physiologie zu den biologischen Auswirkungen von Stress zu verknüpfen, um hier die Fakten deutlicher zu sehen. Nur wenn beides zusammenkommt, klare statistische Effekte und das Verständnis von Mechanismen (also Ursachen und Wirkungen), ergeben sich gesicherte Erkenntnisse. Die Wissenschaft liefert diese Erkenntnisse.

Dieses mittlerweile mehrfach bestätigte Wissen wird bislang jedoch kaum zur Kenntnis genommen; von konsequenten Maßnahmen zur Nutzung dieser Erkenntnisse sind wir daher noch weit entfernt Es gibt Gesetze und Kampagnen gegen das Rauchen, Initiativen für gesundes Essen und ausreichend Bewegung etc. Öffentliche Mittel werden verwendet, um diese Risiken für die Volksgesundheit zu bekämpfen bzw. einzuschränken. Dies ist im Hinblick auf Einsamkeit und soziale Isolation (noch) nicht der Fall. Die Wissenschaftler, denen wir diese neuen Erkenntnisse verdanken, fordern hier sehr klar und deutlich ein Umdenken. Denn bei Einsamkeit und sozialer Isolation handelt es sich – wie bei den anderen Risikofaktoren auch – um vermeidbare Risiken.

8

»DU MACHST MICH KRANK!«

Bei all den bislang aufgeführten positiven gesundheitlichen Auswirkungen der Sozialkontakte eines Menschen darf man nicht übersehen, dass diese nicht das gesamte Spektrum des täglichen Miteinanders abdecken – und dies gilt insbesondere für Paarbeziehungen.

Wissenschaftliche Studien zeigen immer wieder, dass Alleinsein der »Killer Nr. 1« ist und dass verheiratete Menschen länger leben als unverheiratete,[1] aber ganz so einfach, wie es scheint, ist die Sache nicht. Der positive Effekt einer langfristigen Paarbeziehung oder Ehe muss beispielsweise nicht in der guten Partnerschaft begründet liegen, es könnte sich auch um einen Selektionseffekt handeln: Gesündere Menschen heiraten mit einer höheren Wahrscheinlichkeit als Kranke (!), und allein deswegen könnten verheiratete Menschen gesünder sein – das ist trivial. Es könnte zudem auch sein, dass verheiratete Menschen über mehr Ressourcen verfügen, denn im Vergleich zum Singledasein hat die Ehe ökonomische, psychosoziale und gesellschaftliche Vorteile. Auch deswegen (bessere Wohnung, besseres Essen) könnten verheiratete Menschen länger leben, und wieder wäre dies nicht ein Effekt der geringer ausgeprägten Einsamkeit.

Nicht jede Beziehung ist eine gute Beziehung

Zu diesen beiden sicherlich vorhandenen Effekten (Selektion, Ressourcen) kommt jedoch immer auch die zwischenmenschliche Beziehung selbst und deren Qualität – der wichtigste Aspekt jeder Paarbeziehung. Jeder kennt Paarbeziehungen, deren Auswirkungen auf die Gesundheit man als »ungünstig« bezeichnen muss, um es einmal sehr vorsichtig auszudrücken. In einer Studie, die den gleichen Titel wie dieses Kapitel trägt, bemerken die Autoren gleich zu Beginn: »Zwar sind Verheiratete im Allgemeinen gesünder als Unverheiratete, aber nicht jede Ehe ist der Gesundheit zuträglicher als keine Ehe.«[2]

»Du machst mich krank« – das wird daher der eine oder andere Leser aus dem Munde des Partners bzw. der Partnerin wohl schon vernommen haben. Wahrscheinlich kann sich sogar nur eine kleine Minderheit beziehungserfahrener Menschen glücklich schätzen, den Satz noch nie gehört zu haben – ganz gleich, ob achtlos bei einem emotional aufgeladenen Disput dem anderen entgegengeschleudert oder als Fazit einer gescheiterten Beziehung besonnen geäußert.

Als Psychiater mit mehr als 30 Jahren Berufserfahrung weiß ich nur zu gut, dass Beziehungen als »die Hölle« erlebt werden können, umso eher und mehr, je intensiver sie sind oder zumindest einmal waren. Aber Einzelfälle – von der glücklichen eisernen Hochzeit bis zur Ermordung des Ehepartners nach jahrzehntelangem Beziehungsalbtraum – sagen nichts über die Wirklichkeit aus, sondern illustrieren lediglich Extreme, also die Bandbreite des Möglichen und leider auch Wirklichen. Was aber wissen wir wirklich über den Zusammenhang von Qualität der Paarbeziehung bzw. Ehe einerseits und der Gesundheit andererseits?

So leicht man diese Frage auch stellen kann, so schwer ist es, sie zu beantworten, ohne sich in die Gefahr zu begeben, falsche und voreilige Schlüsse zu ziehen: Denn bei längerfristigen Beobachtungen oder dem Vergleich von älteren mit neueren Studien ist zu bedenken, dass die Institution der Ehe selbst in den vergangenen Jahrzehnten deutliche Veränderungen erfahren hat, die man zusammenfassend als Deinstitutionalisierung beschreiben könnte:[3] Die Zahl der Eheschließungen sank, die der Ehescheidungen stieg; Ehen werden heute später geschlossen als früher – mittlerweile auch zwischen Personen desselben Geschlechts – und nicht zuletzt auch aus anderen Gründen (Selbstverwirklichung statt wechselseitiger »Pflichten«). Die soziale und wirtschaftliche Situation der Partner hat sich zudem geändert und die kulturelle Bewertung der Ehe auch, wie man an Wörtern wie »Lebensabschnittspartnerschaft« oder »eingetragene Partnerschaft« sehen kann, die es noch vor wenigen Jahrzehnten gar nicht gab. Es kommt hinzu, dass nicht nur die Institution der Ehe, sondern auch jede einzelne individuelle Paarbeziehung sich mit den Jahren ändert: Positive Emotionen nehmen ab, und negative Emotionen nehmen zu – so zumindest ist es im Durchschnitt (man muss das zur Kenntnis nehmen – egal, ob es einem nun gefällt oder nicht!).

Trotz dieser grundsätzlichen methodischen Schwierigkeiten von Langzeitstudien zum Thema »Ehe und Partnerschaft« sei festgehalten, dass es durchaus auch Charakteristika von Paarbeziehungen gibt, die die Zeit überdauern: Eheleute teilen mehr als Freunde und Bankkonto, nämlich auch die Mahlzeiten, Schlafenszeiten, den engsten umgebenden Lebensraum (»Tisch und Bett«), viele gemeinsame Aktivitäten und Verpflichtungen wie beispielsweise die gemeinsamen Kinder. All dieses bildet den Nährboden sowohl für gegenseitige Hilfe und Unterstützung als auch für Konflikte und Streitereien.

Insofern verwundert es eigentlich, dass sich Sozialpsychologen zwar schon länger für die Bedeutung von Sozialkontakten für die Gesundheit von Menschen interessiert haben, jedoch der wichtigsten, engsten Beziehung von Menschen – der Paarbeziehung – zunächst wenig Beachtung schenkten.[4] In der Medizin war dies etwas anders: Dort hat man dieses Thema (wie eine kurze Suche in *PubMed* zeigt) seit 1894 auf dem Schirm. Aber erst im Jahr 1963 wurden die Publikationszahlen zweistellig (es waren elf) und stiegen dann, mit recht starken Schwankungen, auf 499 im Jahr 2015 an – Tendenz eher weiter steigend (siehe Grafik 8.1).

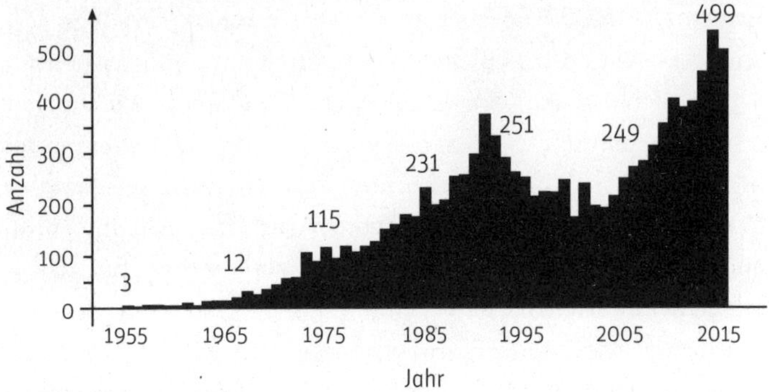

8.1: Anzahl der Publikationen zum Thema Ehe und Gesundheit in den Jahren 1955 bis 2015 (erstellt nach Daten aus *PubMed* zu einer Suche nach »marriage« und »health«; abgerufen am 15.4.2017).

Paarbeziehung und Gesundheit

Was weiß man nun über die Einflüsse einer längerfristigen Paarbeziehung bzw. einer Ehe auf die Gesundheit? Ältere Studien zeigten, dass Frauen aufgrund ihrer stärkeren interpersonalen Orientierung und/oder ihrer stärkeren Abhängigkeit in der Beziehung (als meist körperlich und wirtschaftlich schwächerer Partner) insgesamt stärker auf ihre Beziehung reagieren als Männer. Bei einer ungut verlaufenden Beziehung leiden sie demzufolge auch stärker, wie mehrfach nachgewiesen wurde.[5] Zur stärkeren Reaktion von Frauen auf die Ehe passt auch der Befund, dass die Effekte der Paarbeziehung auf die Gesundheit aus Studien mit einem hohen Frauenanteil vergleichsweise größer ausgeprägt sind.

Frauen reagieren jedoch nicht nur intensiver auf eine Beziehung, sondern erleben und bewerten ihre Paarbeziehung zudem ganz allgemein negativer als Männer. Dies ist bereits zu Beginn der Ehe der Fall. Die Veränderungen über die Zeit hinweg sind dann bei beiden Geschlechtern etwa gleich; die Beziehung wird über ihren Verlauf hinweg von Frauen weniger positiv eingeschätzt als von Männern. Dies könnte erklären, dass der positive protektive Effekt der Ehe auf die Gesundheit vor allem bei Männern ermittelt werden konnte.[6] Später wurde der Forschungsstand wie folgt zusammengefasst: »Wie auch immer man z. B. die Qualität der Ehe definiert, man findet keine Studien, in denen Männer den Zustand oder Verlauf ihrer Beziehung schlechter beurteilen als Frauen.«[7]

Eine der umfangreichsten Studien über den Zusammenhang zwischen der Qualität der Ehe und der Gesundheit von Eheleuten publizierten amerikanische Wissenschaftler im Jahr 2014. Sie führten eine Metaanalyse zu insgesamt 126 Studien aus den vorausgegangenen 50 Jahren mit insgesamt 72 674 Personen durch. Erfasst wurden Krankheiten und deren Schwere, Todesfälle, persönliche Angaben zur Gesundheit sowie zusätzlich objektive Messwerte wie Blutdruck und verschiedene Laborparameter. Wie sich zeigte, ging eine bessere Qualität der Ehe insgesamt mit einer besseren Gesundheit und geringeren Sterblichkeit einher. Eine gute Paarbeziehung wirkte sich also günstig auf Morbidität und Mortalität aus.[8]

Die Stärke der Zusammenhänge (Korrelationen) lag zwischen 0,07 und 0,21 – je nachdem, was genau untersucht wurde: z. B. Bluthochdruck, Demenz, Depression, Diabetes, Schlaganfall, Wundheilungsstörungen oder – ultimativ – das Eintreten des Todes. Bedenkt man, dass eine Korrelation als Maß für den Zusammenhang zweier Größen prinzipiell zwischen 0 (kein Zusammenhang) und 1 (maximaler Zusammenhang) liegt, so erscheinen die gefundenen Werte von 0,07 oder 0,21 auf den ersten Blick gering. Allerdings können auch kleine Zusammenhänge große Auswirkungen haben, nämlich dann, wenn der Effekt sehr viele Menschen betrifft.[9]

Nun leben sehr viele Menschen in einer Paarbeziehung, und aus diesem Grund beziehen sich die Korrelationen auf die Mehrheit *aller* Menschen. Bedenkt man zudem, dass die Effekte von bekannten Maßnahmen zur Steigerung der allgemeinen Gesundheit – mehr Sport treiben, sich gesünder ernähren etc. – etwa in der gleichen Größenordnung liegen (meist unter 0,2), dann wird die Bedeutung der Ehe oder langfristigen Paarbeziehung für die Gesundheit eines Menschen deutlich.[10]

Warum ist dies so? Anders gefragt: Welche Mechanismen bewirken diesen in vielen Untersuchungen beobachteten Effekt? Bei der Beantwortung dieser Frage fiel den Wissenschaftlern irgendwann auf, dass die Qualität einer Paarbeziehung bzw. Ehe mit nur einer einzigen Dimension zwischen »gut« und »schlecht« nicht hinreichend abgebildet werden kann. Man hatte zunächst gemeint, dass eine »gute« Beziehung das Gleiche ist wie eine »wenig oder selten schlechte« Beziehung; es hatte sich dann aber herausgestellt, dass beide Aspekte – die guten und die schlechten – keineswegs so stark zusammenhängen, wie man dies (mit »gesundem Menschenverstand«) zunächst annehmen könnte.[11] Es gibt vielmehr Beziehungen mit vielen guten und vielen schlechten und solche mit wenigen guten und schlechten Erlebnissen. Und da Menschen »gut« ganz anders erleben als »schlecht« – das eine ist eben nicht einfach nur die Abwesenheit des anderen –, muss man beides getrennt betrachten.

Man ist in der Forschung daher dazu übergegangen, die positiven und die negativen Aspekte unabhängig voneinander zu erfassen. Hierzu dient beispielsweise das Modell der Stärken und Belastungen *(Strength and Strain Model)* des amerikanischen Psychologen Richard Slatcher (siehe Grafik 8.2).

8.2: Das Modell der Stärken und Belastungen der Beziehungsqualität in der Paarbeziehung[12] zur systematisierenden Ordnung von Gedanken zum Thema Paarbeziehung und Gesundheit. Zum Modell gehören gemäß neuerer Überlegungen auch die Einflüsse der Persönlichkeit auf diese Stärken und Belastungen selbst sowie deren Wechselwirkungen untereinander (gestrichelte Pfeile).[13]

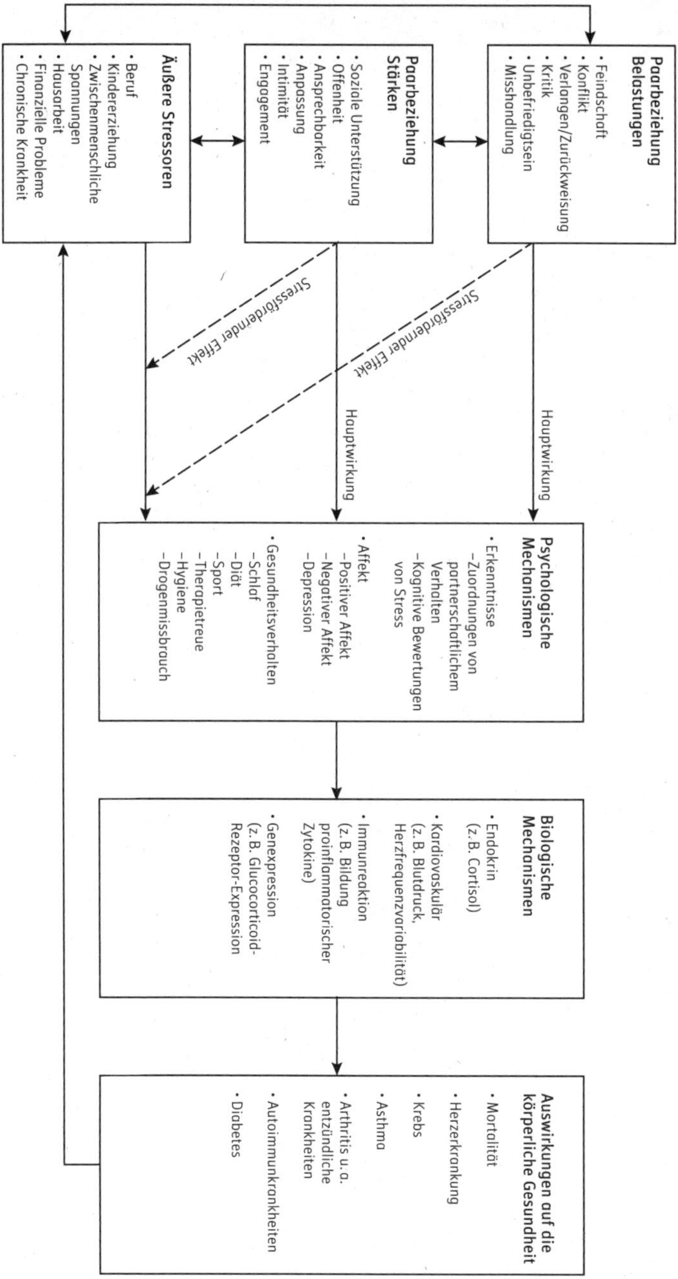
Paarbeziehung Belastungen
• Feindschaft
• Konflikt
• Verlangen/Zurückweisung
• Kritik
• Unbefriedigtsein
• Misshandlung
Paarbeziehung Stärken
• Soziale Unterstützung
• Offenheit
• Ansprechbarkeit
• Anpassung
• Intimität
• Engagement
Äußere Stressoren
• Beruf
• Kindererziehung
• Zwischenmenschliche Spannungen
• Hausarbeit
• Finanzielle Probleme
• Chronische Krankheit
Stressfördernder Effekt
Stressfördernder Effekt
Hauptwirkung
Hauptwirkung
Psychologische Mechanismen
• Erkenntnisse
–Zuordnungen von partnerschaftlichem Verhalten
–Kognitive Bewertungen von Stress
• Affekt
–Positiver Affekt
–Negativer Affekt
–Depression
• Gesundheitsverhalten
–Schlaf
–Diät
–Sport
–Therapietreue
–Hygiene
–Drogenmissbrauch
Biologische Mechanismen
• Endokrin (z.B. Cortisol)
• Kardiovaskulär (z.B. Blutdruck, Herzfrequenzvariabilität)
• Immunreaktion (z.B. Bildung proinflammatorischer Zytokine)
• Genexpression (z.B. Glucocorticoid-Rezeptor-Expression)
Auswirkungen auf die körperliche Gesundheit
• Mortalität
• Herzerkrankung
• Krebs
• Asthma
• Arthritis u.a. entzündliche Krankheiten
• Autoimmunkrankheiten
• Diabetes

Gemäß diesem Modell haben die Stärken und die Belastungen einer Paarbeziehung unabhängig voneinander Einfluss auf die Gesundheit der Partner, zudem wirken sie auf andere äußere Stressoren ein, beispielsweise die Arbeitsplatzbedingungen oder sich abzeichnende gesundheitliche Einschränkungen. Die Stärken federn äußeren Stress ab, zusätzliche Belastungen verstärken ihn.

Betrachten wir eine der bislang wenigen Studien zum Einfluss der Persönlichkeitseigenschaften auf die gesundheitlichen Auswirkungen einer Paarbeziehung. So vermindert beispielsweise eine bestehende gute Paarbeziehung bei Männern mit genetischer Veranlagung zur Nikotinsucht deutlich das Risiko, diese tatsächlich zu entwickeln. Bei Frauen hingegen ist ein solcher Effekt auf das Risiko einer Suchtentwicklung nicht feststellbar.[14]

Betrachten wir ein weiteres Beispiel: Das Einfühlungsvermögen der jeweiligen Partner wird mit Wohlbefinden und Gesundheit in Verbindung gebracht, denn Fürsorglichkeit, Verständnis und Wertschätzung bewirken langfristig das Gefühl der Geborgenheit und Sicherheit in der Beziehung. Schwankt das Ausmaß des Einfühlungsvermögens eines Partners stark oder wird es nicht spontan, sondern nur verbal und nach Aufforderung entgegengebracht, kommen Verunsicherung und Angst auf. Verhält sich ein Partner insgesamt wenig fürsorglich, verständnisvoll und wertschätzend, kommt es zum Rückzug aus der Beziehung. Schwankendes Einfühlungsvermögen wird also anders erlebt und hat beim Partner andere Konsequenzen als wenig Einfühlungsvermögen.

Sowohl Angst als auch Rückzug (und damit Einsamkeit) bewirken allerdings chronischen Stress mit all seinen negativen gesundheitlichen Folgen. In Kapitel 4 wurde bereits die Funktion der Stressreaktion als Notprogramm für unmittelbare Gefahr beschrieben. Wenn jedoch der Notfall durch eine ungünstig verlaufende Paarbeziehung zum Normalfall, also zum chronischen Zustand wird, lässt sich leicht ableiten, welche Krankheiten dies langfristig zur Folge haben kann:

- Diabetes und Hypertonie (beides bekannte Risikofaktoren für Herzinfarkte und Schlaganfälle, hierzulande die häufigsten Todesursachen),
- geschwächte Immunabwehr (erhöhtes Risiko der nächsthäufigen Todesursachen Krebs und Infektionskrankheiten),
- Verdauungsbeschwerden, Magen- und Darmgeschwüre,
- Kleinwuchs oder (bei bereits erwachsenen Menschen) Osteoporose (erhöhtes Risiko von Knochenbrüchen),
- chronische Störungen im Bereich der Sexualität.

Halten wir fest: Der Dauernotfall einer permanent unguten Partnerbeziehung resultiert in chronischem Stress und dessen Langzeitfolgen. Man kann ergänzen: Ob man am Ende an Herzinfarkt oder Schlaganfall, einem Krebsleiden, einer verschleppten Lungen-, Blasen- oder Nierenbeckenentzündung oder an einer Lungenembolie nach Schenkelhalsbruch stirbt, hängt von der jeweiligen Veranlagung ab – oder vom Zufall.

Dass eine unglückliche, chronischen Stress bewirkende Paarbeziehung derlei Konsequenzen haben kann, wurde mittlerweile von einer Reihe entsprechender Studien belegt. Bei insgesamt 1078 verheirateten oder in einer langfristigen Paarbeziehung lebenden Personen (51,9 Prozent weiblich) zeigten die Partner von Personen mit hohem Einfühlungsvermögen (im Vergleich zu den Partnern von Personen mit niedrigem Einfühlungsvermögen) einen stärkeren Abfall der Cortisolkonzentration über den Tag, was die Autoren als Hinweis für einen positiven Effekt dieser Partnereigenschaft auf die Gesundheit werten.[15] Zudem erhöht eine positive, stützende Bindung die Freisetzung von Oxytocin, und diese wiederum ist einer der effektivsten Cortisolverminderer.[16]

Die weiter oben bereits angeführte Metaanalyse amerikanischer Wissenschaftler über den Zusammenhang zwischen der

Qualität der Ehe und der Gesundheit von Eheleuten ergab einen deutlichen Hinweis auf eine Beteiligung des sympathischen Nervensystems an negativen Auswirkungen der Beziehungsqualität auf die Gesundheit. Der gerade beschriebene zu erwartende Zusammenhang zwischen der Qualität der Ehe und dem Cortisolspiegel wurde hingegen nicht empirisch bestätigt, was von den Autoren damit erklärt wird, dass die meisten Studien die Auswirkungen von Belastungen für sich gar nicht betrachten und damit den Zusammenhang auch gar nicht auffinden können.

Zuckerkrankheit, Demenz und Bluthochdruck

Diese methodischen Probleme werden in neueren Studien glücklicherweise beachtet, in denen man Stärken und Belastungen von Paarbeziehungen getrennt erfasst und auswertet. So auch in einer Längsschnittstudie zu den Auswirkungen der Qualität der Ehe auf den Verlauf der Zuckerkrankheit eines Partners.[17] Die allermeisten Diabetes-Neuerkrankungen im Erwachsenenalter (95 Prozent) betreffen den Diabetes Typ 2. Insgesamt 1228 bereits länger verheiratete Personen wurden zweimal im Abstand von fünf Jahren (2005/06 und 2010/11) befragt. Von diesen waren beim zweiten Messzeitpunkt 389 Personen an Diabetes neu erkrankt. Bei Frauen zeigte sich, dass positive Aspekte der Ehe das Risiko für die Neuentstehung eines Diabetes innerhalb der nachfolgenden fünf Jahre verminderten. Bei Männern war dies nicht der Fall. Vielmehr zeigte sich bei ihnen – überraschenderweise – eine Verringerung der Wahrscheinlichkeit, Diabetes zu bekommen, je mehr negative Aspekte in der Ehe vorlagen.

Die Autoren diskutieren ihre Ergebnisse dahingehend, dass Frauen (im Vergleich zu Männern) sensibler für Beziehungsaspekte in der Ehe sind und daher auf positive Aspekte eher reagieren. Dies zeige sich zwar meist in einer größeren Empfindlichkeit der Gesundheit von Frauen gegenüber negativen Aspekten der Beziehung,[18] führe in der vorliegenden Studie jedoch offensichtlich zu dem beobachteten gesunden Effekt positiver Beziehungsaspekte. Kurz: Verheiratete Frauen, die sich in einer positiv erlebten Beziehung befinden, werden eher nicht zuckerkrank.

Das zweite Ergebnis – negative Erlebnisse der Ehe schützen Männer vor Diabetes – war für die Autoren unerwartet, und es ist interessant, wie es von ihnen diskutiert wird.[19] Erste These: Es könnte sich um einen eher allgemeinen Selektionseffekt handeln (egozentrische Männer, die eben auch stärker auf sich achten, berichten über mehr negative Beziehungserfahrungen). Zweite These: Es könnte aber auch sein, dass sich die negativen Beziehungserfahrungen weniger auf Konflikte beziehen als vielmehr auf vielfache Versuche der Ehefrau, das (Gesundheits-) Verhalten des Mannes zu regulieren bzw. zu beeinflussen. Es sei allgemein bekannt, dass Frauen in stärkerem Ausmaß als Männer dazu neigten, den Partner zu kontrollieren.[20] Und so erleben deren Partner dann unterschiedliche Auswirkungen: Die Frauen fördern die Gesundheit ihrer Ehemänner, diese wiederum erleben dies als Herumnörgeln und damit emotional negativ. Männer bewerten die Ehe auf Dauer als schlechter, leben aber gesünder und damit auch länger. Wenn also der an Diabetes leidende Ehemann zu seiner an ihm herumnörgelnden Ehefrau sagt: »Du machst mich krank«, dann liegt er faktisch falsch und beschreibt lediglich sein subjektives emotionales Erleben. Er sollte seiner Frau dankbar sein, der es um nichts weiter als seine Gesundheit geht!

Der Zusammenhang zwischen der Qualität der Ehe und der Gesundheit der Partner kann also durchaus kompliziert sein. In der angloamerikanischen Forschungsliteratur[21] spricht man von »dual effects« – die Beziehungsqualität ist schlechter, die Gesundheit aber zugleich besser (oder umgekehrt). Man könnte bei solchen Prozessen noch deutlicher von einem zweischneidigen Schwert sprechen, das sich nicht nur im Hinblick auf den Diabetes anhand von Daten immer wieder nachweisen lässt.

Der gleiche Prozess zeigt sich in einer Studie zum Zusammenhang zwischen der Qualität der Paarbeziehung älterer Paare und dem Auftreten kognitiver Defizite, wie sie zu Beginn einer Demenz häufig auftreten.[22] Wie oben bereits ausgeführt, kann Dauerstress in einer ungünstigen Beziehung auch zum Absterben von Nervenzellen führen, wohingegen eine gute Beziehung gegenüber Stress protektiv wirkt und daher die Abnahme der geistigen Leistungsfähigkeit im Alter eher verhindern sollte. Amerikanische Wissenschaftler der University of Texas, Austin, untersuchten daher insgesamt 841 verheiratete Personen (486 Frauen und 355 Männer, die jeweils bei Untersuchungsbeginn mindestens 60 Jahre alt waren) aus einer national repräsentativen amerikanischen Studie (*Americans' Changing Lives,* ACL) im Längsschnitt mittels Interviews, die in den Jahren 1986, 1989, 1994 und 2001/02 geführt worden waren. Zu allen vier Zeitpunkten wurde u. a. differenziert nach der Gesundheit und der Qualität der Ehe gefragt. Zudem wurden einige Kontrollvariablen (Alter, Geschlecht, Bildung, Einkommen etc.) erhoben. Vollkommen entgegen den Erwartungen zeigte sich in dieser Studie, dass mehr negative Erlebnisse in der Ehe vor einem Nachlassen der geistigen Leistungsfähigkeit eher schützen.[23] Die Autoren diskutierten dies eingehend und geben in ihrer Studie zu bedenken, dass es insgesamt eher wenige negative Erlebnisse in der Ehe gab oder dass die Partner aufgrund der schon längeren Beziehung gute Strategien zum Umgang mit negativen Erlebnissen entwickelt hatten. Oder es könne eine »unsichtbare Unterstützung« vorliegen, die dem Partner zwar etwas bringen, von diesem aber nicht bemerkt würde.

Es könnte sich natürlich auch so verhalten wie weiter oben bei der Diabetes-Studie beschrieben: Der Partner kritisiert gesundheitlich ungünstige Verhaltensweisen, was vielleicht auch im kognitiven Bereich protektive Effekte nach sich zieht. Dies halten die Autoren jedoch für unwahrscheinlich, denn in dem Fall sollte es einen Geschlechterunterschied beim Effekt geben (Frauen kritisieren mehr[24]), den man aber nicht empirisch gefunden hat. Auch zeigten sich keine Effekte gesundheitsrelevanter Verhaltensweisen (Rauchen, Alkoholgenuss, Sport) auf den Zusammenhang zwischen einer als problematisch erlebten Paarbeziehung und besserer geistiger Gesundheit. Wie das mit Lebens- und Beziehungserfahrung offenbar gesegnete Autorentrio feststellt, sollte man dies jedoch erwarten, weil erst das Bestehen solcher Verhaltensweisen Anlass zur Kontrolle gibt (man denke nur an Ratschläge folgender Art: »Rauch nicht so viel, geh stattdessen lieber den Müll wegbringen«).

Am wahrscheinlichsten ist vielleicht die Erklärung der Autoren, dass ein gelegentlicher Ehekonflikt sich möglicherweise ähnlich wie kognitives Training auf die Gehirnleistungsfähigkeit auswirken könnte: »Es ist möglich, dass ältere Erwachsene, die sich öfter in herausfordernden Situationen (wie beispielsweise einem Ehekonflikt) befinden, sich genau dadurch ihr Denkvermögen (man spricht von ›use it or lose it‹) erhalten, denn ein Konflikt fordert und fördert damit zugleich das Denken, die Aufmerksamkeit, das Sprachvermögen und die exekutiven Funktionen.«[25]

Also dauerhafter Rosenkrieg als Demenzprophylaxe? So weit wollen die Autoren dann doch nicht gehen und diskutieren noch die Möglichkeit eines Zusammenhangs in umgekehrter Richtung, dass also geistige Einbußen zu einer nachlassenden Kritikfähigkeit oder Wahrnehmung von Kritik führen könnten: »Es könnte ja sein, dass diejenigen Personen, die im Hinblick auf ihr Denkvermögen schon stärker beeinträchtigt sind, auch hinsichtlich ihrer Eheprobleme weniger Aufmerksamkeit aufbringen. Wenn dies der Fall wäre, dann würden mental unbeeinträchtigte Personen ihre Ehe als belastender erleben«, schreiben die Autoren.[26] Anhand ihrer eigenen Daten, die keinen

Einfluss eines schwächelnden Geistes auf die Einschätzung der Ehe zeigten, lehnen sie diese Interpretation jedoch ab.

Aus dem Jahr 2016 stammt auch eine Studie mit 1356 teilnehmenden Paaren (Ehe oder langfristige Lebensgemeinschaft) zu den Auswirkungen der Qualität der Paarbeziehung auf den Blutdruck.[27] Die Qualität der Beziehung wurde im Jahr 2006 erfasst und die Veränderungen des Blutdrucks fünf Jahre danach. Die Ergebnisse waren keineswegs klar und einfach zu interpretieren: Der Stress des Partners führt nicht zu höherem Blutdruck bei der Partnerin. Aber: Ehemänner von Frauen mit mehr Stress haben einen höheren Blutdruck. Zudem fand man noch folgenden Zusammenhang zwischen dem eigenen Stress, dem Stress des Partners und dem jeweiligen Geschlecht auf den Blutdruck: Ehemänner mit mehr Stress verzeichneten einen *niedrigeren* Blutdruck, wenn ihre Frauen *wenig* Stress hatten, wohingegen Ehefrauen mit mehr Stress einen *geringeren* Blutdruck aufwiesen, wenn ihre Männer *mehr* Stress hatten. »Die Ehemänner scheinen durch den Stress ihrer Frauen selbst mehr gestresst zu sein als umgekehrt. Und interessanterweise wird der Stress der Ehefrauen durch vermehrten Stress der Ehemänner abgefedert«, bemerken die Autoren dieser Studie hierzu.[28]

Auch die jeweils selbst erlebte Qualität der Beziehung hatte keinen direkten Einfluss auf den Blutdruck. Wenn jedoch beide Partner die Beziehung als problematisch empfanden, war deren Blutdruck höher. Dieser Effekt war bei Männern und Frauen gleich. Betrachtete man den Stress und die erlebte Beziehungsqualität zusammen, so ergab sich eine ungünstige Auswirkung des Erlebens der Beziehungsqualität auf den Stresseffekt des Partners und damit auf den eigenen Blutdruck. Wenn der Partner Stress verbreitet und man selbst die Beziehung zuzüglich als problematisch einschätzt, steigt der Blutdruck. Bei nur geringfügig negativer Einschätzung der Beziehung hat der Stress des Partners dagegen keinen Effekt auf den Blutdruck. Wie eine weitere Analyse zeigte, betraf dieser Effekt vor allem die Männer: »Ehemänner, die ihre Ehe als ungünstig erleben, sind durch den Stress ihrer Ehefrauen stärker im Hinblick auf ihren Blutdruck gefährdet«, schreiben die Autoren.[29] Bei Frauen ist dies nicht so.

Die Studie zeigt somit auf, dass es eben doch geschlechtsspezifische Unterschiede im Erleben von Paarbeziehungen gibt. Diese sind allerdings ziemlich komplex, sodass sie bei einfachen Mittelwertvergleichen nicht zu beobachten sind. Damit wird auch deutlich, dass man den tatsächlichen Verhältnissen von Paarbeziehungen nur mit Modellen gerecht wird, die mindestens die Komplexität des in der Grafik 8.1 dargestellten Modells aufweisen. Kurz: Beziehungen von Männern und Frauen sind nicht einfach. Damit bestätigt die moderne Wissenschaft einmal mehr, was alle schon wussten. Aber eine signifikante Dreifach-Wechselwirkung (so nennt man den hier diskutierten Zusammenhang) hat eben doch einen anderen Erkenntniswert als ein ungutes Bauchgefühl – insbesondere in postfaktischen Zeiten!

Männer sind stärker auf Unterstützung angewiesen als Frauen

Wie die Daten zeigen, ist auch und gerade in Zeiten der gleichberechtigten Partnerschaft der Mann eher auf die Unterstützung durch die Frau angewiesen als umgekehrt – insbesondere im dritten Lebensabschnitt. Frauen sind bekanntermaßen sozial kompetenter, verfügen über größere soziale Netzwerke als Männer[30] und beziehen die notwendige Unterstützung daher aus anderen Quellen, wenn der Mann sie ihnen nicht gewährt. Frauen reden auch mehr über Beziehungen als Männer, die sich eher zurückziehen. Daher sind solche »Beziehungsgespräche« bei Frauen mit größerer Zufriedenheit in der Partnerschaft verbunden, bei Männern nicht. »Und so ergibt sich, dass Ehemänner einen niedrigeren Blutdruck haben, wenn ihre Frauen weniger gestresst sind und ihren Männern daher mehr Unterstützung zukommen lassen können. Frauen hingegen profitieren mehr von gestressten Männern, weil sie sich eben gerne mit ihren Männern über Stress und Beziehungen unterhalten«, geben die Autoren zu bedenken.[31]

Damit zeigt sich, in welch hohem Maß »alte« Rollenstereotypen uns auch heute noch beherrschen: Männer sind stark, Frauen sind unterstützend. Entsprechend erwartet man von Männern, dass sie ihre Emotionen im Griff haben, wohingegen Frauen diesbezüglich mehr Expressivität und Labilität zugebilligt werden. So wird verständlich, warum Männer bei Problemen – Stress von außen oder in der Beziehung – mit erhöhtem Blutdruck reagieren, Frauen hingegen nicht.

Ganz ähnliche Ergebnisse zeigt eine ebenfalls aus dem Jahr 2016 stammende Studie zu Beziehungsqualität und gesundheitlichem Wohlbefinden im Allgemeinen; sie wurde mit 361 teilnehmenden älteren Paaren durchgeführt, wobei mindestens ein Partner über 60 Jahre alt war. Zunächst einmal ergaben sich die eingangs erwähnten »alten« Stereotypen (was nicht weiter verwundert, wurden doch Paare untersucht, die im Mittel 38,5 Jahre verheiratet waren): Ehefrauen sind depressiver als Ehemänner, die wiederum ihre Beziehung positiver als Frauen einschätzen. Ehemänner berichten über mehr emotionale Unterstützung durch ihre Frauen und über weniger Belastungen als Ehefrauen. Obwohl die Frauen jünger und daher auch seltener gesundheitlich beeinträchtigt sind, fühlen sie sich weniger gesund als die Männer.[32]

Für beide Geschlechter stehen hinsichtlich ihrer Beziehungen Belastungen eher im Vordergrund als Stärken, was zu dem alten Befund »bad is stronger than good« (negative Erlebnisse betreffen uns stärker als positive) passt.[33] Interessant ist aber, dass ältere Paare deutlich mehr positive und weniger negative Beziehungserlebnisse aufweisen als jüngere, weswegen den (wenigen) negativen Erlebnissen eine größere Bedeutung zukommt.

Weitere geschlechtsspezifische Unterschiede lassen sich wie folgt zusammenfassen: Bei Ehefrauen bewirkt eine negativ erlebte Beziehung eher Frustration und Depression, Ehemänner erfahren die Unterstützung durch die Frau als eine Minderung ihrer Sorgen. Frauen reagieren also eher auf negative Erfahrungen mit ihren Männern – in negativer Weise –, wohingegen Männer eher auf positive Erfahrungen mit ihren Frauen reagieren – in positiver Weise.

Anders liegen die Dinge, wenn es um einen an Depression erkrankten Partner geht: Eine depressive Frau wird bei ihrem Mann eine Depression auslösen, bei einer Frau mit einem depressiven Mann ist diese Wirkung hingegen nicht zu beobachten.[34] Diese Ergebnisse passen zu den in Kapitel 3 geschilderten Erkenntnissen aus der *Framingham Heart Study* zur sozialen Ansteckung von Emotionen.[35] Die Depressivität von Frauen ist ansteckender als die Depressivität von Männern. Dieser Befund könnte sich also nicht nur in Ehen manifestieren, sondern gilt möglicherweise ganz allgemein: Die emotionale Ansteckungskraft ist also bei Frauen ausgeprägter als bei Männern.[36]

Trennung ist nicht die Lösung!

All denjenigen, die angesichts der hier dargestellten komplexen Befundlage und der möglicherweise noch komplexeren selbst erlebten (dys)funktionalen Beziehungswirklichkeit mit einem Leben als Eremit liebäugeln, seien abschließend noch die bekannten Tatsachen zu den gesundheitlichen Folgen einer Trennung nahegebracht. Wie man es auch dreht und wendet: Eine Scheidung geht mit einem deutlich erhöhten Risiko für die Gesundheit einher, und die Sterbewahrscheinlichkeit (Mortalität) nimmt, wie mehrere Studien zeigen, deutlich zu.[37]

Gemäß einer neuen schwedischen Studie liegt die Mortalität nach einer Ehescheidung bei Männern um 46 Prozent und bei Frauen um 27 Prozent höher verglichen mit verheirateten Menschen.[38] Der Effekt zeigt sich auch im Hinblick auf einzelne Krankheiten. So ist die Disposition für Herz- und Gefäßkrankheiten bei Geschiedenen höher als bei Singles, bei Verheirateten niedriger.[39] Auch Infektionskrankheiten treten nach Scheidungen gehäuft auf.[40]

Trennung ist also hinsichtlich der Gesundheit in der Paarbeziehung auch keine Lösung. Es ist ein schwieriges und komplexes Problem, das niemals endgültig gelöst, sondern täglich neu gelebt und durchlebt werden muss – am besten mit wechselseitiger Unterstützung!

Fassen wir zusammen

Einsamkeit ist tödlich, eine schlechte Paarbeziehung auch. Insofern tut man auch in Zeiten übertriebener politischer Korrektheit gut daran, die unterschiedlichen männlichen und weiblichen Bedürfnisse und Sichtweisen in Sachen Paarbeziehung ernst zu nehmen. Dazu gehört, dass Frauen länger leben und Männer weniger in Schwangerschaft und Stillzeit »involviert« sind. Daraus resultieren Ungleichheiten, die nicht in Ungerechtigkeiten münden sollten.

All die entstandenen gesellschaftlichen Konventionen sollten niemandem den Blick dafür verstellen, dass Paarbeziehungen auf wechselseitigem Vertrauen basieren. Ist auch nur einer der beiden Partner in deutlich geringerem Maße »verlässlich« als der andere, muss es daher zu Spannungen kommen. Denn nichts belastet mehr und führt langfristig zu mehr Stress – und damit zu all dessen negativen gesundheitlichen Folgen – als chronisches Misstrauen im jeweils allernächsten menschlichen Miteinander.

9

WAS TUN?

Angesichts der nachgewiesenen ungünstigen Auswirkungen von Einsamkeit und sozialer Isolation auf die Morbidität und Mortalität – man wird krank und stirbt daran – wundert man sich darüber, dass vergleichsweise wenig getan wird, um etwas zu ändern. Denn Einsamkeit kann im Prinzip jeden treffen, beispielsweise auch Persönlichkeiten aus Film und Fernsehen, Sport oder Politik. Wer von Einsamkeit betroffen ist, sollte daher nicht abwarten, bis das Problem irgendwann auf dem öffentlichen oder gar politischen Radarschirm erscheint. Und selbst wenn es öffentliche Kampagnen auch hierzulande einmal geben sollte – es gab sie beispielsweise bereits in Dänemark, Großbritannien, Kanada und den USA[1] –, wäre dies ja nur der Anfang.

Aufklärung – der erste Schritt

Der erste Schritt zur Lösung eines Problems besteht meistens darin, es zunächst einmal zu erkennen und seine ganze Tragweite zu ermessen. Die Tatsache, dass Sie, liebe Leserin, lieber Leser, das vorletzte Kapitel in diesem Buch erreicht haben, zeigt in Ihrem ganz persönlichen Fall an, dass Sie das Problem ernst nehmen – völlig unabhängig davon, ob es Sie selbst betrifft, einen Ihnen nahestehenden Menschen oder Sie sich ganz allgemein um die zunehmende Vereinsamung vieler Menschen Sorgen machen. Sie haben in den vorangegangenen Kapiteln lesen können, dass es hier tatsächlich ein Problem gibt, das schwerwiegend ist und auch immer mehr gesellschaftliche Relevanz gewinnt.

Hinsichtlich der Einsamkeit verhält es sich ebenso wie bei Schmerzen, die zunächst sinnvoll sind und auf einen Fehler im System hinweisen, auf den man reagieren sollte; sie können in chronische Schmerzen übergehen, die dann selbst zum Problem werden und eigens behandelt werden müssen. Das Einsamkeitsgefühl führt im »akuten Fall« sozialer Ablehnung tatsächlich dazu, dass wir uns verstärkt um unser verletztes Sozialleben kümmern, wie mittlerweile mit psychologischen und neurowissenschaftlichen Methoden gezeigt werden konnte.[2] Daher *schmerzt* Einsamkeit ja auch, denn diese Schmerzen bewirken eine – sinnvolle – Verhaltensänderung, wie in Kapitel 2 ausführlich dargestellt wurde.

Man könnte nun meinen, dass die Lösung dieses Problems einfach ist; aber Sie werden selbst feststellen (oder längst festgestellt haben), dass der Verweis auf Treffpunkte, Vereine, Clubs, öffentliche Mehrgenerationenhäuser oder private Einladungen wenig hilft, um einer Person das tief empfundene Gefühl, einsam zu sein, zu nehmen. Schulterklopfend »Geh doch in den Kirchenchor« zu jemandem zu sagen, der – beispielsweise nach dem Verlust des Partners – gerade unter Einsamkeit leidet, mag gut gemeint sein, könnte aber von dem Betroffenen als zynisch empfunden werden. Denn er oder sie weiß genau, dass die Sache so einfach nicht ist. All die genannten öffentlichen und privaten Institutionen, von Jugendzentren und Altentreffs über Vereine bis zum gemeinsamen freundschaftlichen Kaffeeplausch, gibt es ja schon längst und werden millionenfach einsamen Menschen vorgeschlagen. Meist sitzt das Problem jedoch tiefer und ist mit einem einfachen Ratschlag nicht behoben. Was also kann man tun? Wie können isolierte oder sich einsam fühlende Menschen ihr Problem angehen?

Therapie

Bei Krankheiten spricht man von »Therapie«, bei nichtmedizinischen Zuständen, die man ändern will, hingegen von »Interventionsmethoden« (aus dem Lateinischen: *inter* = zwischen, *venire* = gehen). Welche Methoden des »Dazwischengehens« gibt es? Wie gut funktionieren sie? Und wenn ja, warum? Was sagt die Wissenschaft?

Es wurden in der Tat vielfach Interventionsmethoden vorgeschlagen und erprobt, die sich speziell auf das Problem der Einsamkeit und sozialen Isolation beziehen. Eine Übersicht zu dem, was man hierzu wirklich weiß, geben beispielsweise Kimberley Anderson und Mitarbeiter von der Queen Mary University of London, wobei es ihnen um die Einsamkeit psychisch kranker Menschen und Methoden, diese zu vermindern, ging.[3] Von den insgesamt 29079 zunächst identifizierten Publikationen und Zusammenfassungen (!) wurden jedoch die allermeisten (29038) wegen inhaltlicher und methodischer Unzulänglichkeiten nicht weiter untersucht. Die 36 verbliebenen Arbeiten wurden zur Gänze durchgesehen, wonach nur noch fünf Arbeiten (aus den Ländern Italien, Irland, Holland, Israel und Spanien) übrig blieben, die die wissenschaftlichen Anforderungen erfüllten, die man an Studien stellen muss, um sie ernst zu nehmen. Die beiden wichtigsten Kriterien sind das Bestehen einer Kontrollgruppe und die Zufallszuweisung *(Randomisierung)* zur Interventions- oder Kontrollgruppe. Alle fünf Arbeiten waren aus den letzten zehn Jahren, was nahelegt, dass das Interesse an der wissenschaftlichen Untersuchung derartiger Interventionen relativ jung ist. Von diesen fünf Studien hatten immerhin vier ein positives Ergebnis. Dies bedeutet, dass die vorgeschlagene bzw. untersuchte Intervention einen messbaren Effekt im Sinne der Vergrößerung des sozialen Netzwerks der Teilnehmer hatte. Man kann also etwas tun; das Spektrum reicht von begleiteter Unterstützung durch Mitmenschen über das Training sozialer

Fähigkeiten bis hin zur Ermöglichung größerer Teilhabe an der Gesellschaft. Wenn diese Bemühungen professionell begleitet werden – beispielsweise durch einen Arzt oder Psychologen –, sind die Chancen zudem nachweisbar besser. Was aber machen ganz normale einsame Leute? Was kann, was sollte man tun?

Die Datenlage erlaubt bei zusammenfassender Betrachtung noch keine endgültigen Schlüsse. Versucht wurde so ziemlich alles: Einzeltherapie, Gruppentherapie und soziale unterstützende Maßnahmen in der Gemeinde, die allesamt auf einem ganz allgemeinen Verständnis von Einsamkeit beruhen. Aus diesem Verständnis heraus resultiert auch der – sehr verständliche – Versuch, Kontaktmöglichkeiten für einsame Menschen zu schaffen. Hier kann es aber durchaus Probleme geben, denn der Einsame ist vielleicht sehr sensibel und verletzbar; er erlebt soziale Situationen als bedrohlich und reagiert daher auch auf das netteste Gesprächs- oder gar Beziehungsangebot mit Rückzug oder gar offener Ablehnung. Man muss sich immer klarmachen, dass für einen nicht einsamen Menschen nicht immer nachvollziehbar ist, was und vor allem wie der Einsame denkt und fühlt. Daher kann vieles, was gut gemeint ist, nicht funktionieren.

Eine Metaanalyse zu verschiedenen Interventionsmethoden zur Verminderung von Einsamkeit zeigte Folgendes: Viele Studien waren zwar gut gemeint, aber leider schlecht gemacht. Je besser, d. h. methodisch anspruchsvoller die Studien durchgeführt worden waren, desto geringer war der ermittelte Effekt. Studien mit einem einfachen Vergleich von zwei Gruppen (ohne Zufallszuteilung) hatten im Mittel den größten Effekt (–0,459), Studien, bei denen vor und nach der Intervention gemessen wurde (bei nur einer Gruppe), hatten einen geringeren Effekt (–0,367), und randomisierte kontrollierte Studien hatten den geringsten Effekt (–0,198).[4]

Unterschiedliche Interventionen kamen zum Einsatz, die sich grundsätzlich in vier Kategorien einteilen lassen:

1. Vermehrung der Kontaktmöglichkeiten
2. Soziale Unterstützung
3. Training von sozialen Fähigkeiten
4. Kognitive Verhaltenstherapie zum Erlernen neuer Gedanken

Betrachtete man die Art der Intervention, so zeigte die kognitive Verhaltenstherapie den größten Effekt mit einer Stärke von –0,598. Aufgrund der oben angeführten Überlegungen zu den möglichen Reaktionen einsamer Menschen auf soziale Kontakte ist dies im Grunde kaum überraschend: Wer von anderen Böses denkt, bleibt einsam – egal, was man mit ihm anstellt.

Auch soziale Unterstützung hatte eine positive, d. h. mindernde Wirkung auf die Einsamkeit, wobei der Effekt mit einer mittleren Stärke von –0,162 zwar statistisch signifikant, jedoch nicht sehr groß war. Die Erhöhung von Kontaktmöglichkeiten (mittlere Effektstärke: –0,062) und das Erlernen sozialer Fähigkeiten (mittlere Effektstärke: –0,017) hatten dagegen keine signifikanten Auswirkungen auf das Erleben von Einsamkeit.[5]

Nach diesen Studien liegt der Schlüssel zum Aufbrechen des unsichtbaren Gefängnisgitters, das einsame Menschen umschließt, in den automatisch auftretenden negativen Gedanken im Hinblick auf andere Menschen im Allgemeinen und spezielle Kontakte im Besonderen. Um hier Missverständnisse zu vermeiden, sei klar gesagt, dass niemand willentlich einsam wird. Dies geschieht vielmehr mit ihm oder ihr, wird passiv erlebt, obgleich nicht selten ein »Eigenanteil« vorliegt. Einstellungen, Haltungen, Gefühle und Verhaltensweisen »schleichen sich ein«, ebenso wie schlechte Essgewohnheiten, ein bewegungsarmer Lebensstil oder ein hoher Bildschirmmedienkonsum. Niemand *will* ungesund leben, sehr viele *tun* es trotzdem! So ist es auch mit der Einsamkeit. Man gerät hinein, zunächst unbemerkt, und dann verstärkt die Einsamkeit irgendwann sich selbst, und man befindet sich im Abwärtsstrudel.

Auch wenn es nach den genannten Studien so aussieht, als könne man bei Einsamkeit nichts weiter tun, als sich einer bestimmten Form von Psychotherapie zu unterziehen,[6] so liegen die Dinge bei etwas weiter gerichtetem Blick auf die Literatur glücklicherweise anders.

Geben

Geben ist seliger denn Nehmen – ein jeder kennt das Bibelwort des Evangelisten Lukas (Kap. 20, Vers 35), aber die meisten halten es schlicht für falsch: Wenn ich etwas hergebe, dann habe ich es nicht mehr; der Verlust liegt bei mir, der Gewinn bei einem anderen. Dieses Denkschema ist Teil unserer westlichen Kultur, spätestens seit den Schriften des englischen Philosophen Thomas Hobbes (1588–1679) auch in staatstheoretisch kodifizierter Form: Menschen sind Egoisten, und damit es nicht ständig zum Konflikt zwischen ihnen kommt, müssen sie sich freiwillig zu einem Staat zusammenschließen und ihm alle Macht übertragen, damit er sie letztlich vor sich selbst schützt.[7] Bis heute, und insbesondere unter den Vertretern des »Wildwestkapitalismus«, gilt persönlicher Egoismus als vollkommen normal, wörtlich: Dass ein Mensch ein selbstbezogenes Interesse hat, wird als *Norm* angesehen.[8]

Aber nicht nur das: Auch in der Wissenschaft, in der es ja nicht darum geht, wie wir sein sollen, sondern wie wir sind – von der Biologie über die Psychologie bis hin zur Ökonomie –, wird zugrunde gelegt, dass Menschen aus egoistischen Motiven handeln. Man denke nur an die Theorie der Entstehung des Preises einer Ware: Jeder denkt an sich, damit ist an alle gedacht, und den Rest erledigen Angebot und Nachfrage und die »unsichtbare Hand des Marktes«. Dieser Gedanke wird zumeist keinem Geringeren als dem Schotten Adam Smith (1723–1790), dem Begründer der Nationalökonomie, zugeschrieben und nimmt gerade in den vergangenen Jahrzehnten einen immer größeren Stellenwert in unserem Selbstverständnis ein. So formulierte der deutsche Ökonom Armin Falk schon vor mehr als 15 Jahren: »Politik und öffentliches Bewusstsein werden zunehmend durch ökonomische Theorien und Handlungsvorschläge mitbestimmt. Kaum ein anderes erkenntnis- und handlungsleitendes Modell hat daher einen vergleichbaren Einfluss wie das Konzept des *Homo oeconomicus.*«[9] Mit diesem Begriff ist ein Mensch gemeint, der sich rational und egoistisch – also im Sinne der Ökonomie – verhält.

Interessanterweise waren es in den vergangenen dreieinhalb Jahrzehnten zunächst die Wirtschaftswissenschaftler selbst, die aufgrund von cleveren Experimenten bemerkten, dass an dieser Theorie etwas nicht stimmen konnte. Menschen verhalten sich nämlich in vielen Situationen nicht rational und egoistisch; sie verhalten sich also *nicht* so, wie es die Wirtschaftstheorie voraussetzt. Zu diesem Ergebnis kamen unzählige Experimente, die ausgehend von Überlegungen zur Spieltheorie[10] aus den Vierzigerjahren des letzten Jahrhunderts seit den Siebziger- und vor allem Achtzigerjahren durchgeführt wurden – mit Anfängen in Bonn[11] und danach überall auf der Welt. Dies ist wichtig, um die Allgemeingültigkeit der Befunde bzw. das Ausmaß der kulturellen Überformung mancher Befunde zu ermitteln.[12] Die Mehrheit der Menschen verhält sich *tatsächlich* weder rational noch egoistisch: Etwa 70 Prozent der Menschen möchten, dass es fair zugeht, und sie verhalten sich auch zunächst gegenüber fremden Menschen so. Werden sie vom anderen dann ge- bzw. enttäuscht, dann handeln sie nach der Maxime »Wie du mir, so ich dir«.

Betrachten wir ein Beispiel: Der Versuchsleiter gibt zwei Probanden einen gewissen Geldbetrag, und einer der beiden darf dann entscheiden, wie dieser Betrag unter beiden aufgeteilt wird. Weil der Betrag dann genau so geteilt wird und der zweite Proband nichts zu sagen hat, nennt man dieses Spiel *Diktator-*

spiel. Obwohl niemand in diesem Spiel gezwungen wird, Geld abzugeben, tun dies die meisten Menschen dennoch, d. h., sie teilen – ohne teilen zu müssen – mehr oder weniger brüderlich. In einem anderen Spiel hat der andere ein Mitspracherecht, und als zweite Regel gilt, dass er den Vorschlag des ersten Probanden annehmen kann (in diesem Fall wird das Geld geteilt wie von Nr. 1 vorgeschlagen) oder nicht (in diesem Fall bekommt keiner etwas; daher spricht man vom *Ultimatumspiel*). Die meisten Spieler bieten in diesem Spiel 40–50 Prozent des Betrages für den anderen Spieler an, und der zweite Spieler nimmt dies in aller Regel an. Angebote unter 30 Prozent lehnen jedoch die meisten Menschen ab. Beides ist irrational, denn der erste Spieler brauchte nur den kleinstmöglichen Betrag anzubieten, und der zweite sollte *jeden* Betrag annehmen, denn schließlich bekommt er ja etwas geschenkt!

Spielt man beide Spiele, so zeigt sich (mit kleinen kulturell bedingten Abweichungen) das Bedürfnis der Menschen nach Gleichheit und Fairness sehr deutlich. Auf diese Weise wurde weltweit in großen Studien immer wieder gezeigt, dass die Menschen insgesamt wesentlich besser sind als ihr Ruf: Die meisten Erwachsenen möchten fair behandelt werden und behandeln andere Menschen ebenfalls fair.[13] Warum ist das so?

Schon im Jahr 2008 erschien im Fachblatt *Science* eine umfangreiche Studie darüber, welche Wirkungen das Geldausgeben für andere auf denjenigen hat, der das Geld ausgibt.[14] Um dieser Frage nachzugehen, wurden 632 Amerikaner (287 davon Männer) zunächst danach befragt, wie glücklich sie sind. Die Frage »So ganz im Allgemeinen, fühlen Sie sich glücklich?« war anhand einer Skala von 1 (nie) über 2 (selten), 3 (manchmal), 4 (oft) bis 5 (ja) zu beantworten. Danach mussten alle zusätzlich angeben, wie viel sie monatlich für das Bezahlen von Rechnungen ausgeben, wie viel für sich selbst, wie viel für andere und wie viel für gemeinnützige Zwecke (Spenden). Aus den ersten beiden Werten berechnete man einen Index für persönliche

Ausgaben (für sich selbst) und aus den beiden anderen Zahlen einen Index für prosoziale Ausgaben (für andere). Die Mittelwerte dieser monatlichen Ausgaben betrugen 1714 US-Dollar (Ausgaben für sich) bzw. 146 US-Dollar (Ausgaben für andere). Durch statistische Verfahren wurde dann nach dem Zusammenhang zwischen diesen Werten mit dem berichteten Glück des Betreffenden gefragt. Zwischen den Ausgaben für sich selbst und dem eigenen Glück ergab sich kein Zusammenhang. Einen signifikanten positiven Zusammenhang mit dem eigenen Glück hatten dagegen die Ausgaben für andere.

Nun könnte es sein, dass Gutverdiener mehr spenden und wegen ihres Geldes auch glücklicher sind. Man schloss daher auch das Einkommen in die Analyse ein und fand sowohl einen Effekt des Einkommens als auch einen Effekt der Ausgaben für andere auf das Glück. Beide Effekte waren etwa gleich groß *und unabhängig voneinander*. Und auch bei dieser Analyse gab es keinen Zusammenhang zwischen persönlichen Ausgaben und dem eigenen Glück.

In einer zweiten in der gleichen Arbeit besprochenen Studie mit 16 Probanden (13 davon männlich) einer Bostoner Firma ging es im Gegensatz zur ersten – einer zeitlichen Querschnittstudie – um einen Längsschnitt. Alle Probanden bekamen von ihrer Firma einen Bonus von im Mittel 4919 Dollar. Einen Monat vorher und einen bis zwei Monate danach gaben sie an, wie glücklich sie waren; vorher gaben sie zudem ihr Monatseinkommen an und danach, wie viel Prozent des zusätzlich erhaltenen Geldes sie für sich selbst bzw. für andere (bzw. gemeinnützige Spenden) ausgegeben hatten. Wieder zeigte die statistische Analyse, dass nur die Ausgaben für andere das erlebte Glück nachher beeinflussten: »Es ergab sich also, dass Arbeitnehmer, die mehr von ihrem Bonus für prosoziale Ausgaben aufgewendet hatten, ein größeres persönliches Glück nach dem Erhalt des Bonus erlebten bzw. dass die Art, wie der Bonus ausgegeben wurde, einen größeren Einfluss auf das Glück von dessen Empfängern hatte als die Größe des Bonus selbst«, kommentieren die Autoren ihre Ergebnisse.[15]

Um Ursache und Wirkung dieser statistischen Zusammenhänge klar ausmachen zu können, führten die Autoren zum Dritten ein Experiment mit 46 Studenten durch. Sie mussten am Morgen zunächst ihr subjektiv erlebtes Glück einschätzen und erhielten danach einen Umschlag mit entweder 5 oder 20 US-Dollar und die Aufgabe, dieses Geld entweder für sich oder für andere (Geschenk oder Spende) auszugeben. Am gleichen Tag wurden sie gegen fünf Uhr nachmittags angerufen und erneut nach ihrem Glück befragt. Es zeigte sich Folgendes: Nur wer sein erhaltenes Geld für andere ausgegeben hatte, war dadurch glücklicher. Die Menge des erhaltenen Geldes hatte dagegen keinen Einfluss auf das Glück.

Wenn dies alles so ist, warum verhalten sich die Menschen dann nicht deutlich freigiebiger? In einer vierten kleinen, aber interessanten Studie mit 109 teilnehmenden Studenten wurden diesen zunächst die vier Bedingungen (5 Dollar für sich, 5 Dollar für andere, 20 Dollar für sich, 20 Dollar für andere) aus dem letzten Experiment genannt. Danach sollten sie einschätzen, welche der beiden gegensätzlichen Bedingungen (für sich versus für andere; 5 versus 20 Dollar) das eigene Glück mehr fördern. Das Ergebnis zeigt die Grafik 9.1: Eine deutliche Mehrheit der Probanden war der Auffassung, dass Geldausgaben für sie selbst sie glücklicher machen würden als Ausgaben für andere. Und fast alle dachten, dass mehr Geld auch mehr Glück bringt. Beides ist jedoch nicht der Fall, wie die drei Studien zuvor gezeigt hatten. »... die Teilnehmer irrten sich also gleich zweimal im Hinblick darauf, wie Geld sich auf Glück auswirkt«, kommentierten die Autoren.[16]

Eine zwei Jahre später publizierte kulturvergleichende Studie in 136 Ländern zeigte, dass sich Menschen *weltweit* freuen, wenn sie anderen Menschen finanzielle Hilfe gewähren können.[17] Diese Erkenntnis ist wichtig, wenn man sich klarmacht, dass psy-

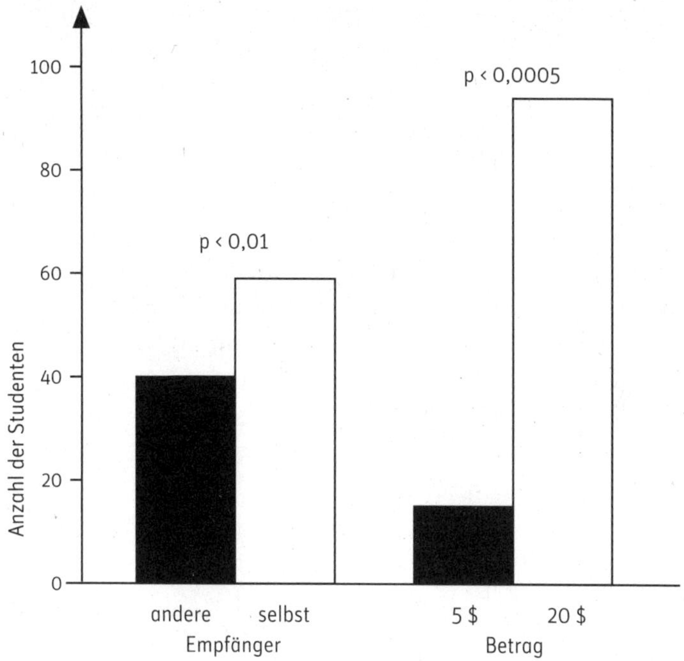

9.1: Links: Einschätzung der Auswirkung von Ausgaben für sich (weiß) oder für andere (schwarz) auf das eigene Glück; rechts: Einschätzung, wie sich die Höhe dieser Ausgaben auf das eigene Glück auswirkt. Gefragt wurde in beiden Fällen, was jeweils glücklicher macht. Die Unterschiede sind (mit $p < 0{,}01$) sehr bzw. (mit $p < 0{,}0005$) hochsignifikant.[18] Die Probanden liegen mit ihrer Einschätzung also doppelt falsch, denn mehr Geld macht nicht glücklicher und die Geldausgabe für sich selbst auch nicht.

chologische Experimente oft beanspruchen, über »den Menschen« ganz allgemein etwas auszusagen, obwohl die meisten von ihnen mit jungen amerikanischen Studenten durchgeführt werden. Weitere Experimente in zwei sehr unterschiedlichen Ländern – Kanada und Uganda – zeigten zudem einen Kausalzusammenhang an: Geben macht glücklich.

Um Missverständnissen vorzubeugen, sei an dieser Stelle betont, dass es hier nicht darum geht, dass Glück irgendwie gegen das Pech der Einsamkeit als Gegenmittel eingesetzt werden kann. Dann könnte man einem einsamen Menschen ja auch empfehlen, in eine Spielhalle zu gehen, weil er dort gelegentlich Glück hat und sich dann jeweils besser fühlen müsste. Das wäre sehr oberflächlich gedacht und würde nicht funktionieren.

Vielmehr ging es im vorangegangenen Abschnitt darum, dass genuin prosoziales Verhalten – jemandem etwas geben – das Erleben von Glück bewirkt und dass wir uns in dieser Hinsicht oft täuschen! Wir halten Geldausgaben für uns selbst für Glücksbringer – je mehr, desto mehr – und irren uns damit. Egoismus macht nicht glücklich! Diese Erkenntnis ist umso bedeutsamer, als wir schon im ersten Kapitel eine eindeutige Zunahme egoistischer Tendenzen in der heutigen Zeit feststellen mussten. Wenn also die Menschen (aufgrund von Werbung, sozialem Druck oder welch anderer Beweggründe auch immer) sich selbst mehr in den Mittelpunkt ihres Handelns stellen und weniger für andere tun, dann muss dies auf weniger Glück und mehr Einsamkeit hinauslaufen. Nicht nur objektive soziale Isolation, sondern auch das Erleben von Einsamkeit verhindert prosoziale Handlungen und damit Glückserlebnisse.

Man kann es auch folgendermaßen formulieren: Weil Menschen Gemeinschaftswesen sind, bereitet ihnen Einsamkeit Stress und Gemeinschaft Freude. Daher führen entsprechende Handlungen, die auf mehr Gemeinschaft hinauslaufen, zu größerem Wohlbefinden.

Wie kommt das? Auch hierzu liegen mittlerweile Untersuchungen vor, von denen im Folgenden drei kurz vorgestellt werden. Eine japanische Arbeitsgruppe verwendete das Paradigma des gemeinsamen virtuellen Ballspielens, mit dem die Auswirkungen von akutem Verlassenwerden auf die Gehirnaktivität gemessen wurden (siehe Kapitel 2). Man wandelte das Spiel aber dahingehend ab, dass alle Mitspieler entweder gleich häufig den Ball zugespielt bekamen oder ein Mitspieler, der im Magnetresonanztomografen (MRT) lag, den Ball *häufiger* zugespielt bekam.[19]

Man fand heraus, dass dies das Belohnungssystem dieses Mitspielers (den Nucleus accumbens) aktivierte. Zugleich wurde das stärkere Eingebundensein ins Spiel sehr positiv erlebt. Das Ausmaß der Aktivierung des Nucleus accumbens beim Einzelnen korrelierte mit dessen Prosozialität, also mit dessen Bemühen, mit anderen zusammen zu spielen. Daraus leiten die Autoren der Studie eine grundlegende und durchaus neue Einsicht ab: »Die Belohnung durch gemeinsames soziales Handeln (soziale Interaktion) *allein* genügt schon, um die Motivation für gemeinschaftliches Handeln zu steigern.«[20]

Eine holländische Arbeitsgruppe verwendete ebenfalls das Paradigma des gemeinsamen virtuellen Ballspielens. Man wandelte dieses Spiel jedoch dahingehend ab, dass man es nicht zu dritt, sondern zu viert spielen ließ und dass im Spielverlauf nicht nur der Ausschluss (das Verlassenwerden) eines Mitspielers beobachtbar war, sondern auch kompensatorische prosoziale Verhaltensweisen erfolgen konnten: Zwei Mitspieler schließen einen dritten aus (d. h., sie werfen ihm den Ball nicht mehr zu), und der vierte Mitspieler beobachtet das und wirft nun seinerseits dem ausgeschlossenen Mitspieler den Ball zu. Dieser Mitspieler liegt im MRT, damit dessen Gehirnaktivität gemessen werden kann. Wenn er den sozialen Ausschluss des Dritten bemerkt, kommt es zur Aktivierung eines Gehirnareals, das »Insel« genannt wird und bekanntermaßen auf das Erleben auch sozialer Schmerzen reagiert (wie es bei der akuten Vereinsamung, dem Verlassenwerden, der Fall ist).

Man konnte in einer weiteren Studie mit gleichem Versuchsaufbau zeigen, dass prosoziales Verhalten (das Werfen des Balls zum gerade von den anderen beiden Mitspielern ausgeschlossenen dritten Mitspieler durch den vierten Mitspieler) das Belohnungssystem (Nucleus accumbens) des vierten Mitspielers aktiviert.[21] Auf der Verhaltensebene entspricht dies der Beobachtung, dass der vierte Mitspieler dem ausgeschlossenen dritten Mitspieler den Ball tatsächlich öfter zuwirft (verglichen zum Spielen ohne den ausgeschlossenen Dritten). Kurz: Auch neurobiologische Befunde zeigen klar, dass die Einsamkeit eines anderen bei einem Mitspieler (Kameraden, Freund, Genossen) Schmerzen hervorruft und bei ihm soziales Handeln bewirkt. Dieses führt zur Aktivierung des Belohnungssystems und damit zu positiven Emotionen.

Die dritte Studie[22] untersuchte im direkten Vergleich das Erhalten und das Geben von sozialer Unterstützung mittels psychologischer und neurobiologischer Verfahren (fMRT). Insgesamt 36 Teilnehmer (im Alter von ca. 22 Jahren, knapp die Hälfte weiblich) führten jeweils drei Aufgaben im fMRT durch: einen Stresstest (Kopfrechnen mit negativer Bewertung der eigenen Leistungen), eine Aufgabe der sozialen Bindung (Betrachten von Bildern zweier nahestehender Personen im Vergleich zu Bildern zweier fremder Personen) und eine Aufgabe, bei der es um prosoziales Handeln ging (die Probanden konnten im fMRT Tickets für eine Lotterie erarbeiten, deren möglicher Gewinn von 300 Dollar einer von ihnen genannten Person, die in Geldnöten war, zugutekam). Zudem wurden die Probanden nach ihrer psychosozialen Situation und dem Ausmaß der sozialen Unterstützung, die sie von anderen erhalten und die sie anderen geben, befragt.

Hierbei ergab sich, dass sowohl das Geben als auch das Erhalten von sozialer Unterstützung mit einer positiven psychosozialen Gesamtsituation des jeweiligen Probanden in Zusammenhang stehen. Interessanterweise zeigte sich in der funktionellen Bildgebung, dass nur das Geben von Hilfe (nicht aber das Erhalten) mit einer geringeren Aktivierung von stressassoziierten Gehirnarealen bei Stress (dorsaler ACC, rechte vordere Insel, Amygdala beidseits) sowie mit einer vermehrten Aktivierung des Belohnungssystems beim Erleben von enger sozialer Verbundenheit (Nucleus accumbens rechts) und beim prosozialen Handeln (Nucleus accumbens beidseits) in Zusammenhang steht.[23]

Das Muster der Gehirnaktivierungen über die drei unterschiedlichen Aufgaben im fMRT zeigte also – grob skizziert – weniger Stress und mehr positive Emotionen, je mehr soziale Unterstützung die Probanden gaben. Das Erhalten von sozialer Unterstützung zeigte diesen Zusammenhang nicht.

Sogar bei Kindern im Alter von unter zwei Jahren ließ sich zeigen, dass diese mehr Freude daran haben, wenn Süßigkeiten anderen Kindern gegeben werden, als wenn diese ihnen selbst gegeben werden. Kinder mögen tatsächlich schon gerne von dem abgeben, was sie selbst haben. Diese Tendenz nimmt im Laufe des Lebens dann zunächst weiter zu. Daten aus der Entwicklungspsychologie, die bei Versuchen mit 8- bis 16-Jährigen gewonnen wurden, zeigen, dass diese ein stärkeres helfendes Verhalten aufweisen als jüngere Erwachsene.[24] Sie lernen zudem prosoziales Verhalten vergleichsweise rasch am Modell.[25] Im jüngeren Erwachsenenalter sind die Menschen mit der Fortpflanzung und den eigenen Kindern beschäftigt, weswegen ihre Bemühungen für Fremde in dieser Phase geringer sind.

Je älter die Erwachsenen dann werden, desto mehr nimmt prosoziales Verhalten wieder zu, wie beispielsweise in einer japanischen Studie mit 408 Bürgern von Tokio im Alter von 20 bis 59 Jahren mittels fünf verschiedener ökonomischer Spielsituationen (Diktatorspiel, Ultimatumspiel und drei weitere ähnliche Spiele) gezeigt werden konnte.[26]

Halten wir zwischenzeitlich fest: Menschen haben von klein auf eine Tendenz zum Geben, was ihr Gemeinschaftsleben fördert. Geben macht ihnen Freude und stärkt gemeinschaftliches Handeln. Es resultiert ein positiver Kreislauf von Freude und Gemeinschaft. Wie bereits diskutiert, bilden Einsamkeit, Selbstunsicherheit, depressive Stimmung und sozialer Rückzug in ähnlicher Weise einen negativen Kreislauf von Leid und sozialer Isolation. »Allein mit dem Kopf«, also mit viel Willenskraft und Anstrengung sind solche Spiralen nur sehr schwer und mit geringen Erfolgsaussichten zu durchbrechen. Daher kommt kleinen Handlungen im Alltag eine große Bedeutung zu. Aus vielen solchen kleinen Handlungen können eine Abschwächung des negativen Kreislaufs und eine Förderung des positiven Kreislaufs resultieren. Das Geben ist eine solche Handlung. Noch besser, weil meist unmittelbar mit Kontakt verbunden, ist das Helfen.

Helfen

Kaum jemand weiß, dass es in Deutschland nur in wenigen großen Städten Berufsfeuerwehren gibt. In der Fläche dagegen wird dieser »Service«, den niemand will und alle brauchen, wenn Not am Mann ist, durch die *freiwillige* Feuerwehr geleistet. Wollten wir (oder müssten wir gar) alle freiwilligen Feuerwehren durch Berufsfeuerwehren ersetzen, kämen erhebliche Kosten auf uns als Sozialgemeinschaft zu. Gerade in Deutschland sind freiwillige Hilfe und Ehrenamt weit verbreitet: Ohne die Millionen von ehrenamtlichen Helfern würden viele wesentliche Institutionen nicht existieren oder zumindest nicht mehr funktionieren. Beispiele gibt es beliebig viele, eines der jüngsten: Hunderttausende von Flüchtlingen werden hierzulande von ehrenamtlichen Helfern unterstützt; 47 Prozent der Deutschen haben sich im Jahr 2016 in irgendeiner Form helfend für Flüchtlinge eingesetzt.

Menschen zeichnen sich dadurch aus, dass sie nicht nur engsten Verwandten oder langjährigen Gefährten helfen (das gibt es auch im Tierreich), sondern auch Fremden. Fast jeder vierte Europäer geht nach einer großen statistischen Erhebung aus den

Jahren 2012 und 2013 freiwillig mindestens einmal pro Halbjahr einer organisierten ehrenamtlichen Tätigkeit nach.[27] In den USA leisten 63 Millionen Amerikaner mindestens einmal pro Jahr freiwillige Hilfe, was ebenfalls etwa 25 Prozent entspricht.[28]

Schon lange ist bekannt, dass sich Menschen, die anderen helfen, vergleichsweise wohler fühlen.[29] Wie bedeutsam das Geben von Hilfe *für den Gebenden* tatsächlich ist, wurde in der jüngeren Zeit auf ganz unterschiedliche Weise gezeigt.

Stephanie Brown vom Institut für Sozialforschung der Universität Michigan und Mitarbeiter untersuchten die Auswirkungen des Nehmens und Gebens von instrumenteller (Helfen) und emotionaler (Zuhören) Unterstützung mit einer prospektiven Studie zu den Lebensveränderungen von 423 älteren Paaren.[30] Nach einem Beobachtungszeitraum von fünf Jahren waren 134 der 846 untersuchten Personen verstorben, sodass Aussagen über deren Sterblichkeit möglich wurden. Die Analyse der Daten bestätigte zunächst einmal die oben bereits angeführte Behauptung, dass soziale Kontakte zu einer signifikanten Minderung der Sterblichkeit um 21 Prozent führen. Betrachtete man die Daten genauer, zeigte sich, dass die Sterblichkeit beim Erhalten von instrumenteller Unterstützung leicht zunahm, beim Geben hingegen um 85 Prozent hochsignifikant abnahm und dass die Effekte der sozialen Kontakte letztlich auf das Geben von Unterstützung zurückzuführen waren.

Nun könnte man natürlich vermuten, dass diejenigen Studienteilnehmer, die primär gesünder waren, auch eher in der Lage waren, zu helfen, dass also der Effekt in die umgekehrte Richtung ging: Die Gesunden halfen (und nicht: die Helfer waren gesund). Um dies statistisch in den Griff zu bekommen, wurden Daten zur körperlichen und seelischen Gesundheit sowie zu gesundheitsrelevanten Verhaltensweisen, die zu Anfang der Studie erhoben wurden, in die Analyse mit einbezogen. Hierbei zeigte sich zwar eine Verminderung des Zusammenhangs zwischen Helfen einerseits und Sterblichkeit andererseits auf nur noch 56 Prozent (statistisch nach wie vor sehr signifikant), aber bemerkenswerterweise blieb der Zusammenhang eben doch bestehen. Kontrollierte man die Auswirkungen zusätzlicher möglicherweise eine Rolle spielender Einflüsse wie Einkommen, Bildungsstand, berichteten Stress, Krankheitsdispositionen und Persönlichkeitsvariablen, so blieben immer noch eine vermehrte Mortalität von 23 Prozent bei den Empfängern von Hilfe (nicht signifikant) und eine signifikante um 54 Prozent reduzierte Sterblichkeit bei den Helfern übrig.

In einer internationalen Studie untersuchten belgische Wissenschaftler den Zusammenhang von freiwilliger Hilfe und Gesundheit bei insgesamt 42 926 Personen, von denen 10 358 (24 Prozent) angaben, freiwillige Arbeiten – etwa im Rahmen eines Ehrenamtes – zu leisten.[31] Dabei gab es deutliche Unterschiede zwischen den Ländern: Während in Deutschland, Holland und Norwegen der Anteil ehrenamtlicher Tätigkeit bei über 40 Prozent lag, war er in Bulgarien, Ungarn und Litauen mit unter 10 Prozent gering.[32]

Freiwillige Helfer sind bzw. erleben sich[33] deutlich gesünder (um etwa 10 Prozent einer Standardabweichung) als Nichthelfer.[34] Die multivariate Analyse der Daten ergab hier einen direkten Effekt und einen indirekten, der über das Einkommen vermittelt war. Der direkte Effekt machte jedoch mehr als 80 Prozent des Gesamteffektes aus, sodass man den Effekt des Ehrenamtes im Wesentlichen *nicht* auf das etwas höhere Einkommen der Helfer zurückführen kann. Der Effekt eines Ehrenamtes auf die Gesundheit ist beachtlich und wird von den Autoren wie folgt kommentiert: »Der gesamte Zusammenhang stellt sich als erheblich heraus: Er korrespondiert mit der besseren Gesundheit eines um fünf Jahre jüngeren Alters.«[35] Kurz: Wer einem Ehrenamt nachgeht, ist also im Mittel so gesund wie jemand, der volle fünf Jahre jünger ist und kein Ehrenamt ausführt!

Helfen mit und ohne Stress

Nicht jede Hilfeleistung wirkt sich positiv auf denjenigen aus, der Hilfe leistet. Wenn dem so wäre, müssten Krankenschwestern und Altenpfleger die glücklichsten Menschen der Welt sein. Dem ist nicht so – im Gegenteil: Viele Menschen, die sich entweder beruflich oder längerfristig privat in der Pflege engagieren, leiden und werden krank, wie große Studien zeigen.[36]

Andererseits kann man die oben angeführten Studien auch nicht vom Tisch wischen. Die Frage »Wer hat nun recht?« ist daher offenbar falsch gestellt. Es geht vielmehr darum, unter welchen Bedingungen das Helfen sich positiv und unter welchen Bedingungen es sich negativ auswirkt.

Hierzu gibt es mittlerweile eine Reihe robuster Erkenntnisse. In einer Arbeit mit dem schönen Titel *Bedeutet eine helfende Hand ein schweres Herz?*[37] wurden 73 Menschen untersucht, die ihren kranken oder behinderten Partner über längere Zeit pflegten. Es wurden sowohl positive wie negative Emotionen erfasst, ebenso wie die Mühen des Alltags im Einzelnen, die Schwere der Erkrankung/Behinderung und die Qualität der Partnerbeziehung. Es zeigten sich dabei erwartete und unerwartete Effekte: Die Schwere der Krankheit und das Ausmaß der Zeit, die man »in Rufbereitschaft« ist, wirken sich erwartungsgemäß negativ auf den Pflegenden aus. Kontrolliert man diese Faktoren, so zeigt sich dennoch ein positiver Effekt, insbesondere dann, wenn beide Partner sich als wechselseitig anhängige Gemeinschaft erleben. »Wenn man einer geschätzten oder geliebten Person hilft, dürfte das der eigenen Gesundheit eher nützen«, folgern die Autoren aus ihren Daten.[38]

In mehreren zusammenfassenden Arbeiten werden die folgenden Ursachen für negative Auswirkungen des Helfens genannt:[39]

1. Die Pflege eines nahen Angehörigen geht oft mit vielen kleinen Unannehmlichkeiten einher, die sich über die Zeit hinweg aufaddieren und belastend wirken, ganz unabhängig von der Tatsache des Helfens. In Studien, die solche kleinen Auswirkungen genau erfassen und es erlauben, sie aus den Daten »herauszurechnen«, ergibt sich nicht selten unter dem Strich ein positiver Effekt des Helfens.
2. Nicht jeder erlebt sich als aktiv und kompetent in der Pflege. Wer sich überfordert fühlt (ganz gleich, ob er beispielsweise wegen eigener Krankheit überfordert ist oder nicht), erlebt sich als seinem Schicksal ausgeliefert. Und genau dieses Erleben ist identisch mit Stress (vgl. Kapitel 4) – mit all seinen negativen Folgen.
3. Ist jemand aus sich heraus (intrinsisch) zur Pflege eines anderen motiviert, wird die Tätigkeit deutlich positiver erlebt als bei (extrinsischer) Fremdmotivation. Dies betrifft keineswegs nur denjenigen, der für Geld arbeitet, sondern beispielsweise auch denjenigen, der aus reiner Verantwortung, sozialem Druck oder übertriebenem Pflichtgefühl handelt und seine eigenen Bedürfnisse dabei vollkommen vernachlässigt.
4. Das Pflegen eines Angehörigen kann zur eigenen sozialen Isolation führen, denn die Zeit der Pflege geht auch von der mit anderen Menschen verbrachten Zeit ab. Hieraus kann Einsamkeit resultieren, und es käme ein Teufelskreis in Gang.
5. Oft muss der Pflegende zusehen, wie der Partner zunehmend schwächer wird, leidet und – insbesondere bei Demenzkranken – immer weniger »da« ist. Dieses Erleben ist für sich allein, völlig unabhängig von der Pflege, oft stark belastend.
6. Entsprechend nimmt die Qualität der Beziehung ab. Aus einem wechselseitigen Geben und Nehmen wird mit der Zeit ein immer einseitigeres Geben. Kommunikation, Intimität und real gelebte Beziehung nehmen ab, die »Last« der Pflege nimmt zu.

Wie diese kleine Auflistung zeigt, ist Helfen nicht gleich Helfen. Vielmehr kommt es auf die Umstände an, und es kristallisiert sich ein Faktor als besonders wichtig heraus, der in Kapitel 4 bereits intensiv diskutiert wurde: die Kontrolle, die jemand über seine Lebensumstände hat. Wer sich den Dingen (dem »Schicksal«, wie man auch oft sagt) passiv ausgesetzt sieht, erlebt Stress und findet sich in einer Abwärtsspirale wieder. Wer freiwillig anderen hilft, erlebt genau das Gegenteil: Selbstwirksamkeit! »Ich kann etwas tun. Für andere. Wir sind nicht unserem Schicksal ausgeliefert. Wir schaffen das.« Gedanken wie diese reduzieren Stress und fördern Autonomie und positive Emotionen. Und sie laufen auf mehr Gemeinschaft hinaus und damit auf all die positiven Erlebnisse und Auswirkungen, die diese mit sich bringt.

Musizieren, Singen und Tanzen

Menschen sind die einzigen Primaten, die musizieren, singen und tanzen. Das tun sie nicht nur manchmal oder zur Zeit der Balz in geschlechtshormongeschwängerten, schwach beleuchteten Discos, sondern zu allen Zeiten und überall auf der Welt. Die Anthropologen, die dies herausgefunden haben, waren selbst erstaunt darüber, dass es keine menschliche Kultur gibt, in der keine Musik vorkommt.[40] Wie recht neue Untersuchungen zeigen, liegt dies u. a. daran, dass gemeinsames, koordiniertes Bewegen und Tun – wie es mit Musizieren, Singen und Tanzen nun einmal einhergeht – zu mehr Kooperation, also Gemeinschaft, führt.

Nun gibt es dazu viele Meinungen, die das bestätigen, aber auch andere, die daran zweifeln. Mein Freund Thomas – studierter Musiker mit viel Orchestererfahrung – beispielsweise sagte einmal, angesprochen auf Musik und Prosozialität (sinngemäß): »Wenn du wüsstest, wie wenig kollegial es in manchen

Orchestern zugeht, würdest du dir nicht solche Gedanken machen.« Empirische Untersuchungen zeigen, dass sich solche Gedanken tatsächlich lohnen.

So publizierten die Psychologen Scott Wiltermuth und Chip Heath von der Stanford University clever ausgedachte Experimente, die nicht nur die Frage beantworten sollten, ob es prosoziale Effekte durch gemeinsames Singen gibt, sondern auch die Frage, ob das gemeinsame Bewegen – also das Tanzen – einen zusätzlichen Effekt hat.

Im ersten mit 30 Studenten (Durchschnittsalter 20 Jahre, 18 weiblich) durchgeführten Experiment machte der Versuchsleiter mit Dreiergruppen einen Spaziergang über den Campus der Uni, wobei er die Studenten entweder dazu anhielt, im Gleichschritt zu laufen oder nicht. Danach mussten sie einen Fragebogen ausfüllen, und dann war der Spaziergang beendet. Das Experiment aber nicht. Denn als Nächstes wurde die Gruppe von einem zweiten Versuchsleiter übernommen, der mit der Gruppe nun – für die Probanden völlig unabhängig vom Spaziergang – einen Test machte, der das Vertrauen jedes der drei Gruppenmitglieder zu den anderen beiden erfassen sollte.[41]

Das Ergebnis des Experiments war eindeutig (siehe Grafik 9.2): Wer miteinander im Gleichschritt gelaufen war, fühlte sich stärker zusammengehörig, vertraute den anderen mehr und handelte im Test auch entsprechend, jeweils verglichen mit dem bloßen Spaziergang »ohne Tritt« (wie man das »Nicht-im-Gleichschritt-Laufen« im militärischen Kontext nennt). Im Hinblick auf Glücksgefühle gab es hingegen keinen Unterschied zwischen den Bedingungen »synchron laufen« und »nicht synchron laufen«.

Im zweiten Experiment mit 96 Teilnehmern (56 Prozent weiblich, Durchschnittsalter 21 Jahre) ging es ebenfalls um synchrones Agieren, nämlich um gemeinsames Singen mit und ohne gemeinsamem koordinierten Bewegen. Beides führte zu mehr Kooperation im Vergleich zu asynchronem Singen und Bewegen oder

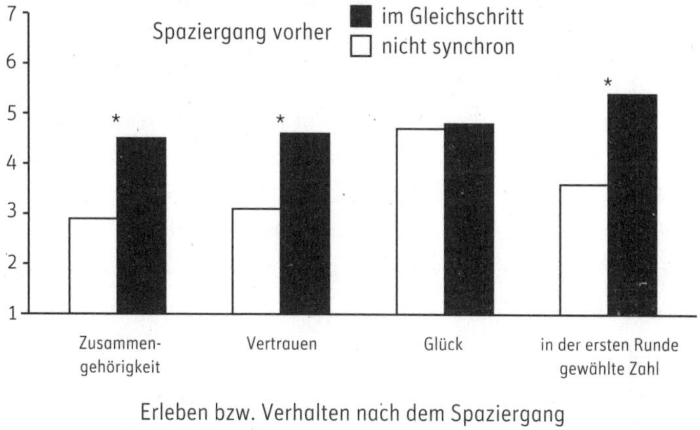

9.2: Effekt der Koordination des Gehens auf das nachfolgende Erleben und kooperative Verhalten.[42]

zum einfachen Stillsitzen (weder Singen noch Bewegen). Das Bewegen war sogar überflüssig, denn das gemeinsame Singen sorgte bereits für mehr Kooperation. In einem dritten Experiment wurde dies dann nochmals bestätigt, wobei die positiven Effekte sogar über fünf Runden eines danach gespielten Vertrauensspiels anhielten.[43] »Unsere Ergebnisse zeigen, dass kulturelle Praktiken, die synchrone Aktionen beinhalten (wie Musik, Tanz oder Marschieren), einer Gruppe dabei helfen, das Problem der Trittbrettfahrer [Menschen, die nichts zur Gruppe beitragen, aber von ihr profitieren] zu mindern und ihre möglicherweise aufwendigen sozialen Aktivitäten zu koordinieren. Rituale der Synchronie haben wahrscheinlich manchen kulturellen Gruppen einen Vorteil ihrer gesellschaftlichen Evolution ermöglicht, was dazu geführt hat, dass diese überlebten, wo andere versagt haben«, kommentieren die Autoren ihre Ergebnisse.

Dass gemeinsames Tanzen prosoziale Auswirkungen hat, konnten Diane Ehlers und ihre Kollegen im Rahmen eines Experiments mit 69 Erwachsenen nachweisen. Das Ausmaß von Stress und Einsamkeit nahm zugleich signifikant ab.[44]

Mittlerweile liegt eine ganze Reihe entsprechender Studien vor.[45] Eine Metaanalyse von 60 Experimenten zu den Auswirkungen von synchronem Handeln ergab einen Effekt von 49 Prozent mehr prosozialer Einstellung und 45 Prozent mehr prosozialem Handeln.[46] Schon bei vierjährigen Kindern lässt sich der prosoziale Effekt gemeinsamen Musizierens oder Singens nachweisen.[47]

Fassen wir zusammen

Dem aufmerksamen Leser wird nicht entgangen sein, dass wir damit fast wieder beim eingangs erwähnten Kirchenchor angekommen wären. Aber es fehlt noch die Spiritualität (siehe das nächste Kapitel), und zweitens kann es an dieser Stelle nicht um einfache Ratschläge gehen. Mir kam es in diesem Kapitel vielmehr darauf an, auf Erkenntnisse hinzuweisen, die wegweisend sein könnten, wenn man darüber nachdenkt, wie der zunehmenden Einsamkeit in unserer Gesellschaft (und deren heftigen Auswirkungen auf Gesundheit und Wohlbefinden) begegnet werden kann. Es geht weder um Rezepte für Glück noch um die Herstellung von Gemeinschaft um jeden Preis.

Es geht aus meiner Sicht vielmehr darum, zu erkennen, was uns Menschen als Gemeinschaftswesen ausmacht, wie tief dieser soziale Aspekt in uns verwurzelt ist und wie wir es schaffen, zuweilen verschüttete kulturelle Praktiken wieder zum Leben zu erwecken. Geben, Helfen (jeweils »aus dem Herzen« und nicht, weil man muss oder genötigt wird), Musizieren, Singen und Tanzen sind Teil *jeder* Kultur. Ganz einfach deswegen, weil Kulturen, die diese Aktivitäten nicht gepflegt haben, nicht überlebten.

Anders gesagt: Bei den ersten beiden Tätigkeiten, Geben und Helfen, handelt es sich um Akte der Kooperation und bei den anderen drei Aktivitäten (Musik, Gesang, Tanz) um Akte der Koordination, die erwiesenermaßen Kooperation befördern. Das ahnte mancher schon lange, aber wirklich nachgewiesen wurde es erst in den letzten Jahren.

Aus dieser Sicht ist bedauerlich, dass in Kindertagesstätten und Schulen heute weniger gesungen und musiziert wird als früher, dass »Gesellschaftstanz« in den meisten entwickelten Gesellschaften nicht mehr den Stellenwert hat, den das tägliche gemeinsame Tanzen in einfachen (»primitiven«) Gesellschaften hatte (siehe Foto 9.3), oder dass Egoismus für viele Menschen eine selbstverständliche Verhaltensnorm darstellt.

Geben und Helfen führen in ökonomischer Sicht zum Verlust von Geld und Zeit. Dennoch wurde gerade in den letzten Jahr-

9.3: Das gemeinsame Tanzen ist Bestandteil des Alltags bei den San in Namibia, die in nordöstlichen Landesteilen noch heute als Jäger und Sammler (fast) so leben wie vor Jahrtausenden in der Steinzeit.[48]

zehnten mit den Mitteln der experimentellen Verhaltensökonomie und mittlerweile auch der Neuroökonomie gezeigt, dass Menschen großen Wert auf Gerechtigkeit und Gleichheit legen. Sie zahlen sogar dafür, wenn sie die Möglichkeit dazu haben. Wer annimmt, Menschen seien »von Grund auf« (oder gar: »von Natur aus«) egoistisch, kann dies nicht erklären! Ebenso wenig verträgt sich diese Annahme mit dem Befund, dass Glück und Gesundheit sehr viel mit funktionierender Gemeinschaft zu tun haben – und damit mit Gerechtigkeit und Gleichheit.

Alle Handlungen, die uns einander näherbringen, wirken gegen Einsamkeit. Einem Bedürftigen etwas geben, helfen, sich koordiniert bewegen (und zugleich gemeinsam Wohlklang erzeugen) sind solche Handlungen. Einsamkeit ist daher kein Schicksal, weder für den Einzelnen noch für unsere Gesellschaft. Jeder Einzelne kann sich mehr um andere kümmern, und unsere Gesellschaft kann dem mehr Raum geben und für eine »artgerechtere« – gemeinschaftsorientierte und damit menschlichere – Umgebung sorgen.

10

EINSAMKEIT SUCHEN

Jeder kennt das Gefühl, beispielsweise nach einem anstrengenden Arbeitstag von allem und insbesondere auch von allen Menschen um sich herum genug zu haben und sich am liebsten in einer Höhle verkriechen zu wollen. In der Hinsicht geht es Männern genauso wie Frauen: Man möchte seine Ruhe haben, niemanden sehen oder gar sprechen. Man ist erfüllt von dem Gedanken: Einsamkeit – das wäre jetzt das Paradies auf Erden.

Nach alldem, was in den vorherigen Kapiteln ausgeführt wurde, mag das paradox klingen, aber in diesem Fall kann es tatsächlich sehr sinnvoll sein, genau das zu tun, was man sich wünscht: die Einsamkeit suchen. Sie müssen es nur richtig anstellen! Dazu gehört, sich *nicht* abzulenken, den Fernseher *nicht* anzuschalten und *nicht* einfach ein paar Stunden im Internet zu verdaddeln. Dies alles zerstreut uns kurzfristig nur noch mehr, statt dass wir uns »sammeln«; es hinterlässt mittelfristig ein schales Gefühl und ist langfristig gesundheitsschädlich. Wie und wo also sollten Sie die Einsamkeit suchen?

Die Antwort ist ganz einfach: aktiv und draußen! Überlassen Sie sich nicht passiv der Einsamkeit, denn Tagträumen macht nachweislich depressiv. Dies ist das Ergebnis einer ganzen Reihe von Experimenten, die im Fachblatt *Science* von Psychologen der Harvard-Universität in den USA publiziert wurden.[1] Von dort kamen einige Jahre später noch weitere zehn ebenfalls in *Science* publizierte Experimente, die zeigten, dass das Alleinsein mit den eigenen Gedanken unangenehm erlebt wird – so sehr, dass sich nicht wenige ganz normale Probanden lieber Schmerzen (mittels leichter Elektroschocks) zufügten, als für sich einfach nur nachzudenken.[2] Wenn Sie also Einsamkeit erleben möchten, dann suchen Sie diese aktiv auf – am besten in der freien Natur.

Wenn Sie die Einsamkeit suchen, dann gehen Sie ins Grüne oder ins Blaue! Dieser Gedanke mag zunächst im vorliegenden Kontext abwegig erscheinen, er ist jedoch das Ergebnis einer ganzen Reihe sorgfältig durchgeführter wissenschaftlicher Untersuchungen. Ganz allgemein lässt sich beobachten, dass sehr viele Menschen gerne hinaus in die Natur gehen bzw. sich die Natur zumindest nach Kräften in ihre Wohnung holen. Wir hängen Landschaftsbilder an die Wand, stellen Pflanzen im Zimmer auf und freuen uns über Blumen. Menschen profitieren aus vielerlei Gründen vom Kontakt mit der Natur: Sie fühlen sich wohler, gesünder, ruhiger, energiegeladen, und sie haben weniger Stress.

In einem Experiment hat man beispielsweise Versuchspersonen einen Film von Arbeitsunfällen gezeigt, was bekanntermaßen Stress auslöst. Danach wurden sie zufällig verschiedenen Gruppen zugeordnet (Entspannung, Naturbetrachtung, Betrachtung anderer Bilder), und es wurden unter anderem körperliche Parameter der Stressreaktion gemessen. Hierbei zeigte sich, dass die Naturbetrachtung den durch den Film ausgelösten Stress am deutlichsten minderte, denn dies führte zur Aktivierung des parasympathischen Nervensystems – dem Teil des vegetativen Nervensystems, der für den Erhalt und die Regeneration des Körpers zuständig ist, im Gegensatz zum sympathischen Nervensystem, das bei Stress aktiviert wird.[3]

Wissenschaftler von der kalifornischen Stanford University ließen 60 Probanden per Zufall 50 Minuten lang entweder in der Stadt oder in der Natur spazieren. Jeweils vorher und nachher wurde eine Reihe psychologischer Tests vorgenommen. Wie diese im Vorher-nachher-Vergleich zeigten, führte der Aufenthalt in der Natur (im Gegensatz zum Aufenthalt in der Stadt) zu einer Minderung von Angst, Grübeln und negativer Gestimmtheit. Auch das Denkvermögen war in einem Test, in dem es um

Mathematik und Gedächtnis ging, durch das Naturerlebnis verbessert.[4]

Ein 90-minütiger Spaziergang in der Natur reduziert insbesondere auch das Grübeln, also das fast zwanghaft erfolgende ängstliche Nachdenken über sich selbst, das viele depressive Menschen so quält. Ein Spaziergang in der Stadt hat diesen Effekt nicht, wobei die Zuordnung zur Umgebung (Natur oder Stadt) per Zufall erfolgte. Weil man die das Grübeln begleitende Gehirnaktivierung bei depressiven Patienten schon mittels funktioneller Magnetresonanztomografie (fMRT) gemessen hat, lag es nahe, dies auch vor und nach dem Spaziergang zu tun. Hierbei zeigte sich tatsächlich, dass die Aktivierung eines bestimmten Gehirnareals – des subgenualen präfrontalen Kortex – nach dem Spaziergang in der Natur, nicht aber nach dem Spaziergang in der Stadt abgenommen hatte.[5] Da gerade das Grübeln sich im Laufe der Zeit zu einer Depression auswachsen kann, kommt den Autoren des Experiments zufolge dem Naturerleben eine prophylaktische Wirkung zu.

Auch die Kreativität nimmt beim Aufenthalt in der Natur zu, wie britische Wissenschaftler in einer Arbeit mit dem schönen Titel *Kreativität in der Wildnis* berichten. Man verwendete hierzu Kreativitätstests, bei denen man zu drei vorgegebenen Wörtern ein viertes Wort finden muss, das mit den drei Wörtern in Verbindung steht. Hierbei kann es sich um ein Synonym, eine gemeinsame Wortbildung oder einen assoziativen Zusammenhang handeln. Das hört sich kompliziert an und ist tatsächlich gar nicht so einfach. Man versteht die Aufgabe am besten anhand von Beispielen: Welches Wort »passt« zu den folgenden drei Wörtern: »Wald, Frosch, Säge«. Die Antwort: »Laub« (»Laubwald«, »Laubfrosch« und »Laubsäge« sind Wortbildungen). Und noch ein Beispiel: Welches Wort »passt« zu den folgenden drei Wörtern: »Schach, Bahn, Charakter«. Die Antwort: »Zug« (denn den gibt es bei der Bahn und beim Schach, und dann gibt es noch die Wortbildung »Charakterzug«).

Jeweils zehn solcher standardisierter kreativer Problemlöseaufgaben hatten 24 Probanden *vor* einer viertägigen Wanderung durch die Natur – »ohne Verbindung zu Multimedia und Technik«, wie die Autoren eigens hervorheben[6] – und 32 Probanden *nach* einer solchen Wanderung zu lösen. Hierbei zeigte sich eine Verbesserung der Kreativität in der Gruppe, die den Test nach dem Wandern ausführte, um beachtenswerte 50 Prozent gegenüber der Gruppe, die den Test vor dem Wandern absolvierte.

Eine weitere Studie ging der Frage nach, ob beim Laufen in der Natur die Kreativität durch das Laufen oder durch die Natur gesteigert wird. Denn sowohl für körperliche Aktivität[7] als auch für das Naturerlebnis[8] wurden jeweils positive Auswirkungen auf die Kreativität nachgewiesen. Die Wissenschaftler wurden hierzu selbst kreativ und ersannen zwei weitere Kontrollbedingungen. Man verglich also nicht einfach das Sitzen drinnen am Schreibtisch mit dem Laufen draußen in der Natur, sondern zudem das Laufen drinnen auf einem Laufband und – die witzigste Experimentalbedingung – das In-einem-Rollstuhl-durch-den-Wald-geschoben-Werden. Hierbei zeigte sich, dass sowohl das Laufen als auch die Natur einen jeweils eigenen positiven Effekt auf die Kreativität hat. Will man also sehr kreativ sein, dann geht nichts über Joggen im Wald!

Von diesen im Experiment gefundenen kurzfristigen Auswirkungen des Naturerlebens sind langfristige Effekte auf die Gesundheit zu unterscheiden. Der Aufenthalt in der Natur reduziert Stress und hat positive Wirkungen auf die körperliche und seelische Gesundheit (siehe hierzu Tabelle 10.1). Zudem wurde ermittelt, dass die Umgebung mit zunehmender Naturnähe eine gesündere Ausstrahlung hat. Es geht dabei ganz konkret um Pflanzen (Rasen, Büsche, Bäume) und Wasser, weswegen in der englischsprachigen Literatur auch von *green space* und *blue space* die Rede ist. Je begrünter die Umgebung in Münchner Stadtteilen ist, desto geringer ist der Blutdruck der dort lebenden zehnjährigen Kinder.[9] Engländer, die in der Nähe

Jahr	Land	Anzahl der untersuchten Personen	Was?	Effekt
2014[10]	Großbritannien	1064	Umzug in naturnähere Gegend	Bessere seelische Gesundheit
2014[11]	USA	2479	Anteil des Baumbestands in der Wohngegend	Je größer, desto bessere seelische Gesundheit
2015[12]	USA	4338	Index der Vegetation	Geringeres Auftreten von Depression
2009[13]	Holland	345 143	Grünflächen in der Wohnumgebung	Je mehr, desto weniger Depression und Angst
2014[14]	Deutschland	2078	Begrünung der Wohngegend im Stadtgebiet (%)	Je weniger, desto höher der Blutdruck von zehnjährigen Kindern
2013[15]	Neuseeland	(keine Angaben)	Begrünung der Gegend (%)	Je höher, desto weniger Angststörungen und affektive Störungen
2010[16]	Japan	280	15 Min. Aufenthalt im Wald	Verminderung von Cortisol, Puls und Blutdruck
2013[17]	Schottland	106	Begrünung der Wohngegend (%)	Je höher, desto weniger Cortisol im Speichel
2010[18]	Dänemark	11 238	Mehr als 1 km von Bäumen entfernt wohnen	Stress (Self-Report) um 42 % erhöht; geringere seelische und körperliche Gesundheit, Vitalität, mehr Schmerzsymptome
2013[19]	Großbritannien	12 360	Lebensraum in Küstennähe	Bessere körperliche und seelische Gesundheit

Tabelle 10.1: Studien zu den Auswirkungen der Natur auf die Gesundheit.

der Küste leben, sind im Vergleich zu ihren weiter vom Meer entfernt wohnenden Landsleuten gesünder.[20] Die Wissenschaft und insbesondere die Medizin hat damit bestätigt, was viele Menschen spüren: Natur tut uns gut.

Eine Studie aus Großbritannien[21] brachte das Kunststück fertig, 169 Familien mit Kindern (91 Jungen, 78 Mädchen) im Alter von sieben bis zwölf Jahren aus sozial schwachen Verhältnissen per Zufall in Sozialwohnungen unterzubringen, die sich in zwölf verschiedenen Wohnblöcken mit unterschiedlicher unmittelbarer Nähe von Begrünung befanden: Manche Wohnungen waren von Asphalt, Beton und Mauern, andere hingegen von Rasen und/oder Bäumen umgeben. Gemessen wurde die Selbstregulationsfähigkeit bzw. Selbstdisziplin der Kinder, d.h. deren Konzentrationsfähigkeit sowie ihre Fähigkeit zur Impulskontrolle und zum Gratifikationsaufschub. In allen drei Maßen zeigten Mädchen einen deutlichen und statistisch signifikanten Effekt: Wohnten sie im Grünen, war ihre Selbstregulationsfähigkeit größer; sie waren konzentrierter und hatten sich und vor allem ihre Emotionen besser im Griff. Bei Jungen wurde kein Effekt festgestellt.

Ebenfalls aus Großbritannien kommt eine Studie, welche die Möglichkeiten der Digitaltechnik (Smartphones) auf kreative Weise nutzte, um die Auswirkungen der Umgebung auf das Befinden von Menschen zu messen.[22] 20 000 Personen wurden über ihr Smartphone zu zufällig ausgewählten Zeitpunkten aufgefordert, ein paar Fragen am Bildschirm zu ihrem Befinden zu beantworten. Gleichzeitig zeichnete das im Smartphone eingebaute Satellitennavigationssystem (GPS) den genauen Standort der Person auf. Die Standortdaten wurden verwendet, um für jede Person einzeln Unterschiede ihres Befindens in Abhängigkeit von der Begrünung der jeweiligen unmittelbaren Umgebung zu messen. Um nicht Irrtümern aufzusitzen, wurden zugleich auch das Wetter, die Tageszeit und die jeweils von der Person gerade unternommene Aktivität erfasst und ob sie allein oder in Begleitung war. Die Daten zeigten eines ganz klar: Die Leute fühlen sich wohler und sind glücklicher, wenn sie sich draußen in der Natur aufhalten – im Gegensatz zum »lebensfeindlichen Grau«[23] von Beton und Asphalt.

Waldbaden

Betrachtet man sich die in Tabelle 10.1 angeführten Studien etwas genauer, so fällt zunächst auf, dass es vielfältige Auswirkungen zu geben scheint, die jedoch Überlappungen aufweisen. Diese deuten klar darauf hin, dass die Natur einen stressreduzierenden Effekt hat. Dies haben japanische Wissenschaftler auch direkt zeigen können, die den physiologischen Auswirkungen des Aufenthaltes im Wald – sitzend oder gehend – nachgingen.[24] Auf Anregung des dortigen Ministeriums für Land- und Forstwirtschaft sowie Fischereiwesen spricht man in Japan seit 1982 – etwa analog zum hiesigen »Sonnenbaden« – vom »Waldbaden« *(Shinrin-yoku)*. Man nimmt den Wald ja *mit allen Sinnen* auf, wie das Wasser beim Tauchen.[25]

Um herauszubekommen, was dabei geschieht, saßen oder liefen jeweils zwölf männliche Studenten im Alter von ungefähr 21 Jahren für etwa eine Viertelstunde im Wald. Man machte das Ganze 24-mal in unterschiedlichen bewaldeten Arealen des Landes, um auszuschließen, dass es um die Effekte irgendeines bestimmten Waldes geht. Nein, man wollte schlicht wissen, wie der Wald auf uns einwirkt. Es wurden also jeweils vorher und nachher Puls, Blutdruck (systolisch und diastolisch), Pulsvariabilität und Cortisol im Speichel gemessen. Zudem wurde die Stimmung der Probanden mithilfe von 30 Adjektiven erfasst, deren Zutreffen auf das eigene momentane Befinden auf einer Skala von 0 bis 4 einzuschätzen war. Daraus wurden statistisch sechs Dimensionen gewonnen: Angst und Anspannung (A), Depression und Niedergeschlagenheit (D), Wut und Aggressivität

(W), Müdigkeit (F), Verwirrtheit (C) und Vitalität (V). Insgesamt zeigte die Studie, dass der Aufenthalt im Wald die Konzentration des Stresshormons Cortisol im Blut, den Puls und den Blutdruck vermindert. Zugleich fühlen sich die Menschen ausgeglichener und wohler.

Nicht jeder wohnt in der Nähe eines Waldes. Daher ist es von Bedeutung, dass sogar zunächst klein erscheinende Veränderungen in der Umgebung messbare Auswirkungen auf die Gesundheit und das Wohlbefinden eines Menschen haben.

In einer groß angelegten Untersuchung aus den Niederlanden[26] wurde gemessen, wie viel Prozent Grünfläche im Umkreis von einem bzw. drei Kilometern um die Wohnung einer betreffenden Person vorhanden ist. Man verwendete hierzu Daten zu 24 häufigen Erkrankungen bei insgesamt 345 143 Patienten aus 96 Hausarztpraxen. In einer Umgebung mit 10 Prozent mehr Begrünung als der Durchschnitt war bei 15 der 24 Krankheiten das Erkrankungsrisiko vermindert. Betrachtete man die weitere Umgebung (drei Kilometer Umkreis), so gab es kaum noch Auswirkungen. Für die Gesundheit der Wohngegend ist also die *nähere* Umgebung der Wohnung entscheidend!

Dies zeigte sich besonders deutlich, wenn man Menschen, die 10 Prozent Grün in ihrer Umgebung (ein Kilometer Umkreis) haben, mit Menschen mit 90 Prozent Grün in der Umgebung verglich: Bei nur 10 Prozent Grün war im Vergleich zu einer starken Begrünung eine Depression um 25 Prozent und eine Angststörung um 30 Prozent wahrscheinlicher. Ganz allgemein war der Zusammenhang zwischen der Begrünung der Umgebung und der durch den Hausarzt eingeschätzten Morbidität eines Menschen etwa so stark wie der Zusammenhang zwischen dem Alter und der Morbidität. »Ein Prozent mehr Begrünung hat dabei etwa die gleiche Auswirkung auf den Gesundheitszustand eines Menschen wie ein um ein Jahr jüngeres Alter«, kommentieren die Autoren ihre Ergebnisse.[27] Zudem wurde festgestellt, dass der Zusammenhang zwischen Begrünung der unmittelbaren Umgebung der Wohnung und dem Vorhandensein von Krankheiten bei denjenigen am größten ist, bei denen man dies auch erwarten würde, nämlich bei Kindern und bei Menschen aus sozial benachteiligten Schichten. Hilft es, wenn man in eine grünere Gegend – mehr Bäume am Straßenrand, mehr private Gärten und öffentliche Parks in der gleichen Stadt – umzieht?

Aus wissenschaftlicher Sicht kann man diese Frage tatsächlich mit »Ja« beantworten, denn genau dies wurde in einer Längsschnittstudie untersucht.[28] Man fand heraus, dass dies die Menschen glücklicher und zufriedener mit ihrem Leben macht, mindestens für die folgenden drei Jahre. Der Effekt war nicht besonders groß, hatte doch der Umzug in eine grünere Gegend für das persönliche Glück nur etwa ein Zehntel der Bedeutung des eigenen Arbeitsplatzes und ein Drittel der Bedeutung einer Paarbeziehung (zwei gut untersuchte Faktoren, die das Lebensglück und die langfristige Zufriedenheit eines Menschen sehr deutlich beeinflussen[29]). Gegenüber einem anderen bekannten Indikator des erlebten Glücks – der Kriminalität in der Wohngegend – war der Effekt der grüneren Umgebung jedoch stärker ausgeprägt. Insgesamt zeigt die Studie, dass der Umzug in eine grünere Umgebung sich positiv auf die Gesundheit auswirkt.

Vor dem Hintergrund der genannten Erkenntnisse verwundert es übrigens nicht, dass die langfristige Naturverbundenheit eines Menschen mit dessen Glück zusammenhängt, wie eine Metaanalyse von 30 Studien mit insgesamt 8523 Personen ergab.[30] Das Naturerlebnis bewirkt Glück, Zufriedenheit und Gesundheit.[31] Im Hinblick auf unser Thema ist jedoch von größter Bedeutung, dass sich das Naturerlebnis auch günstig auf den sozialen Zusammenhalt einer Gemeinschaft auswirkt. Menschen werden zu »besseren Menschen«, wenn sie sich in der Natur aufhalten; sie können nicht nur klarer und kreativer denken und sind besser gestimmt sowie langfristig gesünder, sondern sie verhalten sich sogar in moralischer Hinsicht menschlicher in dem Sinne, dass sie sich etwas weniger um sich selbst und etwas mehr um andere kümmern. In der Natur sind ihnen Werte wie Gemeinschaft und Verbundenheit wichtiger und materielle Werte unwichtiger. Dies hat zur Folge, dass es durch das Naturerlebnis nachweislich zu einer Verminderung von Aggressivität, Gewalt und Kriminalität kommt.[32] Warum ist das so?

Ehrfurcht und Empathie

»Zwei Dinge erfüllen das Gemüt mit immer neuer und zunehmender Bewunderung und Ehrfurcht, je öfter und anhaltender sich das Nachdenken damit beschäftigt: der bestirnte Himmel über mir und das moralische Gesetz in mir.« Dieses bekannte Zitat stammt von Immanuel Kant (1724–1804), dem wichtigsten deutschen Philosophen der Aufklärung.[33]

Das Kant-Zitat mutet schon formal aufgrund der verwendeten Sprache eigenartig an. Auch inhaltlich tut sich der heutige Mensch schwer mit der hier behaupteten Verbindung von Sternenhimmel einerseits (einem Phänomen der Natur bzw. der Physik) und dem Menschen als soziales Gemeinschaftswesen andererseits (d.h. unter dem Blickwinkel von moralischer Handlung und damit Ethik). Wie meint Kant das? Oder: Was meint er überhaupt?

Liest man weiter in Kants Text (man muss sich Mühe geben, um nicht formal zu stolpern), so erfährt man durchaus genauer, was er hier meint: zunächst die Sinnlichkeit des unmittelbaren Erlebens – ich sehe die Sterne vor mir; es geht also nicht bloß um Gedanken oder Vermutungen, sondern um das Naturerlebnis. Und in diesem Erleben wird zweierlei wahrgenommen, nämlich Größe[34] und Kleinheit zugleich! Wer hätte dies nicht schon genau so erlebt, wenn man in einer klaren Sternennacht den Bick zum Himmel wendet? Und wenn man dann noch ein bisschen naturwissenschaftliche Grundbildung genossen hat, dann weiß man zudem, dass die hellen Punkte keine Löcher in einer dunkelblauen Wand sind, die nachts die Sonne verdunkelt, sondern riesige Sonnen in nicht vorstellbaren Weiten des Raums – mit Ausnahme der wenigen »Wandelsterne« (d.h. Planeten) und der vielen schnell dahinfliegenden Satelliten. Im Vergleich zu diesem Anblick wird man selbst unendlich klein.[35] Im Erleben des Großen, des (zumindest gefühlten) »Unendlichen« wird die eigene Kleinheit und Endlichkeit überdeutlich.

Auch im Bereich der Moral werden Größe und Kleinheit zugleich erlebt, aber in umgekehrter Reihenfolge, denn das Erleben beginnt bei der eigenen Winzigkeit. Wenn ich mich als Person begreife, die handelnd in das Weltgeschehen eingreift, dann erlebe ich zunächst meine Begrenztheit (»Wer bin ich denn schon im Vergleich zu allen anderen?«), denke aber auch die Offenheit der Gesellschaft und ihren Wandel in der Zukunft mit. Und so komme ich nicht wie beim Weltall vom Großen zum Kleinen, sondern vom Kleinen im Hier und Jetzt zum Großen, dem räumlich und zeitlich Unendlichen.[36]

Beim Anblick der Natur – Sternenhimmel, Wald, Wasserfälle, Meer, weites Land, Berge, Täler – erleben wir uns als Teil eines größeren Zusammenhangs. Dabei wird uns bewusst, wie winzig klein wir einerseits sind, doch zugleich auch wieder riesengroß (als Teil des Ganzen, zu dem wir gehören). Kant vermutete, dass uns dieses Gefühl dazu bringt, uns mitmenschlicher zu verhalten, und brachte diese Vermutung in dem oben zitierten Satz (sowie den in den Anmerkungen zitierten Worten) zum Ausdruck. Dies ist für das Funktionieren einer Gemeinschaft von erheblicher Bedeutung, denn sie funktioniert überhaupt nur aufgrund allgemeiner einzuhaltender Normen und Werte, die nicht aus den Gesetzen der Natur folgen, sondern die wir uns selbst geben.

Man könnte es mit diesen Gedanken an den engen Zusammenhang zwischen Naturerlebnis und moralischem Handeln bewenden lassen, gäbe es da nicht gerade heute in beiderlei Hinsicht so abgrundtiefe Defizite!

1) *Defizite im Naturerleben:* Der Stadtmensch (immerhin drei Viertel der Menschheit mit steigender Tendenz) hat kaum noch Kontakt zur Natur: Im Frühling blühen zwar die Blumen im Vorgarten, im Sommer wird die Hitze ertragen und der Rasen gegossen, im Herbst das Laub zusammengerecht, und vielleicht werden noch bei einem Waldspaziergang die bunten Farben bewundert. Im Winter schimpft man aber eher über Schneetreiben, Glatteis und andere »Launen« der Natur und genießt allenfalls im Skiurlaub den Anblick der verschneiten Berglandschaft.

Vor allem jüngere Menschen sehen gar nicht mehr ein, warum man sich überhaupt in die Natur begeben sollte: *Warum rausgehen, wenn man ein iPhone hat?,* titelte schon vor gut vier Jahren das Wirtschaftsmagazin *Economist* mit Bezug auf den Rückgang der Besucherzahlen amerikanischer Nationalparks.[37] Hierzulande ist es kaum anders: Meine Generation verbrachte in der Kindheit und Jugend einen wesentlichen Teil der freien Zeit an den Nachmittagen draußen, ganz selbstverständlich, denn irgendwo war immer etwas los, und sonst gab es ja nichts zu erleben. Heute verbringt der durchschnittliche Jugendliche täglich fünf bis sieben Stunden vor einem Bildschirm (TV, Spielkonsole, Video, Computer, Tablet, Smartphone) – und am Bildschirm lassen sich Empathie und Mitmenschlichkeit nicht erlernen.[38]

2) *Empathische und moralische Defizite:* Im Januar 2015 wurde berichtet, dass ein 32-jähriger Mann in Taiwan in einem Internetcafé gestorben war, nachdem er drei Tage ununterbrochen Computerspiele gespielt hatte. Die Todesursache war Herzversagen, wahrscheinlich lagen akuter Flüssigkeitsmangel und eine bereits bestehende Erkrankung des Herzens vor. Es war schon der zweite Fall dieser Art, nachdem am 1. Januar ein 38-jähriger Mann nach fünftägigem Computerspielen tot zusammengebrochen war. Der letzte Satz der Zeitungsmeldung lautete wie folgt:

»Nach Polizeiangaben reagierten andere Computerspieler in beiden Fällen völlig gleichgültig. Sie spielten teilweise sogar weiter, als die Spurensicherung für die Beweisaufnahme Tische absperrte.« Da stirbt also jemand in einem belebten Internetcafé, und an den umliegenden Rechnern wird unverdrossen weitergespielt.

Wer nun glaubt, es handele sich hier um Einzelfälle in Ostasien, die uns nichts anzugehen brauchen, der irrt. Einer Meldung des WDR vom 1. Februar 2015 zufolge fuhr ein unaufmerksamer Autofahrer nachts auf der A 2 in der Nähe von Magdeburg mit überhöhter Geschwindigkeit in ein Stauende. Das Auto überschlug sich und kam auf dem Dach zum Liegen; es gab sechs Verletzte. In der Meldung konnte man hierzu Folgendes lesen: »Nach Angaben der Polizei fuhren zahllose Autofahrer an der Unfallstelle vorbei, ohne zu helfen; einige machten sogar noch Fotos. [...] Die Polizei spricht von einem unbeschreiblichen Verhalten.«

Im Herbst 2017 schließlich starb ein Motorradfahrer nach einem schweren Verkehrsunfall – und wurde dabei mit einem Smartphone gefilmt. Mitten unter uns befinden sich hierzulande also ganz offensichtlich Menschen, deren Mitgefühl für das Leiden anderer eingeschränkt oder gar nicht mehr vorhanden ist.

Wollen wir in einer Gesellschaft von Menschen leben, die zu wirklichem Mitgefühl, zu moralischem Empfinden und darauf basierendem Handeln nicht mehr fähig sind? Ich glaube fest daran, dass die wenigsten Menschen eine solche Welt einer Gemeinschaft empathiefähiger Menschen vorziehen würden.

Die Defizite des heutigen Menschen im Hinblick auf Naturerleben und Empathie sind deutlich und von jedem erfahrbar, der mit etwas Aufmerksamkeit durch die Straßen geht. Aus meiner Sicht ist es daher eine bedeutende Einsicht, dass ein systematischer Zusammenhang zwischen Naturerleben und Sozialverhalten nicht nur vermutet werden kann, sondern tatsächlich auch empirisch gefunden wurde.

Intrinsische versus extrinsische Motive

Amerikanische Psychologen von der Universität Rochester interessierten sich für die Frage, welche Auswirkungen das Naturerlebnis auf die Einstellung von Menschen zu ihren Mitmenschen hat. Sie unterschieden hierzu zunächst zwei generelle Lebensziele, intrinsische und extrinsische. Intrinsische Motive betreffen unsere ureigenen Grundbedürfnisse wie das Bedürfnis nach Gemeinschaft, nach Vertrautheit und nach persönlichem Wachstum. Extrinsische Motive hingegen betreffen Dinge, die nicht selbst einen Wert haben, sondern deren Wert davon abgeleitet ist, dass alle danach streben. Geld oder ein guter Ruf sind Beispiele für derartige Motive.

Letztlich beziehen sich intrinsische Motive auf die Gemeinschaft, wohingegen extrinsische Motive sich auf uns selbst beziehen. Interessanterweise hängt das persönliche Glück sehr stark davon ab, ob man eher auf die Gemeinschaft oder auf sich selbst fokussiert ist: Gibt man beispielsweise Geld für andere aus, dann steigert dies das persönliche Glück. Gibt man hingegen Geld für sich selbst aus, nimmt das persönliche Glück hierdurch nicht zu.[39]

Wenn es nun so ist, dass unser Naturerlebnis eher Gedanken an das Aufgehobensein in einem größeren Zusammenhang, Gedanken an Gemeinschaft und an andere Menschen als Teil dieser Gemeinschaft weckt, wohingegen das Erleben von künstlichen Umgebungen uns eher an Einschränkungen auch durch andere und an letztlich egoistische Wertvorstellungen erinnert, dann sollten sich entsprechende Effekte auch nachweisen lassen.

Künstliche Umgebungen bringen wir eher mit unserem alltäglichen Leben und dem Stress, der damit einhergeht, in Verbindung: Druck, Hast, Interessen und deren Konflikte, Verkehrsstau und Konsum, Abhängigkeiten und Schwierigkeiten. All das erleben wir in der Stadt. Naturerleben schenkt uns demgegenüber Ruhe, Stressfreiheit, Autonomie und Freiheit. Die

Autoren formulieren dies wie folgt: »Aus phänomenologischer Sicht wird Autonomie erfahren als Verbindung mit sich selbst bzw. als Gefühl der Übereinstimmung mit sich selbst und Gefühl der Selbst-Autorenschaft sowie der Freiheit von externem und internem Druck […]. Insbesondere kann die Natur unsere Autonomie direkt stärken, indem sie uns mit stimulierenden Empfindungen versorgt, das heißt, interessanten und persönlich befriedigenden Umgebungsreizen, die uns an der Gegenwart orientieren, sowie Gelegenheiten, diese Erfahrungen mit aufmunternder Introspektion und einem kohärenten Sinn für sich selbst zu integrieren. Zudem gibt uns die Natur eine Alternative zum Stress des täglichen Lebens.«[40]

Zur empirischen Überprüfung dieser Gedanken führten die Autoren vier einfache Experimente durch. In allen Fällen wurden die Probanden zunächst zufällig der Natur- bzw. Nichtnaturgruppe zugeordnet. Anschließend sollten sie eine ganze Reihe von Fragebögen ausfüllen, in die entsprechende Fragen nach extrinsischen oder intrinsischen Motiven eingestreut waren. Dann erfolgte in den ersten drei Experimenten eine Bildbetrachtung mit gleichzeitiger akustischer meditativer Anweisung über Kopfhörer, wonach sich wiederum Fragebögen anschlossen, die erneut intrinsische und extrinsische Motive sowie den Grad ihres Eintauchens (Immersion) in die jeweils betrachteten Landschaften und das Vorhandensein positiver Emotionen wie Freude und Glück abfragten.

Beim ersten Experiment schauten sich die 98 Versuchspersonen vier Bilder an, entweder vier Landschaftsbilder (natürliche Landschaften) oder vier Bilder von Städten, also von Umgebungen, die von Menschenhand gestaltet wurden, jeweils für zwei Minuten, begleitet vom folgenden über Kopfhörer dargebotenen Text:

»Stellen Sie sich vor, Sie befinden sich an diesem Ort [Pause]. Schauen Sie sich um und achten Sie auf alle Aspekte Ihrer Umgebung [Pause]. Richten Sie Ihre Aufmerksamkeit auf die Farben [Pause]. Achten Sie auf die Strukturen. Stellen Sie sich vor, Sie würden die Luft atmen; achten Sie auf Gerüche in der Luft [Pause]. Stellen Sie sich Geräusche vor, die Sie hören könnten [Pause]. Nehmen Sie alle Aspekte der Umgebung vor Ihnen tief in sich auf.«

Danach wurden die Probanden nach dem Grad ihres Eintauchens in das Bild befragt: »Wie stark waren alle Ihre Sinne dabei?« – »Wie stark fühlten Sie, dass Sie an dem Ort, den Sie sahen, wirklich waren?« – »Wie stark beeindruckten Sie die visuellen Aspekte der Umgebung?« Diese Fragen waren jeweils auf einer Skala von 1 (gar nicht) bis 5 (sehr stark) zu beantworten. Danach wurden Motive abgefragt, intrinsische (soziale Beziehungen und Gemeinschaft, wie beispielsweise »tiefe und andauernde Beziehungen haben« oder »für die Verbesserung der Gesellschaft arbeiten«) und extrinsische (Geld und Ruf, wie beispielsweise »finanziell erfolgreich sein« oder »von anderen Menschen bewundert werden«). Naturerleben führte in diesem Experiment zu gesteigerter intrinsischer Motivation und persönlicher Autonomie (beinhaltete Sätze wie: »Ich fühle mich gerade frei und in der Lage, für mich selbst zu entscheiden, wie ich mein Leben führen will.« Oder: »Gerade jetzt fühle ich, dass ich ich selbst sein kann.«).

Ein zweites Experiment mit anderen Bildern hatte den gleichen Effekt. Der war allerdings nicht mit spezifischen Bildern verbunden, sondern damit, dass Landschaften versus artifizielle Stadtbilder gezeigt wurden. Weiterhin zeigte sich, dass die Effekte des Eintauchens in die Natur (versus in die Stadt) durch den Grad der Verbundenheit mit der Natur sowie den Grad der Autonomie, die jemand erlebt, bestimmt werden.

Ein drittes Experiment mit 85 Probanden wies nach, dass das Naturerleben direkte Verhaltenskonsequenzen im Sinne von Großzügigkeit bei Geldspenden für andere Menschen nach sich zog. »Je mehr die Probanden in die Naturbilder eintauchten, desto wahrscheinlicher fällten sie großzügige Entscheidungen;

und je mehr sie in Nichtnaturbilder eintauchten, desto weniger großzügig bzw. desto geiziger wurden sie.«[41]

In einem vierten Experiment mit 72 Probanden gingen die Autoren schließlich noch der Frage nach, ob diese Effekte auch durch »reale« Natur anstatt durch Naturbilder hervorzurufen sind. Dies war der Fall.

Das Naturerleben lässt also nachweislich unseren Egoismus schrumpfen, als würde unser Ego angesichts von Bergen und Tälern, Bäumen und Flüssen kleiner, wie andere Studien zeigen konnten.[42] Es ist daher nicht egal, wohin wir uns begeben, wenn wir Einsamkeit suchen, und es ist erst recht nicht ohne Belang, wenn es um die Frage geht, ob in der Stadt ein Park angelegt werden soll.

Lassen wir abschließend noch einmal die Autoren der Studie zu Wort kommen: »Insgesamt legen unsere Befunde nahe, dass der Kontakt mit der Natur menschliche Auswirkungen auf uns hat und unsere Authentizität und Verbundenheit stärkt, was zu einer Orientierung im Hinblick auf andere versus auf uns selbst führt, die zu deren Wertschätzung und zur Großzügigkeit ihnen gegenüber führt. [...] Unsere Daten legen nahe, dass wir in dem Maße, wie wir unsere Verbindung mit der Natur verlieren, auch unsere Verbindung zu anderen Menschen verlieren.« Im Umkehrschluss heißt das: Wenn wir Einsamkeit in der Natur suchen, finden wir dort auch wieder aus unserer Einsamkeit heraus!

Spiritualität versus Materialismus

Dass Geld einsam macht, wurde vielfach in Studien nachgewiesen.[43] Denkt man an Geld, ist man weniger hilfsbereit und ersucht andere weniger um Hilfe; man distanziert sich eher von anderen und ist lieber alleine. Der Gedanke an Geld aktiviert das genaue Gegenteil von Gemeinschaft, nämlich Eigennutz und Egoismus. Geld weckt Gedanken des Sich-selbst-genug-Seins, und die vorliegende Studie zeigt, dass Gedanken an Geld schon ausreichen, um Menschen in einen individualistischen (um nicht zu sagen: selbstbezogenen, egoistischen) gedanklichen Bezugsrahmen zu bringen.[44] Die Daten passen zu einer zwischen 1996 und 2000 durchgeführten Studie zu den Lebenszielen von 1854 Studenten aus 15 Ländern:[45] Diese Ziele lassen sich statistisch auf zwei Dimensionen – intrinsisch versus extrinsisch

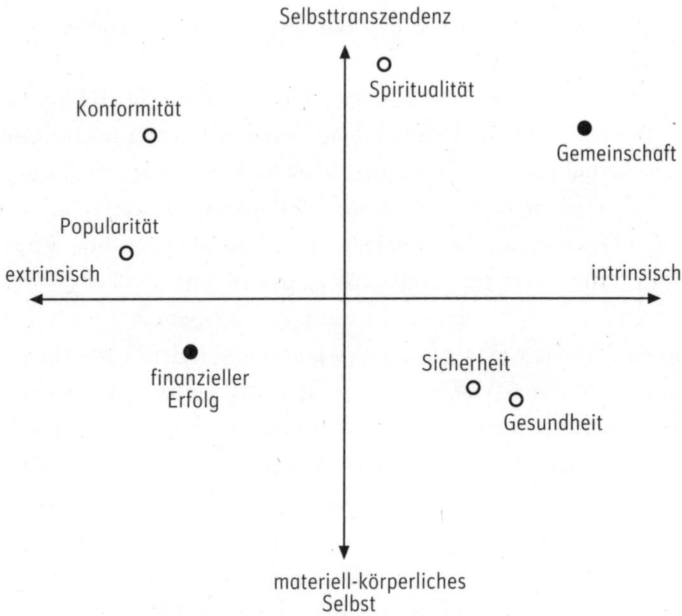

10.1: Zweidimensionale Darstellung von vier beispielhaft ausgewählten Zielen aus der Studie zu den Lebenszielen junger Menschen.[46] Die Ziele der Gemeinschaft und des finanziellen Erfolgs liegen diametral entgegengesetzt. Zwei weitere Ziele dienen zur Verdeutlichung der »Wertelandschaft«.

einerseits sowie spirituell versus physikalisch/materiell andererseits – reduzieren. Sie spannen damit eine Ebene auf, auf der sich die Werte »Gemeinschaft« und »finanzieller Erfolg« an diametral entgegengesetzten Orten befinden (siehe Abb. 10.1).

Will man dennoch Geld ausgeben, um der Einsamkeit entgegenzuwirken – man spricht zuweilen ja auch von »Frustkäufen« –, so sollte man drei Dinge beachten:

1. Nur wenn man das Geld *für andere* ausgibt, bessert sich das eigene Befinden.[47]
2. Auf die Menge kommt es *nicht* an.
3. Das Geld nicht für Sachen ausgeben, sondern für Erlebnisse.[48] Sachen stehen herum und brauchen Platz; man muss sie aufräumen, sich um sie kümmern, und dennoch verstauben oder verrosten sie und gehen kaputt. Erlebnisse befinden sich in unserem Gedächtnis, brauchen weder Platz noch Pflege und werden auf Dauer immer »rosiger«, weil die »rosa Brille« der Erinnerung aus jedem noch so schrecklichen Urlaubserlebnis eine tolle Story für die nächste Party macht.[49]

Befriedigende Erlebnisse hat man vor allem mit anderen Menschen und draußen in der Natur. »Blickt man einen Wasserfall hinauf oder von einem Berggipfel ins Tal hinab, stellt sich ein ganz besonderes Gefühl der Freude, Entspannung und Befriedigung ein, das für manche Menschen bis ins Religiöse gehen kann«, schrieben die amerikanischen Psychologinnen Laura Fredrickson und Dorothy Anderson bereits im Jahr 1999. Sie hatten mit zwei Gruppen von insgesamt zwölf Frauen zwei Expeditionen in die Natur unternommen (fünf verbrachten Zeit in der Boundary Waters Canoe Area Wilderness im Nordosten des Bundesstaates Minnesota und sieben im Grand-Canyon-Nationalpark im Norden von Arizona) und alle Teilnehmer gebeten, über ihre Eindrücke Tagebuch zu führen. Daneben wurden noch Interviews geführt und Fragen gestellt, sodass ein recht tiefgehendes Bild der Erlebnisse aller Beteiligten gewonnen werden konnte. Die gemeinsam als Gruppe in der Natur gemachten Erfahrungen hatten für die meisten Teilnehmerinnen einen spirituellen Charakter.[50]

Es ist kein Zufall, dass die Bewegungen der Pfadfinder und Wandervögel vor gut hundert Jahren von naturverbundenen jungen Menschen ins Leben gerufen wurden und sich innerhalb weniger Jahre über den gesamten Erdball verbreiteten. Denn gäbe es nicht schon Wandervögel und Pfadfinder, dann müsste man sie schleunigst erfinden. Neue Studien hierzu zeigen, wie gut sich das gemeinschaftliche Leben in der Natur auf die Menschen auswirkt: In den USA wurden im Rahmen einer Gallup-Umfrage 134 Eagle Scouts (also eine Untergruppe herausragender Pfadfinder), 853 normale Pfadfinder (Scouts) sowie 1502 Personen, die nicht bei den Pfadfindern waren (Non-Scouts), befragt und miteinander verglichen. Man erhob zunächst, wie viele Jahre die Männer vor ihrem achtzehnten Lebensjahr bei den Pfadfindern waren (von »0« bis »5 und mehr«). Danach wurden die Fähigkeiten der Zielorientierung und Vorausplanung sowie das soziale Netzwerk und das Eingebundensein in Gruppen erfasst. Auch das Freizeit- und Gesundheitsverhalten sowie das subjektive Wohlbefinden wurden mittels standardisierter Verfahren erfasst. Man erfragte dazu einzeln zwölf Freizeitaktivitäten, die man draußen ausführt (z. B. Wandern, Kanufahren, Fischen, Camping, Wintersport), sowie vier weitere Freizeitbeschäftigungen (z. B. Besuch von Veranstaltungen wie Theater, Konzerte, Besuch von Fort- und Weiterbildungsveranstaltungen, ein Instrument spielen, Bücher lesen). Sportliche Aktivitäten wurden dadurch erfragt, dass man die Anzahl der Tage/Woche (von »0« bis »7«) erhob, an denen der Proband mindestens eine halbe Stunde Sport trieb. Das subjektive Wohlbefinden wurde in soziales, emotionales und körperliches Wohlbefinden eingeteilt und jeweils einzeln erfasst. Zudem wurde noch nach Alter, Familienstand, sozioökonomischem Status

(SES), also Einkommen (in Tausend US-Dollar/Jahr), Bildung (in Jahren der Ausbildung) und Arbeitslosigkeit (ja, nein) sowie nach Religiosität (Häufigkeit von Gottesdienstbesuchen), ethnischer Herkunft (»white/non-white«) und Herkunft (Northeast, Midwest, South, West) gefragt.

Die Erhebung dieser Kontrollvariablen war wichtig, da es hier viele bekannte Zusammenhänge gibt: Verheiratete sowie religiöse Männer sind gesünder und fühlen sich wohler als unverheiratete bzw. nicht religiöse. Gleiches gilt in den USA für die weiße Bevölkerung im Vergleich zu Menschen anderer Herkunft. Bildung und Einkommen sowie ein bestehendes Arbeitsverhältnis (sozioökonomischer Status) haben ebenfalls einen deutlichen Einfluss.

Das wichtigste Ergebnis der Studie bestand darin, dass die Anzahl der als Pfadfinder in der Jugend verbrachten Jahre positiv mit allen drei Maßen des Wohlbefindens im Erwachsenenalter (sozial, emotional und körperlich) zusammenhing. Die Teilnahme bei den Pfadfindern hatte also noch 30 Jahre später (!) messbare positive Auswirkungen auf das Leben der Menschen – ein bemerkenswertes Ergebnis! Im Einzelnen fassen die Autoren ihre Ergebnisse wie folgt zusammen: »Unsere Resultate ergaben, dass das ausgedehnte Eingebundensein bei den Pfadfindern positiv mit Human- und Sozialkapital sowie gesundem Freizeitverhalten im Erwachsenenalter verknüpft war, was wiederum eine positive Verknüpfung mit subjektivem Wohlbefinden zeigte.«[51]

Vor allem der Befund, dass nicht nur gesundes Freizeitverhalten die körperliche Fitness positiv beeinflusst (das hatte man erwartet), sondern dass auch die – bei den Pfadfindern gelernte – Zielorientierung das körperliche Wohlergehen positiv beeinflusst, macht deutlich, dass bei den Pfadfindern das gelernt wird, was man heute unter *exekutiven Funktionen* versteht. Deren positiver Effekt auf Gesundheit und Lebensglück wiederum ist gut untersucht.[52]

Anders formuliert: Die Auswirkungen der Pfadfinderzeit in der Jugend auf das Wohlbefinden 30 Jahre später waren nicht direkt, sondern verliefen indirekt über eine bessere, gelungene Entwicklung von (Charakter-)Eigenschaften wie Planungsvermögen, Zielorientierung sowie gesundes Sozial- und Gesundheitsverhalten.

Was die Autoren abschließend hervorheben, erscheint mir bemerkenswert: »Von Anfang an hat die Pfadfinderbewegung Kinder, Heranwachsende und junge Erwachsene dazu erzogen, gesunde und zur Gemeinschaft beitragende Mitglieder der amerikanischen Gesellschaft zu sein. Trotz ihrer langen Geschichte (Eintragung im Jahr 1910) und landesweiter Mitgliedschaft von mehr als 2,7 Millionen Jungen und jungen Erwachsenen (im Alter von 7 bis 21 Jahren) wurden jedoch kaum Anstrengungen unternommen, den Beitrag der Pfadfinderbewegung auf die amerikanische Jugend und Gesellschaft zu untersuchen. Die vorliegende Studie stellt einen ersten Schritt in diese Richtung dar.«[53]

Glücklicherweise blieb es nicht bei dieser einen. Eine britische Arbeitsgruppe um Chris Dibben berichtete im Herbst 2016 im *Journal of Epidemiology and Community Health* über eine prospektive Studie der Geburtskohorte des Jahres 1958.[54] Diese stammte aus der *National Child Development Study* und untersuchte den Zusammenhang zwischen der Mitgliedschaft bei den Pfadfindern in der Jugend und der seelischen Gesundheit im Alter von 50 Jahren. In dieser Studie waren alle in einer Woche des Jahres 1958 Geborenen – etwa 17500 Personen – erfasst worden, und im Jahr 2008 wurde mit 9790 dieser Personen (sie waren nun 50 Jahre alt) ein Interview geführt, um ihre seelische Gesundheit *(mental health)* mittels eines standardisierten Erhebungsinstruments zu erfassen. Von allen befragten Personen waren tatsächlich etwa 28 Prozent bei den Pfadfindern, und diese Mitgliedschaft war unabhängig von der sozialen Stellung. Sie hing jedoch von der Gegend ab: In Wales war der Prozentsatz der Pfadfinder vergleichsweise geringer, in Schottland dagegen höher.

Das wichtigste Ergebnis der Studie: Wer in jungen Jahren (im vorliegenden Fall also in den Siebzigerjahren) Mitglied einer Pfadfindergruppe war, wies im Alter von 50 Jahren – nahezu 40 Jahre später! – eine höhere geistige Gesundheit auf. Die Effekte wurden bei Mädchen (Guides) gleichermaßen festgestellt wie bei Jungen (Scouts).

Von besonderer Bedeutung erscheint zudem der Befund, dass die Mitgliedschaft bei den Pfadfindern auf sozioökonomische Unterschiede ausgleichend wirkt: Bei denjenigen, die nicht bei den Pfadfindern waren, gab es eine starke Abhängigkeit der Wahrscheinlichkeit, als Erwachsener aufgrund des sozioökonomischen Status der Eltern an einer psychischen Störung zu leiden. Kurz: Armut wirkte sich ungünstig auf ihr Leben aus. Bei den Pfadfindern war dies nicht so.

Wie schon in der amerikanischen Studie gab es einen »Dosiseffekt«: Eine längere Mitgliedschaft bei den Pfadfindern hatte deutlichere positive Auswirkungen. Dies spricht in beiden Studien dagegen, dass die Auswahl der Menschen (wer wird Pfadfinder und wer nicht?) die Befunde auch erklären könnte (gegen einen Selektionseffekt). Insgesamt liefert die Studie damit aufgrund ihrer methodischen Qualität und der Anzahl der untersuchten Personen den bis heute stärksten Nachweis der positiven Auswirkungen des Pfadfindertums auf die Entwicklung von Kindern und Jugendlichen hin zu gesunden Erwachsenen. Ihre Ergebnisse bestätigen und ergänzen die der amerikanischen Studie.

Im Hinblick auf die Wandervogel-Bewegung (es wurde viel gesungen) kann man ergänzen, dass durch eine größere Zahl von Studien belegt ist, dass aktives Musizieren (Singen, Instrumentalspiel) einen positiven Einfluss auf die geistige und soziale Entwicklung junger Menschen hat.[55]

Da es Pfadfinder und Wandervögel ja längst gibt, braucht man sie also nicht zu erfinden. Aber man sollte diese Institutionen besser fördern! Es braucht nämlich vergleichsweise wenig Mittel, um schon Vorhandenes zu fördern und dort, wo es nicht mehr vorhanden ist, wieder aufzubauen.

Sozialarbeiter in Jugendzentren leisten heutzutage in vielerlei Hinsicht Abhilfe. Dabei sollte gar nicht erst Schaden aufkommen, sondern durch aktives Handeln in Gruppen mit der Unterstützung freiwillig mitwirkender Erwachsener nachhaltig gefördert werden. Denn mit sozialer Arbeit verhält es sich wie mit der Medizin: Am billigsten, effektivsten und für die Betroffenen am wenigsten schmerzhaft ist die Prophylaxe, nicht die Therapie! Es stehen zahlreiche Methoden zur Verfügung, materialistische Tendenzen und Werte, durch die Menschen langfristig unglücklich und einsam werden[56], zu reduzieren und intrinsische Werte – Gemeinschaft, Vertrauen, Orientierung an nichtmateriellen Werten – zu fördern. Bewegung (Wandern, Klettern), Musizieren und Singen, Theaterspielen und »händische Projekte« (ein Wasserrad oder ein Baumhaus bauen, Steine, Pilze oder Blätter sammeln, malen etc.) – immer *gemeinsam und draußen* – seien beispielhaft genannt; nur die Fantasie aller Beteiligten kann dem Grenzen setzen.

Wenn dies alles sich so verhält, stellt sich zwangsläufig die Frage, warum die Menschen angesichts der vielfältigen positiven Auswirkungen der Natur auf Körper und Geist sich nicht viel öfter gezielt ins Freie begeben. Die Antwort gibt eine kleine Untersuchung, in deren Rahmen herausgefunden wurde, dass sich die Menschen systematisch irren, wenn sie den Zusammenhang zwischen Natur und ihrem eigenen Zustand einschätzen sollen. Einhundertfünfzig Studenten sollten zunächst einschätzen, wie sie sich gerade fühlten und wie ein Spaziergang entweder im Gebäude oder im Wald auf ihr Befinden wirken würde. Anschließend wurde dieser Spaziergang tatsächlich gemacht, und danach wurden sie erneut nach ihrem Befinden gefragt. Es zeigte sich dabei, dass die Studenten vorab ihr Befinden nach dem Spaziergang als nur geringgradig besser einschätzten, dabei war es nach dem Spaziergang tatsächlich deutlich besser. Eine Replikation mit einer anderen Gruppe von 80 Studenten, die jeweils einen anderen Weg (drinnen oder draußen) liefen und ihre Erfahrung zugleich vorhersagen und nachher berichten mussten, kam zum gleichen Ergebnis. Man muss also einfach nur rausgehen, auch wenn man meint, dass das doch gar nichts oder nur wenig bringe.

Eltern werden übrigens genau diese Erfahrung mit ihren Kindern gemacht haben: »Kinder, lasst uns nach dem Mittagessen doch einen Spaziergang machen«, werden sie schon öfter sonntags nach dem Nachtisch zu ihren Kindern gesagt haben und dafür nur müde Äußerungen wie »Muss das sein?« – »Wie langweilig, nicht schon wieder!« – »Sonst noch was? Ich möchte lieber abhängen!« geerntet haben. Wenn die Eltern sich dann (im eher seltenen Fall) dennoch durchsetzen, können sie erleben, wie sehr sich die Kinder über die Auswirkungen ihres Spaziergangs getäuscht hatten. Denn danach sind sie fröhlich, angenehm gesprächig, voller neuer Erfahrungen und haben sogar wieder Hunger auf eine ordentliche Mahlzeit (statt Chips und Keksen). Wirklich! Man muss das nur machen: »Hinaus in die Natur – jetzt!«

Fassen wir zusammen

Wenn wir uns in die Natur begeben und uns wirklich auf sie einlassen, dann fühlen wir uns besser gestimmt, haben unsere Emotionen besser im Griff, können uns wieder besser konzentrieren, fühlen uns weniger gestresst und anderen Menschen näher verbunden. Wir bringen mehr Mitgefühl auf und sind großzügiger. Wer sich mit der Natur verbunden fühlt, kann sich besser in einen anderen Menschen hineinversetzen und verhält sich anderen gegenüber wohlwollender. Ganz kurz könnte man die hier vorgestellten, mit wissenschaftlichen Methoden gewonnenen Erkenntnisse wie folgt auf den Punkt bringen: Das Naturerlebnis macht den Menschen gesünder, glücklicher, kreativer, pfiffiger und (in moralischer Hinsicht) besser. Grübeln, Angst und Stress werden dagegen durch den Aufenthalt in der Natur verringert.

Dies alles wäre eigentlich schon genug, um den Ausflug in die Natur demjenigen zu empfehlen, der sich einsam fühlt. Aber da gibt es sogar noch etwas, das schwer auszudrücken ist und sich noch schwerer mit quantifizierender Methodik einfangen lässt: das Gefühl, anderen Menschen näher zu sein, weil man sich als Teil von etwas ganz Großem und zugleich sich selbst als ganz klein erlebt. Man könnte es mit Worten wie Ehrfurcht und Spiritualität beschreiben, wenn man dann nicht gleich Gefahr liefe, in irgendeine esoterische Ecke gestellt zu werden. Darum geht es aber keineswegs. Ich habe mich daher ganz besonders bemüht, hier die besten vorhandenen Quellen aus der wissenschaftlichen Forschung anzuführen, die glücklicherweise besonders in der jüngeren und jüngsten Vergangenheit publiziert wurden. Im Grunde sind diese Einsichten jedoch sehr alt und kommen beispielsweise in den verschiedensten Religionen vor. Sie werden jedoch durch eine materialistische Einstellung leicht zugeschüttet (womit wir fast doch wieder beim Kirchenchor gegen Einsamkeit angekommen wären!).

Geld macht eher einsam, vor allem, wenn man es falsch ausgibt (viel Geld für Dinge für sich selbst). Wer in gemeinsame Erlebnisse investiert, bekämpft demgegenüber seine Einsamkeit wirksam und auf Dauer, denn sie bleiben ja im Gedächtnis haften.

Und allemal gilt: Wer sich nach einem arbeitsreichen Tag ausgelaugt und gestresst fühlt, der sollte also getrost die Einsamkeit aufsuchen. Er/sie weiß jetzt nicht nur, wo man sie findet, sondern auch, wie gesund das Alleinsein in der Natur sein kann und dass es – ganz nebenbei – gegen Einsamkeit wirkt!

DANK

Das Buch ist meinen besten Freunden gewidmet. Darunter sind Thomas Kammer und Georg Grön. Mit beiden diskutiere ich täglich, was mich umtreibt. Und obwohl sie meine Gedanken so gut kennen, dass sie diese zuweilen besser formulieren als ich, lesen sie geduldig meine Texte und sparen vor allem nicht mit Kritik. Das macht die Texte besser und mir Freude. Dafür ganz herzlichen Dank!

Julia Ferreau und Birgit Sommer haben wie seit gefühlten hundert Jahren geholfen – mit viel Kaffee, noch mehr Literatur und am allermeisten mit Geduld.

Thomas Tilcher danke ich für sein sorgfältiges und wie immer souveränes Lektorat meiner Texte. Sie werden durch seine Arbeit lesbarer. Das ist sehr wichtig, wenn man sich manchmal in den eigenen Gedanken sprachlich völlig verknotet hat. Herrn Markus Röleke vom Droemer Verlag danke ich für seine Bearbeitungen meiner Grafiken. Nach wie vor mache ich meine Abbildungen ja selbst, mit einem alten Grafikprogramm (FreeHand), das schon lange nicht mehr weiterentwickelt wird. Aber wenn man sich einmal an ein Werkzeug gewöhnt hat, das alles kann, was man so braucht, möchte man kein anderes mehr bedienen lernen – auch wenn es möglicherweise noch viel mehr kann.

Margit Ketterle, der Verlagsleiterin Sachbuch, und allen Mitarbeitern des Verlags, die am Projekt beteiligt waren und noch immer sind, danke ich für die gute Zusammenarbeit und Unterstützung.

Das Buch entstand im Wesentlichen während des Sommers 2017 auf einer kleinen Ostseeinsel. Dort gibt es außer viel Natur – grün und blau – nicht sehr viel, und das ist auch gut so. Immer wieder kam Besuch – meine Kinder und Freunde –, und so war ich bei der Arbeit an *Einsamkeit* zu keiner Zeit selbst von ihr betroffen.

ANMERKUNGEN

Vorwort

1 Vgl. Spitzer M (2017) Postfaktisch. Intellektuelle Verwahrlosung – Ursachen und Auswirkungen. *Zeitschrift für Nervenheilkunde* 36: 113–117

2 Spitzer M (2011) Die soziale Struktur des Menschen. *Zeitschrift für Nervenheilkunde* 30: 373–376

1 Megatrend und Krankheit

1 Kahnemann et al. 2004

2 Santos et al. 2017

3 Siehe dazu unten, S. 17–26

4 Statista 2017a

5 Wähnke et al. 2017

6 Statista 2017b

7 Moore & Schultz 1983

8 Diese übertriebene Form von Prestige ist Teil unseres Sozialverhaltens (Henrich 2016, S. 5, 126 ff.).

9 Siehe dazu die weiter unten (S. 20–23, 35–41) angeführten Studien

10 Vgl. Twenge & Campbell 2009, S. X

11 Hierzulande ist die Generation X auch unter der Bezeichnung »Schlüsselkinder« bekannt, weil diese Kinder während der Zeiten jung waren, in der die Frauen begannen, den Lebensunterhalt der Familien mitzufinanzieren, und sie daher nach der Schule nicht selten eine leere Wohnung vorfanden, die sie sich selbst aufschließen mussten. Eine weitere Bezeichnung dieser Generation, die stärker als jede Generation zuvor auch von Ehescheidung und wirtschaftlichen Problemen betroffen war, ist nach deren damaligen Fernsehgewohnheiten »MTV-Generation«.

12 Twenge 2006

13 Mallan 2009, Orlet 2007

14 Stein 2013

15 Im englischen Original lautet die gesamte Passage: »I wasn't part of that millennial generation raised on an overdose of self-esteem and self-promoting technology that have combined to create a perfect storm of narcissism. Nor was I surprised to read that a study led by San Diego State University psychologists finds that about two-thirds of college students

have above average scores in self-adulation. That's thirty percent more than when I was in college in 1982. These millennials make Narcissus look like a self-hating Greek« (Orlet 2007, S. 1).

16 Coyle & Dugan 2012

17 Skalen sind nach bestimmten Prinzipien der Psychologie und Statistik konstruierte Fragebögen, mit denen bestimmte Eigenschaften von Personen (Intelligenz, Aggressivität, Neugier, Narzissmus) gemessen werden können. Ein Bogen Papier vollgeschrieben mit Fragen ist noch lange keine Skala. Wenn jedoch untersucht wird, wie klar die Fragen formuliert sind, wie gut sie verstanden werden, wie gut die Antworten zur Unterscheidung dessen, was einen interessiert, geeignet sind, wie verlässlich diese Antworten gegeben werden und in welchem Maß diese Fragen zusammenhängen, dann kann, wenn alles bei einer zweiten Verwendung genauso gut funktioniert (das ist erst der Anfang!), aus einem Fragebogen eine Skala werden. Weil das englische Wort »scale« im Deutschen häufig durch »Fragebogen« ersetzt wird (was zu Missverständnissen und Fehlinterpretationen führen kann), spreche ich im Folgenden von »Skalen«.

18 Eisenberger et al. 2007

19 Dunbar & Spoors 1995

20 Fowler et al. 2009

21 Aus Spitzer 2012, S. 118

22 Roberts et al. 2008

23 Stiller & Dunbar 2007

24 Meltzer et al. 2017

25 Perissinotto & Covinsky 2014

26 Steptoe et al. 2013, S. 5800

27 Nach Steptoe et al. 2013, S. 5800 (Übersetzung durch den Autor)

28 Russel et al. 1980

29 Nach Hughes et al. 2004, Table 1.2

30 Steptoe et al. 2013, S. 5800

31 Andersson 1998

32 Vgl. zum Folgenden De Waal 2008

33 Vgl. hierzu auch Kapitel 3

34 Nachweis bei Mäusen: Langford et al. 2006, bei Ratten: Ben-Ami Bartal et al. 2011, vgl. auch Mogil 2012

35 Darwin 1871, zit. nach: De Waal 2008, S. 283

36 Seed et al. 2007, Weir et al. 2002, Bird & Emery 2009

37 Seed et al. 2007, Romero et al. 2010, Rosenkrantz Lindegaard et al. 2017

38 Die oft mit ganz ähnlichem Hintergrund vorgetragene Sicht, dass die Natur – Tiere – grundsätzlich gut und der Mensch grundsätzlich böse

sei, ist faktisch falsch: Wie wir seit den Beobachtungen der britischen Verhaltensforscherin Jane Goodall wissen, ziehen auch Schimpansen in den Krieg und morden als Gruppe Mitglieder einer anderen Gruppe. Wie wir seit Kurzem wissen, wird dabei das Bindungshormon Oxytocin ausgeschüttet (Samuni et al. 2017), das man daher auch »Kriegshormon« nennen könnte.

39 Fujisawa et al. 2006, Kato-Shimizu et al. 2013, Warneken & Tomasello 2009

40 Die entsprechende Zeitungsmeldung wurde nahezu flächendeckend publiziert, z. B. in der *Bild* vom 28.10.2016: Weuster K (2016) Keiner half – jetzt ist dieser Rentner (82) tot!

41 Ein eindrucksvolles Beispiel: Einer Meldung des WDR vom 1. Februar 2015 zufolge gab es nachts auf der A 2 einen schweren Unfall mit sechs Verletzten. »Nach Angaben der Polizei fuhren zahllose Autofahrer an der Unfallstelle vorbei, ohne zu helfen; einige machten sogar noch Fotos. [...] Die Polizei spricht von einem unbeschreiblichen Verhalten (Anonymus 2015, zit. nach Spitzer 2015, S. 307 f.).

42 Twenge & Kasser 2013

43 Nach Daten aus Konrath et al. 2011

44 Pew Research Center 2007

45 Im Buch von Twenge und Campbell (2009) wird dies ausführlich dargestellt.

46 Newsom et al. 2003, S. 80

47 In der Wissenschaft wurde das Wort durch den für seine Studien zur Intelligenz bekannten französischen Psychologen Alfred Binet in den Achtzigerjahren des 19. Jahrhunderts eingeführt. Kurz darauf wurde es von zeitgenössischen Psychotherapeuten aufgegriffen und derart inflationär verwendet, dass am Ende niemand mehr wusste, was eigentlich gemeint war. So verwundert es nicht, dass über Jahrzehnte hinweg über gesunden und kranken, primären und sekundären, positiven und negativen Narzissmus – als Struktur und/oder Entwicklungsstadium – einer Person, einer innerpsychischen Instanz oder eines Mechanismus diskutiert wurde, ohne dass irgendetwas dadurch klarer geworden wäre, schon gar nicht seine Häufigkeit (von »extrem selten« bis »jeder leidet darunter«) oder die genauere Art des Zusammenhangs zwischen den mit Narzissmus in Bezug gebrachten psychischen Störungen wie Depression, Suizidalität, Aggression, Autoaggression, Hyperaktivität, Dissoziation und alle Arten sexueller Dysfunktionen und Perversionen. Wirklich geblieben ist im Grunde nur die 2000 Jahre alte Bedeutung: Es gibt Menschen, die (mehr oder weniger) dazu neigen, vor allem sich selbst zu sehen und zu bevorzugen.

48 Stinson et al. 2008
49 Twenge et al. 2014, S. 227
50 Twenge & Campbell 2009
51 Dies machte mich stutzig und veranlasste mich zu ausgiebigen Recherchen, die ebenfalls fruchtlos endeten. Daraufhin bat ich meinen sehr erfahrenen Mentor und Freund, Prof. Dr. Friedrich Uehlein, um Hilfe, der die Quellen ebenfalls nicht lokalisieren konnte (er hatte dazu u.a. den gesamten Hesiod nochmals durchgesehen) und sie allein schon wegen der Diktion für unwahrscheinlich hält.
52 Twenge et al. 2012a
53 Adler & Kwon 2002
54 Waters et al. 2016
55 Anonymus 2016

2 Einsamkeit tut weh

1 Eisenberger et al. 2003
2 Die Namen und Abkürzungen sind für den Anfänger bzw. medizinischen Laien verwirrend. Daher nur ganz kurz hierzu: In der deutschsprachigen wissenschaftlichen Literatur wird oft vom »Gyrus cinguli« gesprochen, im englischen Sprachraum vom »anterior cingular cortex«, also zu Deutsch vom »anterioren zingulären Kortex«. International wird das mit »ACC« abgekürzt. Im Text verwende ich meist die Abkürzung oder die deutsche Bezeichnung.
3 Nach Eisenberger et al. 2003
4 Wilson et al. 2014
5 Rainville et al. 1997
6 Nach Rainville et al. 1997, vgl. auch Spitzer 2006
7 Kammer & Spitzer 2012, Schönfeldt-Lecuona et al. 2003, 2004, 2005, 2006
8 Mit diesem Ansatz liegt eine ganze Reihe von Erfahrungen zur Therapie bei verschiedenen neuropsychiatrischen Störungsbildern vor; vgl. Thornton & Carmody 2005, Trudeau 2005, Walker & Kozlowski 2005, Ros et al. 2013
9 DeCharms RC et al. 2005
10 Guan et al. 2015, Hassan et al. 2015
11 Nach DeCharms et al. 2005, Fig. 2, 3
12 Für Übersichten und ganze Kongresse hierzu vgl. DeCharms 2008, Cramer et al. 2011, Chapin et al. 2012, Haller et al. 2013, Sulzer et al. 2013

13 Caria 2016
14 Harmelech et al. 2015, Scharnowski et al. 2014, Scheinost et al. 2013
15 Greer et al. 2014, MacInnes et al. 2016, Zotev et al. 2011
16 Vgl. Eisenberger & Lieberman 2004, Eisenberger et al. 2006, MacDonald & Leary 2005, Herman & Panksepp 1978, Panksepp 2003
17 Panksepp 1998
18 Vgl. Spitzer 2013
19 Die Rede ist von Archimedes, der nach dem Geschichtsschreiber Plutarch sich tatsächlich so verhielt, nachdem er das nach ihm benannte Prinzip (des Auftriebs) in der Badewanne entdeckt hatte.
20 Nach Master et al. 2009
21 Master et al. 2009
22 Aus Younger et al. 2010, mit freundlicher Genehmigung von PLoS One
23 Eisenberger et al. 2010
24 DeWall et al. 2010
25 DeWall et al. 2010, S. 936 (Übersetzung durch den Autor)
26 Burklund et al. 2007
27 Eisenberger et al. 2011
28 Kross et al. 2011
29 Sanfey et al. 2003
30 Eisenberger et al. 2011
31 Karremans et al. 2011
32 Onoda et al. 2010
33 Bolling et al. 2011
34 Hawkley et al. 2010
35 Masten et al. 2012
36 Eisenberger et al. 2007, Onoda et al. 2009, Krill & Platek 2009, Bernstein et al. 2010
37 Brown et al. 2003, Master et al. 2009
38 Man sagt ja auch: »Beim Anblick meiner Kontoauszüge bekomme ich Bauchschmerzen.« Aber erstens ist dadurch nicht ausgeschlossen, dass wir mit »Alleinsein tut weh« tatsächlich mehr meinen als nur eine metaphorische Wendung, und zweitens wurde tatsächlich wissenschaftlich belegt, dass auch das Fehlen von Geld unser Schmerzareal aktivieren kann.

3 Soziale Ansteckung

1 Kerckhoff & Back 1968, Olkinuora 1984. Bekannt wurde beispielsweise die »Lach-Epidemie« in Tansania und Uganda, in deren Rahmen mehr

als 1000 Menschen – meist Mädchen und junge Frauen – innerhalb weniger Tage mit dem Lachen nicht mehr aufhören konnten, sodass Schulen über Tage bis Wochen geschlossen werden mussten. Die Lachattacken, teils begleitet von Weinen und Schreien, dauerten von wenigen Minuten bis hin zu einigen Stunden und begannen nach einer Pause oft wieder von vorn. Nicht selten waren sie von Ängsten, Schmerzen, Ohnmachtsgefühlen oder Atemproblemen begleitet, und auch Gewaltausbrüche kamen vor. Todesfälle gab es nicht (Rankin & Philip 1963, Sebastian 2003, Hempelmann 2007, Pringle 2015).

2 Kapitány & Nielsen 2017

3 Der Ausdruck wurde im Jahr 1997 erstmals angesichts der Währungskrise in Thailand verwendet, die sich in weniger als zwei Monaten auf die Nachbarländer Indonesien, die Philippinen, Malaysia, Südkorea und Hongkong ausbreitete und danach auch Russland und Brasilien erreichte. Ihre wirtschaftlichen Auswirkungen waren auch in Europa und Nordamerika zu spüren. Das Phänomen ist jedoch deutlich älter als sein Name, wie die erste internationale Finanzkrise Anfang der 1820er-Jahre in Südamerika und vor allem die Weltwirtschaftskrise von 1929 bis 1933 zeigen (Bordo & Murshid 2000, Dornbusch et al. 2000, De Gregorio & Valdés 2001, Peckham 2013).

4 Peires 1989/2003

5 Stapleton 1991, 1993

6 McArthur 2005

7 Scholem 2007

8 Garber 2000

9 Spitzer 2017

10 In einem Bericht von Amnesty International Deutschland zur Situation in der Zentralafrikanischen Republik (ZAR) aus dem Jahr 2010 findet sich Folgendes: »Nach wie vor herrschte in der ZAR der Glaube vor, dass Einzelpersonen ihren Mitmenschen Unglück bringen und sogar deren Tod verursachen können. Der Hexerei verdächtigte Menschen wurden häufig gefoltert, auf andere Weise grausamer, unmenschlicher oder erniedrigender Behandlung ausgesetzt und in einigen Fällen sogar umgebracht. Regierung und Sicherheitskräfte duldeten die Anschuldigungen und Misshandlungen stillschweigend und unternahmen nichts, um die Opfer zu schützen oder die für Übergriffe Verantwortlichen zur Rechenschaft zu ziehen.« Berichtet wird u.a. der folgende Fall: »Ein Gefängnisbeamter in der Stadt Mobaye (Provinz Basse-Kotto), der glaubte, dass ein 15 Jahre altes Mädchen den Tod seiner Frau verursacht habe, befahl im Juli 2009 Häftlingen, die Arme des Mädchens mit Petroleum zu übergießen und in Brand zu stecken. Das Mädchen erlitt

schwere Verbrennungen. Sie war im Dezember 2008 festgenommen worden, weil man sie beschuldigte, den Tod eines zwölfjährigen Jungen durch Ertrinken verursacht zu haben. Bei ihrer Festnahme wurde sie von mehreren Leuten mit Schlägen misshandelt, weil sie ihre vermeintlichen Mittäter preisgeben sollte. Die Leute glaubten, dass diese sich in Schlangen verwandelt und den Jungen unter Wasser gezogen hätten, sodass er ertrank. Unter Folter soll das Mädchen zwei ihrer vermeintlichen Mittäter genannt haben, die dann ebenfalls festgenommen wurden.«

11 Whalen et al. 2004

12 Adolphs et al. 2005

13 … und übrigens auch zeitlich genauer; vgl. Roberts et al. 2017

14 Ritter & Ferguson 2017

15 Hatfield et al. 1992, 1993a,b

16 Hatfield et al. 1992, S. 153–154

17 Noy et al. 2011

18 Limb & Brown 2008

19 Wie viele Emotionen es genau gibt und wie man sie definiert bzw. erkennt, ist nach wie vor Gegenstand der Diskussion. Für den hier vorgestellten Zusammenhang ist die Beantwortung dieser Frage nicht notwendig (Ekman 1992, Eibl-Eibesfeld 1987).

20 Dimberg, der dies in einigen Publikationen immer wieder anspricht.

21 Man konnte dies dadurch feststellen, dass bei beiden Dialogpartnern synchron das EMG abgeleitet wurde (Hatfield et al. 1993a,b).

22 Indefrey & Levelt 2004

23 Holler et al. 2016

24 Nach Stivers et al. 2009

25 Stivers et al. 2009

26 Kutas & Hillyard 1984, 1989, Kutas & Federmeier 2000, 2011

27 Spitzer et al. 1997, Weisbrod et al. 1997a,b

28 Cacioppo et al. 2009b

29 Nach Daten aus Cacioppo et al. 2009b

30 Bei Schätzungen von Wahrscheinlichkeiten ist es üblich, nicht nur den besten Schätzwert anzugeben, sondern auch den Bereich, in dem man höchstwahrscheinlich richtigliegt: Man nennt diesen Bereich Vertrauensintervall oder Confidence Intervall. Man gibt auch an, was man jeweils mit »höchstwahrscheinlich« meint: In aller Regel entschließt man sich zu einer 95-prozentigen Wahrscheinlichkeit, was bedeutet, dass man in 95 Prozent der Fälle richtigliegen wird und in 5 Prozent der Fälle falsch, wenn man annimmt, der Wert liegt in diesem Bereich. Ein Beispiel: Wenn die Wahrscheinlichkeit eines Ereignisses um 50 Prozent erhöht ist, dann macht es durchaus einen Unterschied, ob der 95-Pro-

zent-Vertrauensbereich zwischen 45 Prozent und 55 Prozent liegt oder zwischen 15 Prozent und 85 Prozent. Im ersten Fall ist die Schätzung von 50 Prozent ziemlich zuverlässig, im zweiten nicht. Oft werden Wahrscheinlichkeiten nicht in Prozent Erhöhung, sondern als Absolutwerte und ohne Umrechnung in Hundertstel angegeben. Die Angabe der Bereiche in unserem Beispiel erfolgt dann entsprechend: Wahrscheinlichkeit 1,5; 95 Prozent CI: 1,45–1,55.

31 Christakis & Fowler 2007

32 Christakis & Fowler 2008

33 Fowler & Christakis 2008

34 Nach Daten aus Cacioppo et al. 2009b

35 Nach Daten aus Cacioppo et al. 2009b

36 Das Wort Pandemie kommt aus dem Griechischen: *pan* = alles, *demos* = Volk. Gemeint sind die von einer Krankheit betroffenen Menschen. Unter Pandemie versteht man eine ganze Länder und sogar Kontinente überschreitende Ausbreitung einer Krankheit, während die Krankheit bei einer Epidemie in einem noch begrenzten Bereich stattfindet.

37 Cacioppo et al. 2009b, S. 983

38 Cacioppo et al. 2009b, S. 985

4 Einsamkeit löst Stress aus

1 Einzelheiten hierzu finden sich in den Kapiteln 6 und 7. Hier geht es zunächst nur um den Mechanismus und um einen Bereich, in dem diese Erkenntnisse wichtige praktische Auswirkungen haben, nämlich die Arbeitswelt. Mit den Auswirkungen auf die zwischenmenschlichen Beziehungen beschäftigt sich Kapitel 8.

2 Auf diese Frage finden sich in der wissenschaftlichen Literatur sehr viele Antworten. Manche sprechen von »gutem« und »bösem« Stress – Eustress und Disstress –, andere reden von Allostasis, und wieder andere dröseln die Biochemie aufs Kleinste auf, um die Ausführungen dann mit »Es ist alles sehr, sehr kompliziert« zu beenden. Einsichten sehen anders aus! Für den Spezialisten sei daher hier betont, dass ich mich an Ideen aus dem Bereich der Psychologie anlehne, die schon vor Jahrzehnten unter dem Begriff der gelernten Hilflosigkeit erstmals an Hunden erforscht worden waren (Seligman 1967). Mittlerweile wurde sehr viel über dieses Modell publiziert, das sich dadurch auszeichnet, dass es von Bienen, Nagern über Pferde bis hin zum Menschen verwendet wurde und eine unmittelbare und hohe Plausibilität besitzt (vgl. Schöner et al. 2017).

3 Für eine Diskussion der evolutionären Wurzeln der Stressreaktion siehe

Nesse et al. 2010; eine sehr ausführliche und neue Übersicht gibt Sapolsky 2017.

4 Vgl. Fink 2010, Romeo 2010

5 McEwen et al. 2015

6 Sapolsky 2015

7 Die meisten Stressoren stimulieren die Synthese von Prostaglandinen (PGE2) und Prostacyclinen (PGI2), die ihrerseits die Sekretion des Magensaftes hemmen (Moshonov et al. 2010).

8 Der Zusammenhang von Stress und Magengeschwüren wurde schon im vorletzten Jahrhundert beschrieben und von keinem anderen als dem »Vater der Stressforschung«, Hans Selye, im Jahr 1936 in einer im Fachblatt *Nature* erschienenen Arbeit experimentell erforscht. Mit der Entdeckung australischer Wissenschaftler (Marshall & Warren 1984), dass viele Magengeschwüre durch eine bakterielle Infektion mit Helicobacter pylori verursacht werden (Nobelpreis 2005), wurde die Frage nach dem Zusammenhang von Stress und Magengeschwür neu aufgeworfen. Nach anfänglicher Schwarz-Weiß-Malerei – das Pendel schwang von der Psychologie (Stress) ganz zur Biologie (Infektion) – hat sich die Diskussion in den letzten Jahren wieder versachlicht. Weltweit ist etwa die Hälfte aller Menschen mit Helicobacter pylori infiziert, von denen jedoch nur etwa 10 Prozent ein Magengeschwür haben. Und umgekehrt findet man bei 30 Prozent aller Magengeschwüre keine Infektion mit dem Bakterium (Fink 2017). Die Infektion allein erklärt also gar nichts bis wenig. Große Studien zeigten vielmehr wieder deutlich: Unabhängig von einer Helicobacter-pylori-Infektion erhöht Stress das Risiko eines Magengeschwürs (Levenstein et al. 2015).

9 Steptoe 2010

10 Im Rahmen Dutzender Vorträge (vor insgesamt mehreren Zehntausend Zuhörern) zum Thema habe ich das Publikum gefragt und nahezu ausschließlich die gleiche Reaktion bekommen: Das Tier mit Lampe und Schalter im Käfig habe Stress, das passive Tier habe hingegen keinen Stress (Verhältnis etwa 80 zu 20; nie unter 50 zu 50).

11 TKK Report 2016

12 Lohmann-Haislah 2013

13 Von der Leyen et al. 2012

14 Nach Daten aus dem TKK Report 2016. Man kann diese Abbildung auch mit Abb. 5.1 aus meinem Buch *Cyberkrank!* (S. 143) vergleichen, denn dort sind die Zahlen aus dem Jahr 2013 auf die genau gleiche Weise dargestellt. Die Antworten »selten« und »nie« sind heute vergleichsweise seltener geworden, die Antworten »häufig« und »manchmal« nahmen hingegen zu.

15 Techniker Krankenkasse (2016) Gesundheitsreport 2016. Gesundheit zwischen Beruf und Familie. Hamburg: Techniker Krankenkasse

16 Lohmann-Haislah 2013, S. 35

17 Der Anteil derjenigen, die angaben, immer oder häufig bei der Festlegung ihrer Arbeitsziele mit einbezogen zu werden, ist mit 38 Prozent in Deutschland geringer als im EU-27-Durchschnitt mit 47 Prozent.

18 Nach Lohmann-Haislah 2013, S. 35

19 Badura et al. 2011, Gregersen et al. 2011

20 Eurofond 2011, Lohmann-Haislah 2013, S. 78

21 Lohmann-Haislah 2013, S. 124

22 Lohmann-Haislah 2013, S. 124

23 Im Stressreport Deutschland wurde noch ein weiterer Punkt ausgeführt. Wird in einer Firma umstrukturiert, nehmen die Symptome zu – ganz gleich, welche man in die Betrachtung einbezieht. Die Ursache hierfür ist klar: Deutsche Chefs können ganz offensichtlich nicht umstrukturieren, denn »Umstrukturieren« hat vor allem mit Lernen zu tun, und daran sind bislang offenbar nur wenige erkrankt. Sie verstecken sich gerne hinter sinnlosen Phrasen wie Change Process und jagen damit, ohne es zu wollen, ihren Mitarbeitern Angst ein: »Warum redet der von Change Process?« – »Warum sagt der uns nicht einfach, was nun geschehen soll, sodass wir es alle verstehen?« – »Irgendetwas Ungutes liegt in der Luft, denn man weiß nicht, was jetzt geschehen wird.« Die Mitarbeiter erleben einen Kontrollverlust, wenn sie Wörter wie »Umstrukturierung« oder Change Process nur hören – und genau das verursacht Stress mit daraus resultierenden Krankheiten. Zudem ist Angst auch noch ein schlechter Lehrmeister, weil sie Kreativität verhindert. So kann ein Teufelskreis in Gang kommen, der mittelfristig zum Niedergang der Gesundheit der Mitarbeiter (und des Unternehmens) führt. »Für die Mitarbeiter sind Restrukturierungsmaßnahmen in der Regel mit Arbeitsintensivierung, einer stärkeren psychischen Belastung und häufig mittelfristig auch mit Beeinträchtigungen der Gesundheit verbunden«, kann man hierzu im Stressreport Deutschland (S. 143) lesen.

Manager sollten wissen: Umstrukturierung macht die Mitarbeiter krank, weil sie meist schlecht umgesetzt wird und daher Unsicherheit bewirkt – dies umso mehr, je weniger bzw. schlechter kommuniziert wird, worum es geht. Im Hinblick auf die Gesundheit der Mitarbeiter wären Transparenz, klare Ansagen und die Einbeziehung der Mitarbeiter bei allen Veränderungsmaßnahmen förderlich, zumal dabei kreative Prozesse freigesetzt werden. Kein Manager wird vermutlich bewusst die Gesundheit und Kreativität seiner Mitarbeiter ruinieren, allerdings sollte er über genügend Wissen verfügen, um dies nicht versehentlich zu tun.

24 Kirschbaum et al. 1993
25 Dickerson & Kemeny 2004, Allen et al. 2017
26 Eisenberger et al. 2007
27 Eisenberger et al. 2007, S. 1606
28 Meaney et al. 1988
29 Curley & Champagne 2016, Fagundes et al. 2013, King et al. 2016, Ménard et al. 2017, Turecki & Meaney 2016
30 Diorio & Meaney 2007, Francis et al. 1999, Liu et al. 1997, McGowan et al. 2008, 2009, Meaney 2001, Weaver et al. 2004
31 McEwen et al. 2015
32 Curley & Champagne 2016, Turecki & Meaney 2016

5 Online (gem)einsam?

1 In drei Büchern – *Vorsicht Bildschirm!* (2005), *Digitale Demenz* (2012) und *Cyberkrank!* (2015) – habe ich mich damit auseinandergesetzt. Sie wurden heftigst kritisiert, und seit den Wochen nach dem Erscheinen des zweiten Buches im Sommer 2012 weiß ich – leider –, was ein Shitstorm ist. Der Grund ist einfach: Digitale Medien sind bequem und erzeugen Sucht. Es gehört zum Wesen der Sucht, dass der Süchtige alles tut, um zu verhindern, dass er sein Suchtmittel nicht bekommt. Hinzu kommt eine Lobby, der gegenüber die Tabak- oder Alkohollobby sehr arm ist: Apple, Google, Microsoft, Amazon, Facebook und Samsung sind sechs der zehn reichsten Firmen der Welt.
2 Man sollte eigentlich – wie die Engländer – von visuellen Illusionen sprechen, denn nicht die Optik verursacht die Täuschung, sondern das visuelle System in unserem Gehirn.
3 Aus Spitzer 1996
4 Ich habe dieses und viele andere Beispiele in einem Beitrag zu unbewussten Prozessen zusammengestellt, der dem interessierten Leser empfohlen sei: Automatik im Kopf – wie das Unbewusste arbeitet (Spitzer 2010).
5 Pea et al. 2012
6 Richards et al. 2010
7 Huang 2010
8 Siehe hierzu Spitzer 2012, dort auch weitere Literaturhinweise
9 Kuhl et al. 2003, Meltzoff et al. 2009, Zimmerman et al. 2007
10 Reid et al. 2017

11 Dehaene-Lambertz et al. 2002
12 Caskey et al. 2014
13 Pons et al. 2015
14 Christakis et al. 2009
15 Ellison et al. 2007, Steinfield et al. 2008
16 Schenk 2007, S. 417 ff.
17 Kizilcec et al. 2017
18 Sinngemäß treffen diese Aussagen nicht nur auf Facebook, sondern auch auf andere Social Network Sites (SNS) zu.
19 Wer daraus aber ableitet, dass Facebook Ängste vermindert, hat nichts begriffen!
20 Kross et al. 2013
21 Frison & Eggermont 2016
22 Office for National Statistics (2015) Insights into children's mental health and well-being
23 Sampasa-Kanyinga & Lewis 2015
24 Sagioglou & Greitemeyer 2014
25 Shakya & Christakis 2017
26 Fox & Moreland 2015
27 Underwood & Ehrenreich 2017
28 Tromholt 2016
29 Doughty 2015; Anonymus (2017) Facebook Has Become a Leading Cause in Divorce Cases. HG.org Legal Resources (https://www.hg.org/article.asp?id=27803; abgerufen am 6.9.2017)
30 Clayton et al. 2013
31 In der englischsprachigen Literatur ist von »emotional cheating« und »physical cheating« die Rede.
32 Der Klarheit wegen seien die Autoren hier im Originaltext zitiert: »The results indicate that a high level of Facebook usage is associated with negative relationship outcomes, and that these relationships are indeed mediated by Facebook-related conflict« (Clayton et al. 2013, S. 717).
33 McDaniel et al. 2017, Rahaman 2015
34 Clayton 2014
35 Das Buch erschien in den USA unter dem Titel *Alone Together* im Januar 2011, in Deutschland unter dem genannten Titel im April 2012.
36 Primack et al. 2017
37 Zum Einsatz kam die aus vier Items bestehende PROMIS-Skala (Patient-Reported Outcome Measurement Information System; vgl. Johnston et al. 2016).
38 Primack et al. 2017
39 Lup et al. 2015

40 Wang et al. 2017, Yang 2016
41 Zur Facebook-Sucht vgl. meine Monografie *Cyberkrank!*
42 Wang et al. 2017
43 Seabrook et al. 2016
44 Es gibt eine Arbeit, die zeigt, dass die Angst vor Facebook mit weniger Facebook-Nutzung einhergeht. Dies ist trivial und sollte nicht zu dem Schluss verleiten, dass mehr Facebook-Nutzung mit weniger Angst einhergeht. Entsprechend schreiben die Autoren: »With the exception of 1 study showing a significant negative association between Facebook-specific social anxiety and the frequency of SNS use [80], no studies supported an association between the frequent use of SNSs and a lower level of anxiety or depressive symptoms« (Seabrook et al. 2016).
45 »SNSs represent a novel, unobtrusive, real-time way to observe and leverage mental health and well-being information in a natural setting, with the ultimate potential to positively influence mental health« (Seabrook et al. 2016).
46 Kramer et al. 2014. Die Autoren der Studie sprechen tatsächlich von »Ansteckung«.
47 Sandstrom & Dunn 2014a,b
48 Kushlev & Pouix 2016, S. 6. Im Original lautet der Text: »Organisms tend to seek the easiest way to achieve the greatest outcome. This Principle of Least Effort has been identified as one of the main principles guiding information seeking behavior. Just as information technology continues to make our lives easier, our findings highlight the possible unforeseen social costs of instant, ubiquitous information access: By turning to convenient electronic devices, people may be forgoing opportunities to foster trust – the social lubricant of society.«

6 Einsamkeit als Krankheitsrisiko

1 Hawkley et al. 2010, Petitte et al. 2015
2 Zhong et al. 2016
3 Cohen et al. 1991
4 Cohen et al. 1997
5 Ein Scheinzusammenhang zwischen zwei Größen besteht immer, wenn beide durch eine dritte Größe bestimmt sind. Das vielleicht bekannteste Beispiel ist der Zusammenhang zwischen Schuhgröße und Einkommen: Je größer die Schuhe, desto höher das Einkommen. Tatsächlich kommt dieser Zusammenhang dadurch zustande, dass Frauen kleinere Füße haben und (leider noch immer selbst bei gleicher Arbeit) im Mittel

weniger verdienen als Männer. Betrachtet man die Geschlechter für sich, besteht der Zusammenhang nicht. Er ist also durch eine »versteckte Größe« (engl.: *hidden variable*) bedingt. Weil man solche Scheinzusammenhänge ganz praktisch oft nur schwer ausschließen kann, hat das Verständnis einer Ursache-Wirkung-Beziehung durch einen bestimmten Mechanismus eine so große Bedeutung bei der Schaffung tatsächlichen Wissens, der Wissenschaft also.

6 Nach Daten aus Cohen et al. 1997, S. 1943

7 Cohen et al. 1997, S. 1942

8 Hawkley et al. 2006

9 Um genau zu sein: War die Einsamkeit in entsprechenden Erhebungen um eine Standardabweichung erhöht, fand sich eine Erhöhung des systolischen Blutdrucks um 5 mmHg.

10 Hawkley et al. 2010

11 Der Blutdruck wird, wie früher auch der Luftdruck, bis heute in Millimeter Quecksilbersäule gemessen, d. h., es wird in einem Glasröhrchen, in dem sich Quecksilber befindet, nachgesehen, um wie viele Millimeter der (Luft-)Druck in einer Armmanschette, der ausreicht, um den Blutstrom in einer Arterie des Oberarms zu unterbrechen, das schwere Quecksilber im Glasröhrchen in die Höhe treibt. Da das spezifische Gewicht von Quecksilber bei etwa 13,5 liegt und das von Wasser bei 1, entspricht ein (systolischer) Blutdruck von beispielsweise 150 mmHg einer Wassersäule von etwa zwei Metern Höhe. Das gibt einem eine Vorstellung davon, wie hoch das Blut aus einer Arterie des Menschen tatsächlich »spritzen« kann (das spezifische Gewicht von Blut liegt bei knapp über 1).

12 Staessen et al. 2003

13 Lewington et al. 2002

14 Valtorta et al. 2016

15 Die Studie läuft noch immer und liefert fast jedes Jahr neue Erkenntnisse zu Einflussfaktoren auf die menschliche Entwicklung.

16 Caspi et al. 2006

17 Pinquart & Duberstein 2010

18 Lillberg et al. 2003

19 Antonova et al. 2011, Lin et al. 2013, Kocic et al. 2015

20 Schoemaker et al. 2016

21 Antonova et al. 2011, Lin et al. 2013

22 In deutscher Übersetzung lautet der Titel dieser Arbeit von amerikanischen Wissenschaftlern aus dem Bundesstaat Ohio (Hinzey et al. 2016): Brustkrebs und soziales Umfeld: Wie man es mit ein bisschen Hilfe von unseren Freunden schafft.

23 Hermes et al. 2009, Williams et al. 2009

24 Fleisch-Marcus et al. 2017
25 Rudatsikira et al. 2007
26 Seligman & Maier 1967, Seligman 1975, Pryce et al. 2011
27 Caldarone et al. 2015
28 Akerlind & Hornquist 1992, Page & Cole 1991, Choi & Dinitto 2011. Wahrscheinlich geht es mehr um die Qualität und Diversität des sozialen Netzes als um dessen Größe; vgl. Mowbray et al. 2014, Kim et al. 2016.
29 Shohat-Ophir et al. 2012
30 Dyal & Valente 2015
31 Hosseinbor et al. 2014
32 Mushtaq et al. 2014
33 Übersicht in Spitzer 2012
34 Russel et al. 1997

7 Todesursache Nummer eins

1 Pirie et al. 2013, Thun et al. 2013, Carter et al. 2015
2 »Approximately 17 % of this excess mortality was due to associations with causes that have not been formally established as attributable to smoking« (Carter et al. 2015, S. 636).
3 Da Suizide und Unfälle teilweise die gleichen Ursachen haben (erhöhte Aggressivität und Impulsivität), wundert ein Zusammenhang den erfahrenen Psychiater eher nicht. Siehe hierzu Li et al. 2012, Sareen et al. 2015, Evins et al. 2017
4 House et al. 1988
5 Zu solchen Scheinzusammenhängen – wie beispielsweise zwischen Schuhgröße und Einkommen – vgl. Kapitel 6, Anmerkung 5.
6 Holt-Lunstad et al. 2010
7 Nach Daten aus Holt-Lunstad et al. 2010, S. 14
8 Die Wahrscheinlichkeit, eine Sechs zu würfeln, beträgt 1/6, die Wahrscheinlichkeit, keine Sechs zu würfeln, beträgt demnach 5/6. Bei zehn Würfe(l)n beträgt die Wahrscheinlichkeit, keine Sechs zu würfeln, daher (5/6)10, also etwa 0,16.
9 Holt-Lunstad et al. 2015
10 Holt-Lunstad et al. 2015, S. 234 (Übersetzung durch den Autor)
11 Im Originaltext lautet die Passage: »Consistent with this perspective, intervention attempts to alter the signal (e.g., hunger, loneliness) without regard to the actual behavior (e.g., eating, social connection) and vice versa would likely be ineffective« (Holt-Lunstad et al. 2015, S. 234).

12 Shor et al. 2013
13 Holt-Lunstad et al. 2010, S. 14 (Übersetzung durch den Autor). Die »klassischen Quellen« hierfür sind nach wie vor Spitz 1945 und Bowlby 1951.
14 Holt-Lunstad et al. 2010, S. 14 (Übersetzung durch den Autor)
15 Dietz & Gortmaker 1985; vgl. hierzu auch Spitzer 2005
16 KiGGS-Studie, Robert-Koch-Institut 2008
17 Perissinotto et al. 2012
18 Holt-Lunstad et al. 2010, S. 14 (Übersetzung durch den Autor)

8 »Du machst mich krank!«

1 Lindström 2009
2 Der Titel lautet im Original: »You make me sick: Marital quality and health over the life course« (Umberson et al. 2006).
3 Cherlin 2004
4 Slatcher & Selcuk 2017
5 Kiecolt-Glaser & Newton 2001, Wanic & Kulik 2011
6 Umberson 1992
7 Umberson & Williams 2005, S. 99
8 Robles et al. 2014
9 Rosenthal 1986, 1990
10 Robles et al. 2014
11 Umberson et al. 2006, Galinsky & Waite 2014
12 Modifiziert nach Slatcher 2010, S. 457
13 Slatcher & Selcuk 2017
14 Perry 2016
15 Slatcher et al. 2015
16 Neumann 2002
17 Liu et al. 2016
18 Liu & Waite 2014, Zhang & Hayward 2006
19 »Am meisten überrascht hat uns das Ergebnis, dass bei Männern eine gesteigerte negative Qualität der Ehe mit einem verminderten Risiko, an Diabetes zu erkranken, einhergeht und ihre Überlebenschancen nach dem Beginn einer Zuckerkrankheit steigen« (Liu et al. 2016, S. 1077).
20 »In der Tat sollten wir festhalten, dass dieser geschlechtsspezifische Befund seit Langem in der Literatur zu Geschlechterunterschieden im Hinblick auf soziale Kontrolle und Gesundheitsverhalten zu finden ist […]. Im Vergleich zu Ehemännern neigen Ehefrauen viel mehr dazu,

gesundheitsrelevante Verhaltensweisen ihrer Partner zu verändern, möglicherweise insbesondere dann, wenn der Ehemann Diabetiker ist oder an einer anderen chronischen Krankheit leidet« (Liu et al. 2016, S. 1077 f.).

21 Z. B. Liu et al. 2016

22 Xu et al. 2016

23 Die Autoren stellen dies selbst klar fest: »Das Ergebnis, dass häufigere negative Erlebnisse in der Ehe zum Messzeitpunkt 1 mit einer geringeren Zunahme von Schwierigkeiten beim Denken in der Folgezeit einhergingen, passt nicht zur Annahme, dass eine problematische Ehe die Gesundheit verschlechtert. Genau dies jedoch hatten einige frühere Studien hierzu gefunden« (Xu et al. 2016, S. 173).

24 Vgl. Umberson 1996

25 Xu et al. 2016, S. 173. Unter »exekutiven Funktionen« versteht man geistige Leistungen, die unser praktisches Handeln weitgehend bestimmen, wie z. B. Willenskraft, Durchhaltevermögen, das Verfolgen von Zielen und zugleich die Flexibilität, sich auf Neues einzustellen.

26 Xu et al. 2016, S. 173

27 Birditt et al. 2016

28 Birditt et al. 2016, S. 780

29 Birditt et al. 2016, S. 781

30 Dunbar & Spoors 1995

31 Birditt et al. 2016, S. 782

32 Carr et al. 2016. Dies passt auch gut zu deutlich höheren Gesundheitskosten im Alter bei Frauen im Vergleich zu Männern – vereinfachend ausgedrückt: Frauen fühlen sich krank und gehen zum Arzt. Männer hingegen gehen nicht zum Arzt und fallen irgendwann tot um.

33 Baumeister et al. 2001

34 Thomeer et al. 2013, S. 15

35 Rosenquist et al. 2011

36 Mittlerweile wurde übrigens auch herausgefunden, dass im Falle der Depression eines Ehepartners die Wahrscheinlichkeit, dass der andere auch Antidepressiva einnimmt, steigt (Monden et al. 2015, S. 1).

37 Alviar et al. 2014, Dupre et al. 2015, Sbarra & Law 2011, Shor et al. 2012

38 Donrovich et al. 2014

39 Alviar et al. 2014

40 Nielsen et al. 2014

9 Was tun?

1 Cacioppo et al. 2015

2 Psychologen der University of Kentucky und der University of North Carolina, Wilmington, führten hierzu zwei experimentelle Untersuchungen durch. Im ersten mit 203 Studenten durchgeführten Experiment (140 weiblich, Durchschnittsalter knapp 20 Jahre) wurde wieder nach gemeinsamem Ballspielen (vgl. Kapitel 2) bei der Hälfte der Studenten ein sozialer Ausschluss durchgeführt, der zu leidvollem Erleben führte. Dieses wiederum ging mit einem vermehrten Wunsch einher, dazuzugehören: »Je größer die Schmerzen der Zurückweisung [waren], desto größer war das Bedürfnis, soziale Bindung wiederherzustellen. Dieser Befund legt nahe, dass der Schmerz der Zurückweisung die Menschen in Richtung anderer Menschen schubst«, kommentieren die Autoren ihr Ergebnis (Chester et al. 2016). In einem zweiten Experiment mit 28 im Mittel 19 Jahre alten Personen (17 davon weiblich) konnte mittels funktioneller Magnetresonanztomografie (fMRT) sogar gezeigt werden, dass die Aktivität der für den Schmerz zuständigen Gehirnregionen direkt mit dem Annäherungsverhalten des Betroffenen an den Zurückweisenden zusammenhängt.

3 Anderson et al. 2015

4 Masi et al. 2011. Die Effektstärken sind jeweils mit einem Minuszeichen versehen, das anzeigt, dass der Effekt in einer Verminderung der Einsamkeit besteht.

5 Das bedeutet nicht, dass solche Maßnahmen in speziellen Fällen (wie beispielsweise bei psychisch kranken Menschen) nicht greifen würden. Es zeigt nur, dass die bisherigen Daten zu solchen Bemühungen bei Gesunden keine positiven Aussagen erlauben.

6 Als Psychiater kann ich allen, die sich um professionelle Hilfe bemühen möchten, nur zureden: Man nimmt sich und seine Probleme damit ernst – und dies ist nicht selten der – wichtigste – erste Schritt. Allerdings ist eine Psychotherapie kein Spaziergang, und nicht jeder möchte diesen Weg für sich gehen. Auch sind die Abbrecherquoten gerade bei den wirksamen Therapieverfahren nicht unerheblich (bis zu 50 Prozent), denn alles, was wirkt, hat eben auch Nebenwirkungen.

7 So die Grundidee im *Leviathan,* dem bekanntesten Werk von Hobbes aus dem Jahr 1651.

8 Miller 1999

9 Falk 2001, S. 1 (Hervorhebung durch den Autor)

10 Vgl. von Neumann & Morgenstern 1944

11 Güth et al. 1982

12 Henrich et al. 2001, 2010; weitere Quellen aus Neuroökonomie und Ultimatum-Spiel.

13 Nur ein kleiner Anteil der Menschen – nach einer neuen Studie (Yamagishi et al. 2014) sind es sieben Prozent – verhält sich anders, nämlich egoistisch. Man nennt diese Menschen Psychopathen, die dadurch gekennzeichnet sind, dass sie »über Leichen gehen«, kein Mitleid haben und egoistisch sowie ausbeutend handeln (vgl. Spitzer 2015b).

14 Dunn et al. 2008

15 Dunn et al. S. 1688

16 Dunn et al. S. 1688

17 Aknin et al. 2010

18 Nach Daten aus Dunn et al. 2008

19 Kawamichi et al. 2016

20 Das Zitat sei hier auch im englischen Original wiedergegeben: »Social reward aroused by social interaction per se might increase motivation to interact with others« (Kawamichi et al. 2016, S. 7, Hervorhebung im Original).

21 Van der Meulen et al. 2016

22 Inagaki 2016

23 Interessanterweise passt hierzu der Befund, dass die Konnektivität (d.h. das Ausmaß der Nervenverbindungen) des Striatums (der Nucleus accumbens ist ein Teil dieses Gehirnbereichs) mit der Persönlichkeitseigenschaft der Kooperativität korreliert ist (Lei et al. 2016).

24 Kwak & Huettel 2016

25 Layous et al. 2012

26 Matsumoto et al. 2016

27 European Social Survey, ESS6. Die Erhebung erfolgte in 29 europäischen Ländern, die meisten in der EU, sowie in den nicht zur EU gehörenden Ländern Albanien, Island, Israel, Kosovo, Norwegen und der Schweiz.

28 Crocker et al. 2017

29 Midlarsky 1991, Batson 1998, Wilson & Musnik 1999

30 Brown et al. 2003; die Daten gehen auf die Studie von Carr et al. 2000 zurück.

31 Detollenaere et al. 2017

32 Ländervergleiche sind allerdings methodisch nicht unproblematisch. Man denke nur an die bekannte Tatsache, dass wir Europäer insgesamt im Durchschnitt mehr Steuern zahlen als die Amerikaner; diese jedoch sind großzügiger, wenn es um das Spenden für wohltätige Zwecke und um nachbarschaftliche Hilfe geht (Harbaugh et al. 2007).

33 Die durch Selbst-Rating erfasste (erlebte) Gesundheit korreliert nicht zu

100 Prozent mit der tatsächlichen Gesundheit. Andererseits liegt man auch nicht ganz falsch, wenn man Personen einfach danach fragt, wie gesund sie sind.

34 Zwischen den freiwilligen (ehrenamtlichen) Helfern und den Nichthelfern gab es eine Reihe numerisch geringer, aber (aufgrund der großen Zahl der Untersuchten) dennoch signifikanter Unterschiede: Wer ein Ehrenamt hat, ist im Vergleich zu dem, der sich nicht engagiert, eher männlich, hat eine höhere Bildung, verdient mehr, ist eher religiös, im Mittel ein Jahr jünger und eher kein Migrant. Da es den Forschern um die Gesundheit der Befragten ging, mussten die genannten Variablen in die statistische Auswertung einbezogen werden, denn ein höheres Einkommen oder die Zugehörigkeit zu einer Religion korrelieren bekanntermaßen mit der Gesundheit einer Person. Hat man diese Variablen erfasst, kann man ihren Einfluss »herausrechnen«.

35 Detollenaere et al. 2017, S. 9

36 Pinquart & Sörensen 2003a,b

37 »Does a Helping Hand Mean a Heavy Heart?« (Poulin et al. 2010)

38 Poulin et al. 2010, S. 108

39 Ablitt et al. 2009, Brown & Brown 2014, Crocker et al. 2017, Pinquart & Sörensen 2011, Poulin et al. 2010

40 Ob es Kultur bei Tieren (Primaten und Nichtprimaten) gibt, wird diskutiert. Wenn ja, dann sind die – jeweils von älteren Artgenossen gelernten – Gesänge der Singvögel und Buckelwale herausragende Beispiele dafür (neben dem Werkzeuggebrauch von Krähen und manchen nichtmenschlichen Primaten; Garland et al. 2017, Rutz et al. 2016).

41 Das verwendete Weak-Link Game geht wie die anderen schon weiter oben genannten »Spiele« auf Ökonomen zurück, die bestimmte Entscheidungssituationen modellieren wollten, bei denen es immer darum geht, dass die Effektivität der Gesamtgruppe von der Effektivität des schwächsten Mitglieds abhängt. »Jede Kette ist nur so stark wie ihr schwächstes Glied.« Das Sprichwort ist nicht umsonst so bekannt, denn Beispiele für solche Situationen gibt es viele: ein Geheimnis für sich behalten; erst mit dem Essen beginnen, wenn der Letzte da ist; oder ein Kapitel für ein Buch verfassen, das erst gedruckt werden kann, wenn alle Kapitel geschrieben sind (vgl. Weber et al. 2004).

42 Nach Daten aus Wiltermuth & Heath 2009, S. 2

43 Zur Anwendung kam in diesem Fall das Public-Goods Game, bei dem es darum geht, eigene Mittel zu investieren, damit es allen besser geht. Wer nicht investiert, profitiert von den Investitionen der anderen. Man spricht in diesem Fall vom Problem »Trittbrettfahren« (engl.: *free rider*

problem), das es in jeder Gemeinschaft gibt. Wenn aber alle viel investieren, geht es allen am besten.

44 Ehlers et al. 2017

45 Vicary et al. 2017, Kniffin et al. 2017, Cross et al. 2017, Pearce et al. 2016

46 Rennung & Göritz

47 Kirschner & Tomasello 2009, 2010

48 Zum Durchbohren kleiner runder Stücke von Straußeneiern bei der Schmuckherstellung (ganz ähnlich wie vor 75 000 Jahren; vgl. Henshilwood et al. 2004) verwenden sie Bohrer aus Stahl (auf meine Nachfrage: »Stein geht schneller kaputt«). Mit Ausnahme der Gegenstände, die für den Kontakt zu Menschen aus der westlichen Zivilisation erforderlich sind (Geld aus dem Verkauf selbst hergestellter Waren), konnte ich bei einem Besuch im San Living Museum keine Spuren westlicher Zivilisation erkennen.

10 Einsamkeit suchen

1 Killingsworth & Gilbert 2010

2 Wilson et al. 2014

3 Tarrant 1996

4 Bratman et al. 2015a

5 Bratman et al. 2015b

6 Atchley et al. 2012

7 Blanchette et al. 2005, Gondola 1986, 1987, Kuo & Yeh 2016, Steinberg et al. 1997

8 Atchley et al. 2012, Oppezzo & Schwartz 2014

9 Markevych et al. 2014

10 Alcock et al.

11 Beyer et al.

12 Cohen-Cline et al.

13 Maas et al.

14 Markevych et al.

15 Nutsford et al.

16 Park et al.

17 Roe et al.

18 Stigsdotter et al.

19 White et al.

20 White et al. 2013

21 Faber Taylor et al. 2002

22 MacKerron & Mourato 2013

23 Logan (2015) spricht von »dysbiotic grey space«.

24 Park et al. 2010

25 »The term Shinrin-yoku (taking in the forest atmosphere or forest bathing) was coined by the Japanese Ministry of Agriculture, Forestry, and Fisheries in 1982« (Park et al. 2010, S. 18).

26 Maas et al. 2009

27 Maas et al. 2009, S. 970

28 Alcock et al. 2014

29 »Der Effekt ist in ärmeren Gemeinden am größten. Reiche Leute sind sowieso schon recht gesund«, stellte hierzu der Sozial- und Umweltpsychologe Mathew White von der University of Exeter, Großbritannien, in einer in der Zeitschrift *Nature* publizierten Übersicht erst kürzlich fest (Gilbert 2016, S. 57).

30 Capaldi et al. 2014

31 Zusätzlich zu den Studien über die gesunden Auswirkungen der Natur gibt es auch direkte Nachweise der krank machenden Effekte der Stadt. Eine Metaanalyse aus dem Jahr 2010, die Daten aus 20 populationsbasierten, nach 1985 publizierten Studien zusammenfasst, ergab beispielsweise, dass Städter mit 20 Prozent höherer Wahrscheinlichkeit an Angststörungen und mit fast 40 Prozent höherer Wahrscheinlichkeit an affektiven Störungen erkranken als die auf dem Land lebende Bevölkerung (Peen et al. 2010). Das Risiko, an einer Schizophrenie zu erkranken, ist bei Menschen, die in Städten geboren und aufgewachsen sind, etwa verdoppelt (Lederbogen et al. 2011). Hinzu kommt, dass sich die Städte sehr deutlich im Hinblick darauf unterscheiden, wie weit es der Bewohner im Durchschnitt zur nächsten Grünfläche hat. Im Mittel von vier untersuchten europäischen Städten liegt dieser Wert bei 180 Metern (Smith et al. 2017). Insbesondere für Kinder und deren gesunde Entwicklung ist Natur ein wichtiger Faktor. Liegt er nicht vor, sprechen manche sogar von Nature Deficit Disorder (Louv 2005), ein nichtklinischer Ausdruck, der die Sache dennoch ziemlich gut trifft.

32 Beyer et al. 2014

33 Kant 1788/1985, S. 166, im Schlusswort der *Kritik der praktischen Vernunft* (Kapitel 34)

34 Kant sei hier kurz im Original zitiert: »Das Erste [der Sternenhimmel] fängt von dem Platze an, den ich in der äußeren Sinnenwelt einnehme, und erweitert die Verknüpfung, darin ich stehe, ins unabsehlich Große mit Welten über Welten und Systemen von Systemen, überdem noch in grenzenlosen Zeiten ihrer periodischen Bewegung, deren Anfang und Fortdauer.«

35 Mit Kant: »Der erstere Anblick einer zahllosen Weltenmenge vernichtet gleichsam meine Wichtigkeit als eines tierischen Geschöpfs, das die Materie, daraus es ward, dem Planeten (einem bloßen Punkt im Weltall) wieder zurückgeben muss [...].«

36 Noch mal mit Kant: »Das Zweite [das Prinzip meines sittlichen Handelns] fängt von meinem unsichtbaren Selbst, meiner Persönlichkeit, an und stellt mich in einer Welt dar, die wahre Unendlichkeit hat, aber nur dem Verstande spürbar ist, und mit welcher [...] ich mich [...] in [...] allgemeiner und notwendiger Verknüpfung erkenne.«

37 Anon 2013

38 Die Literatur hierzu habe ich in *Digitale Demenz* und *Cyberkrank!* ausführlich diskutiert.

39 Dunn et al. 2008

40 Weinstein et al. 2009, S. 1316

41 Weinstein et al. 2009, S. 1324

42 Frantz et al. 2005

43 Aknin et al. 2013, Kasser et al. 2014, Vohs et al. 2006, Wierzbicki & Zawadzka 2016

44 Burgoyne & Lea 2006

45 Grouzet et al. 2005

46 Grouzet et al. 2005, S. 808

47 Dunn et al. 2008

48 Dunn et al. 2011, Gilovich & Kumar 2014

49 Mitchell et al. 1997

50 Fredrickson & Anderson 1999

51 Jang et al. 2014, S. 254

52 Mischel et al. 1989, Moffitt et al. 2011

53 Jang et al. 2014, S. 259

54 Dibben et al. 2016

55 Siehe dazu die Darstellung des Zusammenhangs von Koordination und Kooperation in Kapitel 9

56 Wissenschaftliche Studien zeigen dies alles sehr deutlich; vgl. Kasser et al. 2014, Kasser 2016.

LITERATURVERZEICHNIS

Adam EK, Hawkley LC, Kudielka BM, Cacioppo JT (2006) Day-to-day dynamics of experience-cortisol associations in a population-based sample of older adults. PNAS 103: 17058–17063

Adler P, Kwon S (2002) Social capital: Prospects for a new concept. Academy of Management Review 27: 17–40

Adolphs R, Gosselin F, Buchanan TW, Tranel D, Schyns P, Damasio AR (2005) A mechanism for impaired fear recognition after amygdala damage. Nature 433: 68–72

Akerlind I, Hornquist JO (1992) Loneliness and alcohol abuse: a review of evidences of an interplay. Soc Sci Med 34: 405–414

Aknin LB, Barrington-Leigh CP, Dunn EW, Helliwell JF, Biswas-Diener R, Kemeza I, Nyende P, Ashton-James CE, Norton MI (2010) Prosocial spending and well-being: Cross-cultural evidence for a psychological universal. NBER Working Paper no. 16415

Aknin LB, Barrington-Leigh CP, Dunn EW, Helliwell JF, Burns J, Biswas-Diener R, Kemeza I, Nyende P, Ashton-James CE, Norton MI (2013) Prosocial spending and well-being: Cross-cultural evidence for a psychological universal. J Pers Soc Psychol 104: 635–652

Aknin LB, Hamlin JK, Dunn EW (2012) Giving leads to happiness in young children. PLoS ONE 7(6): e39211 (doi:10.1371/journal.pone.0039211)

Albanese E, Matthews KA, Zhang J, Jacobs DR Jr, Whitmer RA, Wadley VG, Yaffe K, Sidney S, Launer LJ (2016) Hostile attitudes and effortful coping in young adulthood predict cognition 25 years later. Neurology 86: 1227–1234

Alcock I, White MP, Wheeler BW, Fleming LE, Depledge MH (2014) Longitudinal effects on mental health of moving to greener and less green urban areas. Environ SciTechnol 48: 1247–1255

Allen AP, Kennedy PJ, Dockray S, Cryan JF, Dinan TG, Clarke G (2017) The Trier Social Stress Test: Principles and practice. Neurobiol Stress 6: 113–126

Alviar CL, Rockman C, Guo Y, Adelman M, Berger J (2014) Association of marital status with vascular disease in different arterial territories: a population based study of over 3.5 million subjects. J Am Col Cardiol 63: A1328

Amnesty International Deutschland (2010) Report Zentralafrikanische Republik (https://www.amnesty.de/jahresbericht/2010/zentralafrikanische-rep…%2526result_limit%3D10%2526form_id%3Dai_core_search_form&print=1; abgerufen am 31.3.2017)

Anders S, De Jong R, Beck C, Haynes JD, Ethofer T (2016) A neural link between affective understanding and interpersonal attraction. PNAS 113: E2248–E2257

Andersen BL, Goyal NG, Westbrook TD, Bishop B, Carson WE 3rd (2017) Trajectories of stress, depressive symptoms, and immunity in cancer survivors: Diagnosis to 5 years. Clin Cancer Res 23: 52–61

Anderson K, Laxhman N, Priebe S (2015) Can mental health interventions change social networks? A systematic review. BMC Psychiatry 15: 297 (doi: 10.1186/s12888-015-0684-6)

Andersson L (1998) Loneliness research and interventions: A review of the literature. Aging & Mental Health 2: 264–274

Anonymus (2013) Why go outside when you have an iPhone? America's national parks struggle to attract young visitors. The Economist 17.8.2013 (http://www.economist.com/news/united-states/21583689-americas-national-parks-struggle-attract-young-visitors-why-go-outside-when-you-have)

Anonymus (2015) Autofahrer lassen Unfallopfer auf A 2 liegen. WDR Radio, 1. 2. 1015 (http://www1.wdr.de/radio/nachrichten/wdr345/radiohomepage225470. html; zugegriffen am 13. 4. 2015)

Anonymus (2016) In praise of parks. Nature 529: 437–438

Anonymus (2016) Studie: Schüler teilen regelmäßig Fotos im Internet und kennen sich mit rechtlichen Regelungen nicht aus. Wien, 9.2.2016 (http://www.news4teachers.de/2016/02/studie-schueler-teilen-regelmaessig-fotos-im-internet-und-kennen-sich-mit-rechtlichen-regelungen-nicht-aus/; abgerufen am 17.6.2017)

Antonova L, Aronson K, Mueller CR (2011) Stress and breast cancer: from epidemiology to molecular biology. Breast Cancer Res 13: 208 (doi: 10.1186/bcr2836)

Apicella CL, Marlowe FW, Fowler JH, Christakis NA (2012) Social networks and cooperation in huntergatherers. Nature 481: 497–501

Arnett JJ (2013) The evidence for Generation We and against Generation Me. Emerging Adulthood 1: 5–10

Atchley RA, Strayer DL, Atchley P (2012) Creativity in the Wild: Improving Creative Reasoning through Immersion in Natural Settings. PLoS ONE 7(12): e51474 (doi:10.1371/journal.pone.0051474)

Bartels A, Zeki S (2000) The neural basis of romantic love. Neuroreport 11: 3829–3834

Bartels M, Cacioppo JT, Hudziak JJ, Boomsma DI (2008) Genetic and environmental contributions to stability in loneliness throughout childhood. Am J Med Genet B Neuropsychiatr Genet 147: 385–391

Baumeister RF, Bratslavsky E, Finkenauer C, Vohs KD (2001) Bad is stronger than good. Review of General Psychology 5: 323–370

Beadle JN, Sheehan AH, Dahlben B, Gutchess AH (2015) Aging, empathy, and prosociality. J Gerontol B Psychol Sci Soc Sci 70: 215–224 (doi: 10.1093/geronb/gbt091. Epub 2013 Oct 10)

Beasley JM, Newcomb PA, Trentham-Dietz A, Hampton JM, Ceballos RM, Titus-Ernstoff L et al. (2010) Social networks and survival after breast cancer diagnosis. J Cancer Surviv 4: 372–380

Bekhbat M, Neigh GN (2017) Sex differences in the neuro-immune consequences of stress: Focus on depression and anxiety. Brain Behav Immun (doi: 10.1016/j.bbi.2017.02.006)

Ben-Ami Bartal I, Decety J, Mason P (2011) Empathy and pro-social behavior in rats. Science 334: 1427–1430

Bernstein MJ, Sacco DF, Young SG, Hugenberg K, Cook E (2010) Being »in« with the in-crowd: the effects of social exclusion and inclusion are enhanced by the perceived essentialism of ingroups and outgroups. Pers Soc Psychol Bull 36: 999–1009

Beyer K, Kaltenbach A, Szabo A, Bogar S, Nieto FJ, Malecki KM (2014) Exposure to neighborhood green space and mental health. Int J Environ Publ Health Res 11: 3453–3472

Bird CD, Emery NJ (2009) Insightful problem solving and creative tool modification by captive nontool-using rooks. PNAS 106: 10370–10375

Birur B, Amrock EM, Shelton RC, Li L (2017) Sex Differences in the Peripheral Immune System in Patients with Depression. Front Psychiatry 8: 108 (doi: 10.3389/fpsyt.2017.00108)

Bjälkebring P, Västfjäll D, Dickert S, Slovic P (2016) Greater Emotional Gain from Giving in Older Adults: Age-Related Positivity Bias in Charitable Giving. Front Psychol 7: 846 (doi: 10.3389/fpsyg.2016.00846)

Blanchette DM, Ramocki SP, O'Del JN, Casey MS (2005) Aerobic exercise and creative potential: immediate and residual effects. Creat Res J 17: 257–264

Bodnar RJ, Commons K, Pfaff DW (2002) Central neural states relating sex and pain. Johns Hopkins University Press, Baltimore, MD

Bolling DZ, Pitskel NB, Deen B, Crowley MJ, Mayes LC, Pelphrey KA (2011) Development of neural systems for processing social exclusion from childhood to adolescence. Dev Sci 14: 1431–1444

Bond RM, Fariss CJ, Jones JJ, Settle AKE, Marlow C, Fowler JH (2012) A massive scale experiment in social influence and political mobilization. Under Review

Boomsma D, Cacioppo J, Slagboom P, Posthuma D (2006) Genetic Linkage and Association Analysis for Loneliness in Dutch Twin and Sibling Pairs Points to a Region on Chromosome 12q23–24. Behavior Genetics 36: 137–146

Boomsma D, Willemsen G, Dolan C, Hawkley L, Cacioppo J (2005) Genetic and environmental contributions to loneliness in adults: The Netherlands Twin Register Study. Behavior Genetics 35: 745–752

Boomsma DI, Cacioppo JT, Muthen B, Asparouhov T, Clark S (2007) Longitudinal genetic analysis for loneliness in Dutch twins. Twin Res Hum Genet 10: 267–273

Bosch JA, Engeland CG, Cacioppo JT, Marucha PT (2007) Depressive symptoms predict mucosal wound healing. Psychosom Med 69: 597–605

Bowlby J (1951) Maternal care and mental health. WHO, Genf

Brady WJ, Wills JA, Jost JT, Tucker JA, Van Bavel JJ (2017) Emotion shapes the diffusion of moralized content in social networks. PNAS 114(28): 7313–7318; published ahead of print June 26, 2017

Brailovskaia J, Margraf J (2016) Comparing Facebook Users and Facebook Non-Users: Relationship between Personality Traits and Mental Health Variables – An Exploratory Study. PLoS ONE 11(12): e0166999 (doi:10.1371/journal. pone.0166999)

Bratman GN, Daily GC, Levy BJ, Gross JJ (2015a) The benefits of nature experience: Improved affect and cognition. Landscape and Urban Planning 138: 41–50

Bratman GN, Paul Hamilton JP, Hahn KS, Daily GC, Gross JJ (2015b) Nature experience reduces rumination and subgenual prefrontal cortex activation. PNAS 112: 8567–8572

Brown JL, Sheffield D, Leary MR, Robinson ME (2003) Social support and experimental pain. Psychosom Med 65: 276–283

Brown SL, Brown RM (2015) Connecting prosocial behavior to improved physical health: Contributions from the neurobiology of parenting. Neurosci Biobehav Rev 55: 1–17

Brummelman E, Thomaes S, Nelemans SA, Orobio de Castro B, Bushman BJ (2015) My child is God's gift to humanity: development and validation of the Parental Overvaluation Scale (POS). J Pers Soc Psychol 108: 665–679

Brummelman E, Thomaes S, Nelemans SA, Orobio de Castro B, Overbeek G, Bushman BJ (2015) Origins of narcissism in children. PNAS 112: 3659–3662

Brummelman E, Thomaes S, Orobio de Castro B, Overbeek G, Bushman BJ (2014a) That's not just beautiful – that's incredibly beautiful!: The adverse impact of inflated praise on children with low self-esteem. Psychol Sci 25: 728–735

Brummelman E, Thomaes S, Overbeek G, Orobio de Castro B, Van den Hout MA, Bushman BJ (2014b) On feeding those hungry for praise: person praise backfires in children with low self-esteem. J Exp Psychol Gen 143: 9–14

Brummelman E, Thomaes S, Slagt M, Overbeek G, De Castro BO et al. (2013) My child redeems my broken dreams: On parents transferring their unfulfilled ambitions onto their child. PLoS ONE 8(6): e65360

Brummelman E, Thomaes S, Walton GM, Poorthuis AM, Overbeek G, Orobio de Castro B, Bushman BJ (2014) Unconditional regard buffers children's negative self-feelings. Pediatrics 134: 1119–1126

Bundesamt für Naturschutz (2016) Naturschutzgebiete (http://www.bfn.de/0308_nsg.html; abgerufen am 24.3.2016)

Burns VE, Carroll D, Drayson M, Whitham M, Ring C (2003) Life events, perceived stress and antibody response to influenza vaccination in young, healthy adults. J Psychosom Res 55: 569–572

Cacioppo JT, Cacioppo S (2014) Social Relationships and Health: The Toxic Effects of Perceived Social Isolation. Soc Personal Psychol Compass 8: 58–72

Cacioppo JT, Cacioppo S, Capitanio JP, Cole SW (2015) The neuroendocrinology of social isolation. Annu Rev Psychol 66: 733–767

Cacioppo JT, Fowler JH, Christakis NA (2009b) Alone in the crowd. The structure and spread of loneliness in a large social network. J Pers Soc Psychol 97: 977–991

Cacioppo JT, Hawkley LC (2009) Perceived social isolation and cognition. Trends Cogn Sci 13: 447–454

Cacioppo JT, Hawkley LC, Norman GJ, Berntson GG (2011) Social isolation. Ann N Y Acad Sci 1231: 17–22

Cacioppo JT, Norris CJ, Decety J, Monteleone G, Nusbaum H (2009a) In the eye of the beholder: individual differences in perceived social isolation predict regional brain activation to social stimuli. J Cogn Neurosci 21: 83–92

Cacioppo S, Grippo AJ, London S, Goossens L, Cacioppo JT (2015) Loneliness: clinical import and interventions. Perspect Psychol Sci 10: 238–249

Caldarone BJ, Zachariou V, King SL (2015) Rodent models of treatment-resistant depression. Eur J Pharmacol 753: 51–65

Capaldi CA, Dopko RL, Zelenski JM (2014) The relationship between nature connectedness and happiness: a meta-analysis. Frontiers in Psychology 5: 976 (doi:10.3389/fpsyg.2014.00976)

Caria A (2016) Self-Regulation of Blood Oxygenation Level Dependent Response: Primary Effect or Epiphenomenon? Front Neurosci 10: 117 (doi: 10.3389/fnins.2016.00117)

Carr D, Cornman JC, Freedman VA (2016) Marital quality and negative experienced well-being: An assessment of actor and partner effects among older married persons. J Gerontol B Psychol Sci Soc Sci 71: 177–187

Carr D, Freedman VA, Cornman JC, Schwarz N (2014) Happy marriage, happy life? Marital quality and subjective well-being in later life. J Marriage Fam 76: 930–948

Carter BD, Abnet CC, Feskanich D, Freedman ND, Hartge P, Lewis CE, Ockene JK, Prentice RL, Speizer FE, Thun MJ, Jacobs EJ (2015) Smoking and mortality – beyond established causes. N Engl J Med 372: 631–640

Caskey M, Stephens B, Tucker R, Vohr B (2014) Adult talk in the NICU with preterm infants and developmental outcomes. Pediatrics 133: e578–e584

Caspi A, Harrington H, Moffitt TE, Milne BJ, Poulton R (2006) Socially isolated children 20 years later: risk of cardiovascular disease. Arch Pediatr Adolesc Med 160: 805–811

Catmur C, Cross ES, Over H (2016) Understanding self and others: from origins to disorders. Phil Trans R Soc B 371: 20150066 (http://dx.doi.org/10.1098/rstb.2015.0066)

Chapin H, Bagarinao E, Mackey S (2012) Real-time fMRI applied to pain management. Neurosci Lett 520: 174–181

Cherlin AJ (2004) The deinstitutionalization of American marriage. Journal of Marriage and Family 66: 848–861 (doi:10.1111/j.0022-2445.2004.00058.x)

Chester DS, DeWall CN, Pond RS Jr (2016) The push of social pain: Does rejection's sting motivate subsequent social reconnection? Cogn Affect Behav Neurosci 16: 541–550 (doi: 10.3758/s13415-016-0412-9)

Choi NG, Dinitto DM (2011) Heavy/binge drinking and depressive symptoms in older adults: gender differences. Int J Geriatr Psychiatry 26: 860–868

Christakis DA, Gilkerson J, Richards JA, Zimmerman FJ, Garrison MM, Xu D, Gray S, Yapanel U (2009) Audible television and decreased adult words, infant vocalizations, and conversational turns: a population-based study. Arch Pediatr Adolesc Med 163: 554–558

Christakis NA, Fowler JH (2007) The spread of obesity in a large social network over 32 years. N Engl J Med 357: 370–379

Christakis NA, Fowler JH (2008) The collective dynamics of smoking in a large social network. N Engl J Med 358: 2249–2258

Christakis NA, Fowler JH (2009) Connected: The Surprising Power of our Social Networks and How They Shape Our Lives. Little Brown and Co., New York, NY

Christakis NA, Fowler JH (2010) Social network sensors for early detection of contagious outbreaks. PloS ONE 5: e12948

Christakis NA, Fowler JH (2012) Social contagion theory: examining dynamic social networks and human behavior. Stat Med 32 (doi:10.1002/sim.5408)

Chung W, Kim R (2015) Are Married Men Healthier than Single Women? A Gender Comparison of the Health Effects of Marriage and Marital Satisfaction in East Asia. PLoS ONE 10: e0134260 (doi:10.1371/journal.pone.0134260)

Clare L, Nelis SM, Whitaker CJ, Martyr A, Markova IS, Roth I, Woods RT, Morris R (2012) Marital relationship quality in early-stage dementia. Alzheimer Disease & Associated Disorders 26: 148–158

Clayton R, Nagurney A, Smith J (2013) Cheating, breakup, and divorce: is Facebook use to blame? Cyberpsychology, Behavior, & Social Networking 16: 717–720

Cohen S (2004) Social relationships and health. American Psychologist 59: 676–684

Cohen S, Doyle WJ, Skoner DP, Rabin BS, Gwaltney JM (1997) Social ties and susceptibility to the common cold. JAMA 277: 1940–1944

Cohen S, Tyrrell DAJ, Smith AP (1991) Psychological stress and susceptibility to the common cold. N Engl J Med 325: 606–612

Cohen-Mansfield J, Perach R (2015) Interventions for alleviating loneliness among older persons: a critical review. Am J Health Promot 29: e109–125 (doi: 10.4278/ajhp.130418-LIT-182)

Cole SW, Hawkley LC, Arevalo JM, Sung CY, Rose RM, Cacioppo JT (2007) Social regulation of gene expression in human leukocytes. Genome Biology 8: R189.1–R189.13

Coyle CE, Dugan E (2012) Social isolation, loneliness and health among older adults. Journal of Aging and Health 24: 1346–1363

Crocker J, Canevello A, Brown AA (2017) Social Motivation: Costs and Benefits of Selfishness and Otherishness. Annu Rev Psychol 68: 299–325

Crowley MJ, Wu J, McCarty ER, David DH, Bailey CA, Mayes LC (2009) Exclusion and micro-rejection: event-related potential response predicts mitigated distress. Neuroreport 20: 1518–1522

Curley JP, Champagne FA (2016) Influence of maternal care on the developing brain: Mechanisms, temporal dynamics and sensitive periods. Frontiers in Neuroendocrinology 40: 52–66

Darwin C (1871/2012) Die Abstammung des Menschen und die geschlechtliche Zuchtwahl. Reclam, Stuttgart

Dehaene-Lambertz G, Dehaene S, Hertz-Pannier L (2002) Functional neuroimaging of speech perception in infants. Science 298: 2013–2015

Detollenaere J, Willems S, Baert S (2017) Volunteering, income and health. PLoS ONE 12(3): e0173139 (doi:10.1371/journal.pone.0173139)

DeWall CN (2011) Hurt feelings? You could take a pain reliever … Harv Bus Rev 89: 28–29

DeWall CN, MacDonald G, Webster GD, Masten CL, Baumeister RF,

Powell C, Combs D, Schurtz DR, Stillman TF, Tice DM, Eisenberger NI (2010) Acetaminophen reduces social pain: behavioral and neural evidence. Psychol Sci 21: 931–937

DeWall CN, Masten CL, Powell C, Combs D, Schurtz DR, Eisenberger NI (2011) Do neural responses to rejection depend on attachment style? An fMRI study. Soc Cogn Affect Neurosci 2011 Apr 4 [Epub ahead of print]

Dezecache G, Jacob P, Grèzes J (2015) Emotional contagion: its scope and limits. Trends in Cognitive Science 19: 297–299

Dickerson SS, Kemeny ME (2004) Acute stressors and cortisol responses: a theoretical integration and synthesis of laboratory research. Psychol Bull 130: 355–391

Dietz WH, Gortmarker SL (1985) Do we fatten our children at the television set? Obesity and television viewing in children and adolescents. Pediatrics 75: 807–812

Dimberg U (1982) Facial reactions to facial expressions. Psychophysiology 19: 643–647

Dimberg U (1990) Facial electromyography and emotional reactions. Psychophysiology 27: 481–494

Dimberg U, Thunberg M (2012) Empathy, emotional contagion, and rapid facial reactions to angry and happy facial expressions. Psych J 1: 118–127 (doi: 10.1002/pchj.4)

Dimberg U, Thunberg M, Elmehed K (2000) Unconscious facial reactions to emotional facial expressions. Psychol Sci 11: 86–89

Dinescu D, Turkheimer E, Beam CR, Horn EE, Duncan G, Emery RE (2016) Is marriage a buzzkill? A twin study of marital status and alcohol consumption. Journal of Family Psychology 30: 698–707

Dinges CW, Varnon CA, Cota LD, Slykerman S, Abramson CI (2017) Studies of learned helplessness in honey bees (Apis mellifera ligustica). J Exp Psychol Anim Learn Cogn 43: 147–158

Diorio J, Meaney MJ (2007) Maternal programming of defensive responses through sustained effects on gene expression. J Psychiatry Neurosci 32: 275–284

Distel MA, Rebollo-Mesa I, Abdellaoui A, Derom CA, Willemsen G, Cacioppo JT, Boomsma DI (2010) Familial resemblance for loneliness. Behav Genet 40: 480–494

Dodds PS, Muhamad R, Watts DJ (2003) An experimental study of search in global social networks. Science 301: 827–829

Donrovich R, Drefahl S, Koupil I (2014) Early life conditions, partnership histories, and mortality risk for Swedish men and women born 1915–1929. Soc Sci Med 108: 60–67

Doughty S (2015) Facebook and Twitter threat to marriages: Social media now a factor in one in seven divorces. Daily Mail Online (http://www.dailymail.co.uk/news/article-3061616/Facebook-Twitter-factor-one-seven-divorces.html; abgerufen am 6.9.2017)

Drury SS, Mabile E, Brett ZH, Esteves K, Jones E, Shirtcliff EA, Theall KP (2014) The association of telomere length with family violence and disruption. Pediatrics 134: e128–137

Dunbar RIM, Spoors M (1995) Social networks, support cliques, and kinship. Human Nature 6: 273–290

Dunn EW, Aknin LB, Norton MI (2008) Spending money on others promotes happiness. Science 319: 1687–1688

Dupre ME, George LK, Liu G, Peterson ED (2015) Association between divorce and risks for acute myocardial infarction. Circ Cardiovasc Qual Outcomes 8: 244–251

Dyal SR, Valente TW (2015) A Systematic Review of Loneliness and Smoking: Small Effects, Big Implications. Subst Use Misuse 50: 1697–1716

Eisenberger NI, Gable SL, Lieberman MD (2007) fMRI responses relate to differences in real-world social experience. Emotion 7: 745–754

Eisenberger NI, Inagaki TK, Muscatell KA, Byrne Haltom KE, Leary MR (2011) The neural sociometer: brain mechanisms underlying state self-esteem. J Cogn Neurosci 23: 3448–3455.

Eisenberger NI, Jarcho JM, Lieberman MD, Naliboff B (2006) An experimental study of shared sensitivity to physical pain and social rejection. Pain 126: 132–138

Eisenberger NI, Lieberman MD (2004) Why rejection hurts: A common neural alarm system for physical and social pain. Trends in Cognitive Sciences 8: 294–300

Eisenberger NI, Liebermann MD, Williams KD (2003) Does rejection hurt? An fMRI study of social rejection. Science 302: 290–292

Eisenberger NI, Master SL, Inagaki TK, Taylor SE, Shirinyan D, Lieberman MD, Naliboff BD (2011) Attachment figures activate a safety signal-related neural region and reduce pain experience. PNAS 108: 11721–11726 [Epub 2011 Jun 27]

Eisenberger NI, Taylor SE, Gable SL, Hilmert CJ, Lieberman MD (2007) Neural pathways link social support to attenuated neuroendocrine stress responses. Neuroimage 35: 1601–1612

Eisenberger NI, Way B, Taylor SE, Welch WT, Lieberman MD (2007) Understanding genetic risk for aggression: Clues from the brain's response to social exclusion. Biological Psychiatry 61: 1100–1108

Ellison NB, Steinfield C, Lampe C (2007) The benefits of facebook »friends«: social capital and college students' use of online social network sites. J Comput Commun 12: 1143–1168

Enthoven L, De Kloet E, Oitzl M (2008) Differential development of stress system (re)activity at weaning dependent on time of disruption of maternal care. Brain Res 1217: 62–69

Erlangsen A, Runeson B, Bolton JM, Wilcox HC, Forman JL, Krogh J, Shear MK, Nordentoft M, Conwell Y (2017) Association between spousal suicide and mental, physical, and social health outcomes: A longitudinal and nationwide register-based study. JAMA Psychiatry 74: 456–464

Eurofond (2011) www.eurofound.europa.eu/surveys/smt/ewcs/ewcs2010_10_05_de.htm; abgerufen am 25.6.2013

Evins AE, Korhonen T, Kinnunen TH, Kaprio J (2017) Prospective association between tobacco smoking and death by suicide: a competing risks hazard analysis in a large twin cohort with 35-year follow-up. Psychol Med 47: 2143–2154

EWCS (2011) Europäische Erhebung über die Arbeitsbedingungen – Darstellung der Ergebnisse 2011 (www.eurofound.europa.eu/surveys/smt/ewcs/results_de.htm; abgerufen am 25.6.2013)

Fehr E, Fischbacher U (2003) The nature of human altruism. Nature 425: 785–791

Fink G (2010) Feedback Systems. In: Fink G (Hg.) Stress Science: Neuroendocrinology, 63–75. Academic Press, San Diego, USA

Fink G (2010a) Stress: Definition and history. In: Fink G (Hg.) Stress Science: Neuroendocrinology, 3–9. Academic Press, San Diego, USA

Fink G (2017) Selye's general adaptation syndrome: stress-induced gastroduodenal ulceration and inflammatory bowel disease. Journal of Endocrinology 232: F1–F5

Fleisch Marcus A, Illescas AH, Hohl BC, Llanos AAM (2017) Relationships between social isolation, neighborhood poverty, and cancer mortality in a population-based study of US adults. PLoS ONE 12: e0173370 (doi:10.1371/journal pone.0173370)

Fowler JH, Christakis NA (2008) Dynamic Spread of Happiness in a Large Social Network: Longitudinal Analysis Over 20 Years in the Framingham Heart Study. British Medical Journal 337: a2338

Fowler JH, Christakis NA (2008) Estimating peer effects on health in social networks: A response to Cohen-Cole and Fletcher; and Trogdon, Nonnemaker, and Pais. Journal of Health Economics 27: 1400–1405

Fowler JH, Christakis NA (2010) Cooperative behavior cascades in human social networks. PNAS 107: 5334–5338

Fowler JH, Dawes CT, Christakis NA (2009) Model of genetic variation in human social networks. PNAS 106: 1720–1724

Fowler JH, Settle JE, Christakis NA (2011) Correlated genotypes in friendship networks. PNAS 108: 1993–1997

Francis D, Diorio J, Liu D, Meaney MJ (1999) Nongenomic transmission across generations of maternal behavior and stress responses in the rat. Science 286: 1155–1158

Frantz C, Mayer FS, Norton C, Rock M (2005) There is no »I« in nature: The influence of self-awareness on connectedness to nature. Journal of Environmental Psychology 25: 427–436

Fredrickson L, Anderson D (1999) A qualitative exploration of the wilderness experience as a source of spiritual inspiration. J Environ Psychol 19: 21–39 (doi: 10.1006/jevp.1998.0110)

Friedler B, Crapser J, McCullough L (2015) One is the deadliest number: the detrimental effects of social isolation on cerebrovascular diseases and cognition. Acta Neuropathol 129: 493–509

Frisson E, Eggermont S (2016) Exploring the relationships between different types of Facebook use, perceived online social support, and adolescents' depressed mood. Social Science Computer Review 34: 153–171

Fujisawa KK, Kutsukake N, Hasegawa T (2006) Peacemaking and consolation in Japanese preschoolers witnessing peer aggression. J Comp Psychol 120: 48–57

Galinsky AM, Waite LJ (2014) Sexual activity and psychological health as mediators of the relationship between physical health and marital quality. Journals of Gerontology. Series B, Psychological Sciences and Social Sciences 69: 482–492

Galton F (1907) Vox populi. Nature 75: 450–451

Garber PM (2000) Famous first bubbles. MIT Press, Cambridge, MA

Garrod S, Pickering MJ (2009) Joint action, interactive alignment, and dialog. Top Cogn Sci 1: 292–304

Gascon M, Triguero-Mas M, Martínez D, Dadvand P, Forns J, Plasència A, Nieuwenhuijsen MJ (2016) Mental health benefits of long-term exposure to residential green and blue spaces: a systematic review. Int J Environ Res Public Health 12: 4354–4379

Gascon M, Triguero-Mas M, Martínez D, Dadvand P, Rojas-Rueda D, Plasència A, Nieuwenhuijsen MJ (2016) Residential green spaces and mortality: A systematic review. Environ Int 86: 60–67

Gehlen F (1977) Toward a revised theory of hysterical contagion. Journal of Health and Social Behavior 18: 27–27

Gerritsen L, Geerlings M, Beekman A, Deeg D, Penninx B, Comijs H (2010) Early and late life events and salivary cortisol in older persons. Psychol Med 40: 1569–1578

Gesellschaft für integrierte Kommunikationsforschung (GIK) (2016) b4t Kreativtracking: Auswertung Krombacher. München (www.b4t.media)

Gilbert N (2016) Green space: A natural high. Nature 531: 56–57

Glaser R, Kiecolt-Glaser JK, Malarkey WB, Sheridan JF (1998) The influence of psychological stress on the immune response to vaccines. Ann N Y Acad 840: 649–655

Gondola JC (1986) The enhancement of creativity through long and short term exercise programs. J Soc Behav Pers 1: 77–82

Gondola JC (1987) The effects of a single bout of aerobic dancing on selected tests of creativity. J Soc Behav Pers 2: 275–278

Gradus JL (2017) Prevalence and prognosis of stress disorders: a review of the epidemiologic literature. Clinical Epidemiology 9: 251–260

Greer SM, Trujillo AJ, Glover GH, Knutson B (2014) Control of nucleus accumbens activity with neurofeedback. Neuroimage 96: 237–244

Gu X, Hof PR, Friston KJ, Fan J (2013) Anterior insular cortex and emotional awareness. J Comp Neurol 521: 3371–3388

Guan M, Ma L, Li L, Yan B, Zhao L, Tong L et al. (2015) Self-Regulation of Brain Activity in Patients with Postherpetic Neuralgia: A Double-Blind Randomized Study Using Real-Time fMRI Neurofeedback. PLoS ONE 10(4): e0123675 (doi:10.1371/journal.pone.0123675)

Gunnar M, Quevedo K (2007) The neurobiology of stress and development. Annual Review of Psychology 58: 145–173

Güth W, Schmittberger R, Schwarze B (1982) An experimental analysis of ultimatum bargaining. Journal of Economic Behavior & Organization 3: 367–388

Guyer AE, Choate VR, Pine DS, Nelson EE (2012) Neural circuitry underlying affective response to peer feedback in adolescence. Soc Cogn Affect Neurosci 7: 81–92

Haase CM, Holley SR, Bloch L, Verstaen A, Levenson RW (2016) Interpersonal emotional behaviors and physical health: A 20-year longitudinal study of long-term married couples. Emotion 16: 965–977

Hafford-Letchfield T, Lambert N, Long E, Brady D (2017) Going solo: Findings from a survey of women aging without a partner and who do not have children. J Women Aging 29: 321–333 (doi: 10.1080/08952841.2016.1187544)

Haller S, Kopel R, Jhooti P, Haas T, Scharnowski F, Lovblad KO, Scheffler K, Van De Ville D (2013) Dynamic reconfiguration of human brain functional networks through neurofeedback. Neuroimage 81: 243–252

Harbaugh WT, Mayr U, Burghart DR (2007) Neural responses to taxation and voluntary giving reveal motives for charitable donations. Science 316: 1622–1625

Harmelech T, Friedman D, Malach R (2015) Differential magnetic resonance neurofeedback modulations across extrinsic (visual) and intrinsic (default-mode) nodes of the human cortex. J Neurosci 35: 2588–2595

Harris KM, Bearman PS, Udry JR (2010) The national longitudinal study of adolescent health: Research design (http://www.cpc.unc.edu/projects/addhealth/design)

Hart B, Risley TR (1995) Meaningful differences in the everyday experience of young american children. PH Brookes, Baltimore, MD

Hassan MA, Fraser M, Conway BA, Allan DB, Vuckovic A (2015) The mechanism of neurofeedback training for treatment of central neuropathic pain in paraplegia: a pilot study. BMC Neurol 15: 200 (doi: 10.1186/s12883-015-0445-7)

Hatfield E, Cacioppo JT, Rapson RL (1992) Primitive emotional contagion. In: Clark MS (Hg.): Review of Personality and Social Psychology 14, Sage, Newburry Park, CA

Hatfield E, Cacioppo JT, Rapson RL (1993a) Emotional Contagion. Current Directions in Psychological Science 2: 96–99

Hatfield E, Cacioppo JT, Rapson RL (1993b) Emotional Contagion. Cambridge University Press, Cambridge, UK

Hawkley LC, Cacioppo JT (2010) Loneliness matters: a theoretical and empirical review of consequences and mechanisms. Ann Behav Med 40: 218–227

Hawkley LC, Masi CM, Berry JD, Cacioppo JT (2006) Loneliness is a unique predictor of age-related differences in systolic blood pressure. Psychol Aging 21: 152–164

Hawkley LC, Williams KD, Cacioppo JT (2011) Responses to ostracism across adulthood. Soc Cogn Affect Neurosci 6: 234–243

Henrich J, Boyd R, Bowles S, Camerer C, Fehr E, Gintis H, McElreath R (2001) In search of Homo Economicus: Behavioral experiments in 15 small-scale societies. Am Econ Rev 91: 73–78

Henrich J, Heine SJ, Norenzayan A (2010) The weirdest people in the world? Behav Brain Sci 33: 61–135

Herman BH, Panksepp J (1978) Effects of morphine and naloxone on separation distress and approach attachment: evidence for opiate mediation of social affect. Pharmacol Biochem Behav 9: 213–220

Hermes GL, Delgado B, Tretiakova M, Cavigelli SA, Krausz T, Conzen SD, McClintock MK (2009) Social isolation dysregulates endocrine and behavioral stress while increasing malignant burden of spontaneous mammary tumors. PNAS 106: 22393–22398

Hinzey A, Gaudier-Diaz MM, Lustberg MB, DeVries AC (2016) Breast cancer and social environment: getting by with a little help from our friends. Breast Cancer Res 18: 54 (doi: 10.1186/s13058-016-0700-x)

Holler J, Kendrick KH, Casillas M, Levinson SC (2015) Editorial: Turn-taking in human communicative interaction. Front Psychol 6: 1919 (doi: 10.3389/fpsyg.2015.01919)

Holt-Lunstad J, Smith TB, Baker M, Harris T, Stephenson D (2015) Loneliness and social isolation as risk factors for mortality: A meta-analytic review. Perspectives on Psychological Science 10: 227–237

Holt-Lunstad J, Smith TB, Layton JB (2010) Social relationships and mortality risk: A meta-analytic review. PLoS Medicine 7(7): e1000316

Holt-Lunstad J, Smith TB (2016) Loneliness and social isolation as risk factors for CVD: implications for evidence-based patient care and scientific inquiry. Heart 102: 987–989

Holwerda TJ, Beekman AT, Deeg DJ, Stek ML, Van Tilburg TG, Visser PJ, Schoevers RA (2012) Increased risk of mortality associated with social isolation in older men: Only when feeling lonely? Results from the Amsterdam Study of the Elderly (AMSTEL). Psychological Medicine 42: 843–853

Hosseinbor M, Yassini Ardekani SM, Bakhshani S, Bakhshani S (2014) Emotional and social loneliness in individuals with and without substance dependence disorder. Int J High Risk Behav Addict 3: e22688 (doi: 10.5812/ijhrba.22688)

House JS, Landis KR, Umberson D (1988) Social relationships and health. Science 241: 540–545

Hughes ME, Waite LJ, Hawkley LC, Cacioppo JT (2004) A short scale for measuring loneliness in large surveys: Results from two population-based studies. Research on Aging 26: 655–672

Ikeda A, Kawachi I, Iso H, Iwasaki M, Inoue M, Tsugane S (2013) Social support and cancer incidence and mortality: the JPHC study cohort II. Cancer Causes Control 24: 847–860

Inagaki TK, Orehek E (2017) On the benefits of giving social support: When, why, and how support providers gain by caring for others. Psychological Science 26: 109–113

Inagaki TK, Bryne Haltom KE, Suzuki S, Jevtic I, Hornstein E, Bower JE, Eisenberger NI (2016) The neurobiology of giving versus receiving support: The role of stress-related and social reward-related neural activity. Psychosom Med 78: 443–453

Indefrey P, Levelt WJ (2004) The spatial and temporal signatures of word production components. Cognition 92: 101–144

Insel T (2003) Is social attachment an addictive disorder? Physiol Behav 79(3): 351–357

Iveniuk J, Waite LJ, McClintock MK, Teidt AD (2014) Marital conflict in older couples: Positivity, personality, and health. J Marriage Fam 76: 130–144

Jang SJ, Johnson BR, Kim Y-I, Polson EC, Smith BG (2014) Structured voluntary youth activities and positive outcomes in adulthood: An explora-

tory study of involvement in scouting and subjective well-being. Sociological Focus 47: 238–267
Jennings V, Larson L, Yun J (2016) Advancing Sustainability through Urban Green Space: Cultural Ecosystem Services, Equity, and Social Determinants of Health. Int J Environ Res Public Health 13: 196 (doi:10.3390/ijerph13020196)
Jensen KB, Petrovic P, Kerr CE, Kirsch I, Raicek J, Cheetham A, Spaeth R, Cook A, Gollub RL, Kong J, Kaptchuk TJ (2014) Sharing pain and relief: neural correlates of physicians during treatment of patients. Mol Psychiatry 19: 392–398
Jeong S, Lee BH (2013) A multilevel examination of peer victimization and bullying preventions in schools. Journal of Criminology Volume 2013, Article ID 735397, 1–10 (http://dx.doi.org/ 10.1155/2013/735397)
Kahneman D, Krueger AB, Schkade DA, Schwarz N, Stone AA (2004) A survey method for characterizing daily life experience: The Day Reconstruction Method. Science 306: 1776–1780
Kammer T, Spitzer M (2012) Brain stimulation in psychiatry: methods and magnets, patients and parameters. Curr Opin Psychiatry 25: 535–541
Kant I (1788/1985) Kritik der praktischen Vernunft. Felix Meiner Verlag, Hamburg
Kapitány R, Nielsen M (2017) Are yawns really contagious? A critique and quantification of yawn contagion. Adaptive Human Behavior and Physiology (http://doi.org/b4kf; DOI 10.1007/s40750-017-0059-y)
Kaplan S (1995) The restorative benefits of nature: Toward an integrative framework. Journal of Environmental Psychology 15: 169–182
Kaplan S, Talbot JF (1983) Psychological benefits of a wilderness experience. In: Altman I, Wohlwill JE (Hg.) Behavior and the natural environment. Plenum Press, New York, NY
Karremans JC, Heslenfeld DJ, Van Dillen LF, Van Lange PA (2011) Secure attachment partners attenuate neural responses to social exclusion: an fMRI investigation. Int J Psychophysiol 81: 44–50
Kato-Shimizu M, Onishi K, Kanazawa T, Hinobayashi T (2013) Preschool Children's Behavioral Tendency toward Social Indirect Reciprocity. PLoS ONE 8: e70915
Katz MJ, Derby CA, Wang C, Sliwinski MJ, Ezzati A, Zimmerman ME, Zwerling JL, Lipton RB (2016) Influence of perceived stress on incident amnestic mild cognitive impairment: Results from the Einstein Aging Study. Alzheimer Dis Assoc Disord 30: 93–98
Kawamichi H, Sugawara SK, Hamano YH, Makita K, Kochiyama T, Sadato N (2016) Increased frequency of social interaction is associated with

enjoyment enhancement and reward system activation. Sci Rep 6: 24561 (doi: 10.1038/srep24561)
Keltner D, Haidt J (2003) Approaching awe, a moral, spiritual, and aesthetic emotion. Cognition and Emotion 17: 297–314
Kerckhoff AC, Back KW (1968) The June Bug: A Study of Hysterical Contagion. Appleton-Century-Crofts, New York, NY
Kiecolt-Glaser JK Loving TJ, Stowell JR, Malarkey WB, Lemeshow S, Dickinson SL, Glaser R (2005) Hostile marital interactions, proinflammatory cytokine production, and wound healing. Arch Gen Psychiatry 62: 1377–1384
Kiecolt-Glaser JK, Bane C, Glaser R, Malarkey WB (2003) Love, marriage, and divorce: Newlyweds' stress hormones foreshadow relationships changes. Journal of Consulting and Clinical Psychology 71: 176–188 (doi:10.1037/0022-006X.71.1.176)
Kiecolt-Glaser JK, Glaser R, Gravenstein S, Malarkey WB, Sheridan J (1996) Chronic stress alters the immune response to influenza virus vaccine in older adults. Proc Natl Acad Sci USA 93: 3043–3047
Kiecolt-Glaser JK, Marucha PT, Malarkey WB, Mercado AM, Glaser R (1995) Slowing of wound healing by psychological stress. Lancet 346: 1194–1196
Kiecolt-Glaser JK, Newton TL (2001) Marriage and health: His and hers. Psychological Bulletin 127: 472–503
KiGGS-Studie (2008) Studie zur Gesundheit von Kindern und Jugendlichen in Deutschland: Wichtige Ergebnisse der ersten Folgebefragung (KiGGS Welle 1). Robert Koch-Institut, Berlin (https://www.kiggs-studie.de/fileadmin/KiGGS-Dokumente/KiGGS1_Zusammenfassung_20140623.pdf; abgerufen am 29.10.2017)
Killingsworth MA, Gilbert DT (2010) A wandering mind is an unhappy mind. Science 330: 932
Kim S, Spilman SL, Liao DH, Sacco P, Moore AA (2017) Social networks and alcohol use among older adults: a comparison with middle-aged adults. Aging Ment Health 22: 1–8 (doi: 10.1080/13607863.2016.1268095=)
Kimman TG (2001) Genetics of Infectious Disease Susceptibility, S. 145 ff. (chapter 16). Kluwer Academic Publishers, Dordrecht, The Netherlands
King KE, Kane JB, Scarbrough P, Hoyo C, Murphy SK (2016) Neighborhood and family environment of expectant mothers may influence prenatal programming of adult cancer risk: Discussion and an illustrative DNA methylation example. Biodemography Soc Biol 62: 87–104
Kirby JN, Doty JR, Petrocchi N, Gilbert P (2017) The Current and Future Role of Heart Rate Variability for Assessing and Training Compassion. Front Public Health 5: 40
Kirschbaum C, Pirke KM, Hellhammer DH (1993) The »Trier Social Stress

Test«: A tool for investigating psychobiological stress responses in a laboratory setting. Neuropsychobiology 28: 76–81

Kizilcec RF, Saltarelli AJ, Reich J, Cohen GL (2017) Closing global achievement gaps in MOOCs. Science 355: 251–252

Knop K, Hefner D, Schmitt S, Vorderer P (2015) Mediatisierung mobil. Handy- und mobile Internetnutzung von Kindern und Jugendlichen. Landesanstalt für Medien Nordrhein-Westfalen. Schriftenreihe Medienforschung, Band 77

Kocic B, Filipovic S, Vrbic S, Pejcic I, Rancic N, Cvetanovic A, Milenkovic D (2015) Stressful life events and breast cancer risk: a hospital-based case-control study. JBUON 20: 487–491

Kramer ADI, Guillory JE, Hancock JT (2014) Experimental evidence of massive-scale emotional contagion through social networks. PNAS 111: 8788–8790

Krill A, Platek SM (2009) In-group and out-group membership mediates anterior cingulate activation to social exclusion. Front Evol Neurosci 1: 1 (doi: 10.3389/neuro.18.001.2009. eCollection 2009 Apr 13)

Kroenke CH, Kubzansky LD, Schernhammer ES, Holmes MD, Kawachi I (2006) Social networks, social support, and survival after breast cancer diagnosis. J Clin Oncol 24: 1105–1111

Kross E, Berman MG, Mischel W, Smith EE, Wager TD (2011) Social rejection shares somatosensory representations with physical pain. PNAS 108: 6270–6275.

Kuo C-Y, Yeh Y-Y (2016) Sensorimotor-Conceptual Integration in Free Walking Enhances Divergent Thinking for Young and Older Adults. Front Psychol 7: 1580 (doi: 10.3389/fpsyg.2016.01580)

Kushler K, Heintzelmann SJ (2017) Put the Phone Down: Testing a Complement-Interfere Model of Computer-Mediated Communication in the Context of Face-to-Face Interactions (https://doi.org/10.1177/1948550617722199)

Kushlev K, Proulx JDE (2016) The Social Costs of Ubiquitous Information: Consuming Information on Mobile Phones Is Associated with Lower Trust. PLoS ONE 11: e0162130 (doi:10.1371/journal.pone.0162130)

Kushlev K, Proulx JDE, Dunn EW (2017) Digitally connected, socially disconnected: The effects of relying on technology rather than other people. Computers in Human Behavior 76: 68–74

Kutas M, Federmeier KD (2000) Electrophysiology reveals semantic memory use in language comprehension. Trends Cogn Sci 4: 463–470

Kutas M, Federmeier KD (2011) Thirty years and counting: finding meaning in the N400 component of the event-related brain potential (ERP). Annu Rev Psychol 62: 621–647

Kutas M, Hillyard SA (1980) Reading senseless sentences – brain potentials reflect semantic incongruity. Science 207: 203–205

Kutas M, Hillyard SA (1984) Brain potentials during reading reflect word expectancy and semantic association. Nature 307: 161–163

Kutas M, Hillyard SA (1989) An electrophysiological probe of incidental semantic association. J Cogn Neurosci 1: 38–49.

Kwak Y, Huettel SA (2016) Prosocial reward learning in children and adolescents. Front Psychol 7: 1539

Lachowycz K, Jones AP (2014) Does walking explain associations between access to green space and lower mortality? Soc Sci Med 107: 9–17

Lafrance A (2014) Even the editor of facebook's mood study thought it was creepy. The Atlantic 28.6.2014 (http://www.theatlantic.com/technology/archive/2014/06/even-the-editor-of-facebooks-mood-study-thought-it-was-creepy/373649/; abgerufen am 7.11.2016)

Lange E, Schaeffer PV (2001) A comment on the market value of a room with a view. Landscape and Urban Planning 55: 113–120

Layous K, Nelson SK, Oberle E, Schonert-Reichl KA, Lyubomirsky S (2012) Kindness counts: prompting prosocial behavior in preadolescents boosts peer acceptance and well-being. PLoS One 7(12): e51380

Lederbogen F, Kirsch P, Haddad L et al. (2011) City living and urban upbringing affect neural social stress processing in humans. Nature 474(7352): 498–501

Lei X, Chen C, Chen C, He Q, Moyzis RK, Xue G et al. (2016) Striatum-Centered Fiber Connectivity Is Associated with the Personality Trait of Cooperativeness. PLoS ONE 11(10): e0162160 (doi:10.1371/journal.pone.0162160)

Levenstein S, Rosenstock S, Jacobsen RK, Jorgensen T (2015) Psychological stress increases risk for peptic ulcer, regardless of Helicobacter pylori infection or use of nonsteroidal anti-inflammatory drugs. Clinical Gastroenterology and Hepatology 13: 498–506

Lewington S, Clarke R, Qizilbash N, Peto R, Collins R; Prospective Studies Collaboration (2002) Age-specific relevance of usual blood pressure to vascular mortality: a meta-analysis of individual data for one million adults in 61 prospective studies. Lancet 360: 1903–1913

Lewis K, Kaufman J, Gonzalez M, Wimmer A, Christakis N (2008) Tastes, ties, and time: A new social network dataset using Facebook.com. Social Networks 30: 330–342

Li D, Yang X, Ge Z, Hao Y, Wang Q, Liu F, Gu D, Huang J (2012) Cigarette smoking and risk of completed suicide: a meta-analysis of prospective cohort studies. J Psychiatr Res 46: 1257–1266

Lieberman MD (2007) Social Cognitive Neuroscience: A Review of Core Processes. Annual Review of Psychology 58: 259–289

Lillberg K, Verkasalo PK, Kaprio J, Teppo L, Helenius H, Koskenvuo M (2003) Stressful life events and risk of breast cancer in 10,808 women: a cohort study. Am J Epidemiol 157: 415–423

Limb CJ, Brown AR (2008) Neural substrates of spontaneous musical performance: an FMRI study of jazz improvisation. PloS ONE 3: e1679

Lin Y, Wang C, Zhong Y, Huang X, Peng L, Shan G, Wang K, Sun Q (2013) Striking life events associated with primary breast cancer susceptibility in women: a meta-analysis study. J Exp Clin Cancer Res 32: 53 (doi: 10.1186/1756-9966-32-53)

Lindfors P, Solantaus T, Rimpelä A (2012) Fears for the future among Finnish adolescents in 1983–2007: from global concerns to ill health and loneliness. J Adolesc 35: 991–999

Lindström M (2009) Marital status, social capital, material conditions and self-rated health: a population-based study. Health Policy 93: 172–179

Liu D, Diorio J, Tannenbaum B, Caldji C, Francis D, Freedman A, Sharma S, Pearson D, Plotsky P, Meaney M (1997) Maternal care, hippocampal glucocorticoid receptors, and hypothalamic-pituitary-adrenal responses to stress. Science 277: 1659–1662

Liu H, Reczek C (2012) Cohabitation and US adult mortality: An examination by gender and race. Journal of Marriage and Family 74: 794–811 (doi: 10.1111/j.1741-3737.2012.00983.x)

Liu H, Waite L (2014) Bad marriage, broken heart? Age and gender differences in the link between marital quality and cardiovascular risks among older adults. J Health Soc Behav 55: 403–423

Liu H, Waite L, Shen S (2016b) Diabetes risk and disease management in later life: A national longitudinal study of the role of marital quality. J Gerontol B Psychol Sci Soc Sci 71: 1070–1080

Liu H, Wang Z (2005) Effects of social isolation stress on immune response and survival time of mouse with liver cancer. World J Gastroenterol 11: 5902–5904

Logan AC (2015) Dysbiotic drift: mental health, environmental grey space, and microbiota. Journal of Physiological Anthropology 34: 23 (doi: 10.1186/s40101-015-0061-7)

Logan AC, Katzman MA, Balanzá-Martínez V (2015) Natural environments, ancestral diets, and microbial ecology: is there a modern »paleo-deficit disorder«? Part I. J Physiol Anthropol 34: 1

Lohmann-Haislah A (2013) Stressreport Deutschland 2012. Psychische Anforderungen, Ressourcen und Befinden. Bundesanstalt für Arbeitsschutz und Arbeitsmedizin, Dortmund, Berlin, Dresden (www.baua.de/dok/3430796.)

Louv R (2005) Last Child in the Woods: Saving Our Children from Nature-Deficit Disorder. Algonquin Books of Chapel Hill, Chapel Hill, NC, USA

Lutgendorf SK, Andersen BL (2015) Biobehavioral approaches to cancer progression and survival: Mechanisms and interventions. Am Psychol 70: 186–197

Luttik J (2000) The value of trees, water and open spaces as reflected by house prices in the Netherlands. Landscape and Urban Planning 48: 161–167

Maas J, Van Dillen SME, Verheij RA, Groenewegen PP (2009) Social contacts as a possible mechanism behind the relation between green space and health. Health Place 15: 586–595 [CrossRef] [PubMed] cited in Jennings (2016) Green space

Maas J, Verheij RA, De Vries S, Spreeuwenberg P, Schellevis FG, Groenewegen PP (2009) Morbidity is related to a green living environment. J Epidemiol Community Health 63: 967–973

Maas J, Verheij RA, Groenewegen PP, De Vries S, Spreeuwenberg P (2006) Green space, urbanity, and health: how strong is the relation? J Epidemiol Community Health 60: 587–592

MacDonald G, Leary MR (2005) Why does social exclusion hurt? The relationship between social and physical pain. Psychol Bull 131: 202–223

MacInnes JJ, Dickerson KC, Chen NK, Adcock RA (2016) Cognitive neurostimulation: Learning to volitionally sustain Ventral Tegmental Area activation. Neuron 89: 1331–1342

MacKerron G, Mourato S (2013) Happiness is greater in natural environments. Global environmental change, ISSN 0959-3780 (doi: 10.1016/j.gloenvcha.2013.03.010)

Maier SF, Seligman MEP (1976) Learned helplessness: Theory and evidence. Journal of Experimental Psychology: General 105: 3–46

Mallan K (2009) Look at me! Look at me! Self-representation and self-exposure through online networks. Digital Culture & Education 1: 51–66

Mann F, Bone JK, Lloyd-Evans B, Frerichs J, Pinfold V, Ma R, Wang J, Johnson S (2017) A life less lonely: the state of the art in interventions to reduce loneliness in people with mental health problems. Soc Psychiatry Psychiatr Epidemiol 52: 627–638

Markevych I, Thiering E, Fuertes E, Sugiri D, Berdel D, Koletzko S et al. (2014) A cross-sectional analysis of the effects of residential greenness on blood pressure in 10-year old children: results from the GINIplus and LISAplus studies. BMC Publ Health 14: 477

Marshall BJ, Warren JR (1984) Unidentified curved bacilli in the stomach of patients with gastritis and peptic ulceration. Lancet 323: 1311–1315

Martire LM, Schulz R, Helgeson VS, Small BJ, Saghafi EM (2010) Review and meta-analysis of couple-oriented interventions for chronic illness. Annals of Behavioral Medicine 40: 325–342 (doi: 10.1007/s12160-010-9216-2)

Marucha PT, Kiecolt-Glaser JK, Favagehi M (1998): Mucosal wound healing is impaired by examination stress. Psychosom Med 60: 362–365

Masi CM, Chen H-Y, Hawkley LC, Cacioppo JT (2011) A meta-analysis of interventions to reduce loneliness. Personality and Social Psychology Review 15: 219–266

Masten CL, Eisenberger NI, Borofsky LA, McNealy K, Pfeifer JH, Dapretto M (2011) Subgenual anterior cingulate responses to peer rejection: a marker of adolescents' risk for depression. Dev Psychopathol 23: 283–292

Masten CL, Telzer EH, Eisenberger NI (2011) An FMRI investigation of attributing negative social treatment to racial discrimination. J Cogn Neurosci 23: 1042–1051

Masten CL, Telzer EH, Fuligni AJ, Lieberman MD, Eisenberger NI (2012) Time spent with friends in adolescence relates to less neural sensitivity to later peer rejection. Soc Cogn Affect Neurosci 7: 106–114

Master SL, Eisenberger NI, Taylor SE, Naliboff BD, Shirinyan D, Lieberman MD (2009) A picture's worth: partner photographs reduce experimentally induced pain. Psychol Sci 20: 1316–1318

Matsumoto Y, Yamagishi T, Li Y, Kiyonari T (2016) Prosocial behavior increases with age across five economic games. PLoS ONE 11(7): e0158671 (doi: 10.1371/journal.pone.0158671)

Mavros MN, Athanasiou S, Gkegkes ID, Polyzos KA, Peppas G, Falagas ME (2011) Do psychological variables affect early surgical recovery? PLoS ONE 6(5): e20306 (doi: 10.1371/journal.pone.0020306)

McArthur A (2005) The Colonial Dynamic: The Xhosa Cattle Killing and the American Indian Ghost Dance. Psi Sigma Siren 3 (1): 1-14 (http://digitalscholarship.unlv.edu/psi_sigma_siren/vol3/iss1/2; abgerufen am 20.2.2017)

McClintock MK, Dale W, Laumann EO, Waite L (2016) Empirical redefinition of comprehensive health and well-being in the older adults of the United States. PNAS 113: E3071–3080 (doi: 10.1073/pnas.1514968113)

McDaniel BT, Drouin M, Cravens JD (2017) Do You Have Anything to Hide? Infidelity-Related Behaviors on Social Media Sites and Marital Satisfaction. Comput Human Behav 66: 88–95. (doi: 10.1016/j.chb.2016.09.031. Epub 2016 Sep 25)

McEwen B, Bowles NP, Gray JD, Hill MN, Hunter RG, Karatsoreos IN, Nasca C (2015) Mechanisms of stress in the brain. Nat Neurosci 18: 1353–1363

McGowan PO, Sasaki A, D'Alessio AC, Dymov S, Labonte B, Szyf M, Turecki G, Meaney MJ (2009) Epigenetic regulation of the glucocorticoid receptor in human brain associates with childhood abuse. Nat Neurosci 12: 342–348

McGowan PO, Sasaki A, Huang TCT, Unterberger A, Suderman M, Ernst C, Meaney MJ, Turecki G, Szyf M (2008) Promoter-Wide Hypermethylation of the Ribosomal RNA Gene Promoter in the Suicide Brain. PLoS ONE 3(5): e2085 (doi: 10.1371/journal.pone.0002085)

McGuire S, Clifford J (2000) Genetic and environmental contributions to loneliness in children. Psychological Science 11: 487–491

McKenzie K, Murray A, Booth T (2013) Do urban environments increase the risk of anxiety, depression and psychosis? An epidemiological study. Journal of Affective Disorders 150: 1019–1024

Meaney MJ (2001) Maternal care, gene expression, and the transmission of individual differences in stress reactivity across generations. Annu Rev Neurosci 24: 1161–1192

Meaney MJ, Aitken DH, Van Berkel C, Bhatnagar S, Sapolsky RM (1988) Effect of neonatal handling on age-related impairments associated with the hippocampus. Science 239: 766–768

Mehta R, Zhu R (2009) Blue or red? Exploring the effect of color on cognitive task performances. Science 323: 1226–1229

Ménard C, Pfau ML, Hodes GE, Russo SJ (2017) Immune and neuroendocrine mechanisms of stress vulnerability and resilience. Neuropsychopharmacology 42: 62–80

Merritt DH, Klein S (2015) Do early care and education services improve language development for maltreated children? Evidence from a national child welfare sample. Child Abuse Negl 39: 185–196

Meyer R (2014) Everything we know about Facebook's secret mood manipulation experiment. It was probably legal. But was it ethical? The Atlantic 28.6.2014 (http://www.theatlantic.com/technology/archive/2014/06/everything-we-know-about-facebooks-secret-mood-manipulation-experiment/373648/; abgerufen am 7.11.2016)

Mezuk B, Choi M, DeSantis AS, Rapp SR, Diez Roux AV, Seeman T (2016) Loneliness, Depression, and Inflammation: Evidence from the Multi-Ethnic Study of Atherosclerosis. PLoS One 11(7): e0158056 (doi: 10.1371/journal.pone.0158056)

Miller D (1999) The Norm of Self-Interest. American Psychologist 54: 1053–1060

Miller G, Chen E, Cole SW (2009) Health Psychology: Developing biologically plausible models linking the social world and physical health. Annu Rev Psychol 60: 501–524

Mischel W, Shoda Y, Rodriguez MI (1989) Delay of gratification in children. Science 244: 933–938

Mitchell R (2013) Is physical activity in natural environments better for mental health than physical activity in other environments? Social Science & Medicine 91: 130–134

Mitchell R, Popham F (2008) Effect of exposure to natural environment on health inequalities: an observational population study. The Lancet 372: 1655–1660

Moffitt TE, Arseneault L, Belsky D, Dickson N, Habcox R, Harrington H et al. (2011) A gradient of childhood self-control predicts health, wealth, and public safety. PNAS 108: 2693–2698

Mogil JS (2012) The surprising empathic abilities of rodents. Trends Cogn Sci 16: 143–144

Monden CW, Metsä-Simola N, Saarioja S, Martikainen P (2015) Divorce and subsequent increase in uptake of antidepressant medication: a Finnish registry-based study on couple versus individual effects. BMC Public Health 15: 158 (doi: 10.1186/s12889-015-1508-9)

Moore D, Schultz NR Jr. (1983) Loneliness at adolescence: Correlates, attributions, and coping. J Youth Adolesc 12: 95–100

Moshonov S, Zor U, Naor Z (2010) Prostaglandins. In: Fink G (Hg.) Stress Science: Neuroendocrinology, 566–573. Academic Press, San Diego, USA

Mowbray O, Quinn A, Cranford JA (2014) Social networks and alcohol use disorders: findings from a nationally representative sample. Am J Drug Alcohol Abuse 40: 181–186

Mushtaq R, Shoib S, Shah T, Mushtaq S (2014) Relationship between loneliness, psychiatric disorders and physical health? A review on the psychological aspects of loneliness. J Clin Diagn Res 8: WE01–4 (doi: 10.7860/JCDR/2014/10077.4828)

Mytton OT, Townsend N, Rutter H, Foster C (2012) Green space and physical activity an observational study using Health Survey for England data. Health & Place 18: 1034–1041.

Nadis S (2002) The sight of two brains talking. Nature 416: 364–365

Nesse RM, Bhatnagar S, Young EA (2010) Evolutionary origins and functions of the stress response. In: Fink G (Hg.) Stress Science: Neuroendocrinology, 21–26. Academic Press, San Diego, USA

Neumann R, Strack F (2000) »Mood contagion«: The automatic transfer of mood between persons. J Pers Soc Psychol 79: 221–223.

Ng TP, Jin A, Feng L, Nyunt MS, Chow KY, Feng L, Fong NP (2015) Mortality of older persons living alone: Singapore Longitudinal Ageing Studies. BMC Geriatr 15: 126 (doi: 10.1186/s12877-015-0128-7)

Noy L, Dekel E, Alon U (2011) The mirror game as a paradigm for studying the dynamics of two people improvising motion together. PNAS 108: 20947–20952

Nutsford D, Pearson AL, Kingham S (2013) An ecological study investigating the association between access to urban green space and mental health. Publ Health 127: 1005–1011

Nutsford D, Pearson AL, Kingham S, Reitsma F (2016) Residential exposure to visible blue space (but not green space) associated with lower psychological distress in a capital city. Health Place 39: 70–78

O'Malley AJ, Christakis N (2011) Longitudinal analysis of large social networks: Estimating the effect of health traits on changes in friendship ties. Statistics in Medicine 30: 950–964

Olkinuora M (1984) Psychogenic epidemics and work. Scand J Work Environ Health 10: 501–504

Onoda K, Okamoto Y, Nakashima K, Nittono H, Yoshimura S, Yamawaki S, Yamaguchi S, Ura M (2010) Does low self-esteem enhance social pain? The relationship between trait self-esteem and anterior cingulate cortex activation induced by ostracism. Soc Cogn Affect Neurosci 5: 385–391

Oppezzo M, Schwartz DL (2014) Give Your Ideas Some Legs: The Positive Effect of Walking on Creative Thinking. Journal of Experimental Psychology: Learning, Memory, and Cognition 40: 1142–1152

Orlet C (2007) The Look at Me Generation. The American Spectator (http://spectator.org/archives/2007/03/02/the-look-at-me-generation; abgerufen am 3.6.2017)

Over H (2016) The origins of belonging: social motivation in infants and young children. Phil Trans R Soc B 371: 20150072 (http://dx.doi.org/10.1098/rstb.2015.0072)

Page RM, Cole GE (1991) Loneliness and alcoholism risk in late adolescence: a comparative study of adults and adolescents. Adolescence 26: 925–930

Panksepp J (1998) Affective neuroscience. Oxford University Press

Panksepp J (2003) Feeling the pain of social loss. Science 302: 237–239

Paris J (2014) Modernity and narcissistic personality disorder. Personality Disorders: Theory, Research, and Treatment 5: 220–226

Park BJ, Tsunetsugu Y, Kasetani T, Kagawa T, Miyazaki Y (2010) The physiological effects of Shinrin-yoku (taking in the forest atmosphere or forest bathing): evidence from field experiments in 24 forests across Japan. Environ Health Prev Med 15: 18–26

Park H, Twenge JM, Greenfield PM (2014) The Great Recession: Implications for adolescent values and behavior. Social Psychological and Personality Science 5: 310–318

Paxton P (1999) Is Social Capital Declining in the United States? A Multiple Indicator Assessment. American Journal of Sociology 105: 88–127

Pearce E, Launay J, Dunbar RI (2015) The ice-breaker effect: singing mediates fast social bonding. R Soc Open Sci 2: 150221 (doi: 10.1098/rsos.150221)

Peen J, Schoevers RA, Beekman AT, Dekker J (2010) The current status of

urban–rural differences in psychiatric disorders. Acta Psych Scand 121: 84–93
Peires J (1989/2003) The Dead Will Arise. Nongqawuse and the Great Xhosa Cattle-Killing of 1856–7. Jonathan Ball Publishers, Johannesburg & Cape Town
Perissinotto CM, Covinsky KE (2014) Living alone, socially isolated or lonely – What are we measuring? Journal of General Internal Medicine 11: 1429–1431
Perissinotto CM, Stijacic Cenzer I, Covinsky KE (2012) Loneliness in older persons: A predictor of functional decline and death. Archives of Internal Medicine 172: 1078–1083
Perry BL (2016) Gendering Genetics: Social and Biological Contingencies in the Protective Effects of Social Integration for Men and Women. American Journal of Sociology (doi: 10.1086/685486)
Petitte T, Mallow J, Barnes E, Petrone A, Barr T, Theeke L (2015) A Systematic Review of Loneliness and Common Chronic Physical Conditions in Adults. Open Psychol J 8 (Suppl 2): 113–132
Pfeifer JH, Masten CL, Moore WE 3rd, Oswald TM, Mazziotta JC, Iacoboni M, Dapretto M (2011) Entering adolescence: resistance to peer influence, risky behavior, and neural changes in emotion reactivity. Neuron 69: 1029–1036
Piff PK, Dietze P, Feinberg M, Stancato DM, Keltner D (2015) Awe, the small self, and prosocial behavior. J Pers Soc Psychol 108: 883–899 (doi: 10.1037/pspi0000018)
Pinquart M, Duberstein PR (2010) Associations of social networks with cancer mortality: a meta-analysis. Crit Rev Oncol Hematol 75: 122–137
Pirie K, Peto R, Reeves GK, Green J, Beral V (2013) The 21st century hazards of smoking and benefits of stopping: a prospective study of one million women in the UK. Lancet 381: 133–141
Pittiglio L (2017) Learned Helplessness and Sexual Risk Taking in Adolescent and Young Adult African American Females. AIDS Patient Care STDS 31: 356–361 (doi: 10.1089/apc.2017.0052. Epub 2017 Jul 18)
Pons F, Laura Bosch L, Lewkowicz DJ (2015) Bilingualism modulates infants' selective attention to the mouth of a talking face. Psychological Science 26: 490–498
Pressman SD, Cohen S, Miller GE, Barkin A, Rabin BS, Treanor JJ (2005) Loneliness, social network size, and immune response to influenza vaccination in college freshmen. Health Psychol 24: 297–306
Provine RR (1992) Contagious laughter: Laughter is a sufficient stimulus for laughs and smiles. Bulletin of the Psychological Society 30: 1–4

Pryce CR, Azzinnari D, Spinelli S, Seifritz E, Tegethoff M, Meinlschmidt G (2011) Helplessness: a systematic translational review of theory and evidence for its relevance to understanding and treating depression. Pharmacol Ther 132: 242–267

Putnam RD (2000) Bowling Alone. Simon & Schuster, New York, NY

Pyter LM, Yang L, da Rocha JM, Engeland CG (2014) The effects of social isolation on wound healing mechanisms in female mice. Physiol Behav 127: 64–70

Rahaman HM (2015) Romantic relationship length and its perceived quality: Mediating role of Facebook-related conflict. Eur J Psych 11: 395–405

Rainville P, Duncan GH, Price DD, Carrier B, Bushnell MC (1997) Pain affect encoded in human anterior cingulate but not somatosensory cortex. Science 277: 968–971

Ramot M, Grossman S, Friedman D, Malach R (2016) Covert neurofeedback without awareness shapes cortical network spontaneous connectivity. PNAS 113: E2413–2420 (doi: 10.1073/pnas.1516857113)

Rand DG, Arbesman S, Christakis NA (2011) Dynamic social networks promote cooperation in experiments with humans. PNAS 108: 19193–19198

Randles D, Heine SJ, Santos N (2013) The Common Pain of Surrealism and Death: Acetaminophen Reduces Compensatory Affirmation Following Meaning Threats. Psychological Science 24: 966–973

Rapacciuolo A, Perrone Filardi P, Cuomo R, Mauriello V, Quarto M, Kisslinger A, Savarese G, Illario M, Tramontano D (2016) The Impact of Social and Cultural Engagement and Dieting on Well-Being and Resilience in a Group of Residents in the Metropolitan Area of Naples. J Aging Res 2016: 4768420 (doi: 10.1155/2016/4768420. Epub 2016 May 19)

Reiche EM, Nunes SO, Morimoto HK (2004) Stress, depression, the immune system, and cancer. Lancet Oncol 5: 617–625

Reid VM, Dunn K, Young RJ, Amu J, Donovan T, Reissland N (2017) The Human Fetus Preferentially Engages with Face-like Visual Stimuli. Current Biology 27: 1825–1828

Richard A, Rohrmann S, Vandeleur CL, Schmid M, Barth J, Eichholzer M (2017) Loneliness is adversely associated with physical and mental health and lifestyle factors: Results from a Swiss national survey. PLoS ONE 12: e0181442

Rilling J, Gutman D, Zeh T, Pagnoni G, Berns G, Kilts C (2002) A neural basis for social cooperation. Neuron 35: 395–405.

Roberts BW, Edmonds G, Grijalva E (2010) It is developmental Me, not Generation Me: Developmental changes are more important than generational changes in narcissism. Perspectives on Psychological Science 5: 97–102

Robles TF, Slatcher RB, Trombello JM, McGinn MM (2014) Marital quality and health: A meta-analytic review. Psychological Bulletin 140: 140–187

Rochet-Capellan A, Fuchs S (2014) Take a breath and take the turn: how breathing meets turns in spontaneous dialogue. Phil Trans R Soc B 369: 20130399 (doi.org/10.1098/rstb.2013.0399)

Rodin J (1986) Aging and health: effects of the sense of control. Science 233: 1271–1276

Roe JJ, Thompson CW, Aspinall PA, Brewer MJ, Duff EI, Miller D et al. (2013) Green space and stress: evidence from cortisol measures in deprived urban communities. Int J Environ Res Publ Health 10: 4086–4103

Romeo RD (2010) Stress and brain morphology. In: Koob GF, Moal M, Thompson RF (Hg.) Encyclopedia of Behavioral Neuroscience, 304–309. Academic Press, London, UK

Romero T, Castellanos MA, De Waal FBM (2010) Consolation as possible expression of sympathetic concern among chimpanzees. PNAS 107: 12110–12115

Ros T, Théberge J, Frewen PA, Kluetsch R, Densmore M, Calhoun VD, Lanius RA (2013) Mind over chatter: Plastic up-regulation of the fMRI salience network directly after EEG neurofeedback. Neuroimage 65: 324–335

Rosenkrantz Lindegaard M, Liebst LS, Bernasco W, Heinskou MB, Philpot R, Levine M et al. (2017) Consolation in the aftermath of robberies resembles post-aggression consolation in chimpanzees. PLoS ONE 12: e0177725

Rosenkranz MA, Lutz A, Perlman DM, Bachhuber DR, Schuyler BS, MacCoon DG, Davidson RJ (2016) Reduced stress and inflammatory responsiveness in experienced meditators compared to a matched healthy control group. Psychoneuroendocrinology 68: 117–125

Rosenquist JN, Fowler JH, Christakis NA (2011) Social network determinants of depression. Mol Psychiatry 16: 273–281

Rosenquist JN, Murabito J, Fowler JH, Christakis NA (2010) The spread of alcohol consumption behavior in a large social network. Annals of Internal Medicine 152: 426–433

Rosenthal R (1986) Media violence, antisocial behavior, and the social consequences of small effects. Journal of Social Issues 42: 141–154

Rosenthal R (1990) How are we doing in soft psychology? American Psychologist (Juni 1990): 775–777

Rotenberg K (1994) Loneliness and interpersonal trust. Journal of Social and Clinical Psychology 13(2): 152–173

Routasalo PE, Savikko N, Tilvis RS, Strandberg TE, Pitkala KH (2006)

Social contacts and their relationship to loneliness among aged people – a population-based study. Gerontology 52(3): 181–187.
Roy S, Khanna S, Yeh PE, Rink C, Malarkey WB, Kiecolt-Glaser J, Laskowski B, Glaser R, Sen CK (2005) Wound site neutrophil transcription in response to psychological stress in young men. Gene Expr 12: 273–287
Ruan H, Wu CF (2008) Social interaction-mediated lifespan extension of Drosophila Cu/Zn superoxide dismutase mutants. Proceedings of the National Academy of Sciences of the United States of America 105(21): 7506–7510
Rudatsikira E, Muula AS, Siziya S, Twa-Twa J (2007) Suicidal ideation and associated factors among school-going adolescents in rural Uganda. BMC Psychiatry 7: 67
Russell DW, Cutrona CE, De la Mora A, Wallace RB (1997) Loneliness and nursing home admission among rural older adults. Psychology and Aging 12: 574–589
Russell DW, Peplau LA, Cutrona CE (1980) The revised UCLA Loneliness Scale: concurrent and discriminant validity evidence. J Pers Soc Psychol 39: 472–480
Samuelsson G, Andersson L, Hagberg B (1998) Loneliness in relation to social, psychological and medical variables over a 13-year period: A study of the elderly in a Swedish rural district. Journal of Mental Health and Aging 4: 361–378
Samuni L, Preis A, Mundry R, Deschner T, Crockford C, Wittig RM (2017) Oxytocin reactivity during intergroup conflict in wild chimpanzees. PNAS 114: 268–273
Sandstrom GM, Dunn EW (2014a) Is efficiency overrated? Minimal social interactions lead to belonging and positive affect. Soc Psychol Personal Sci 5: 437–442
Sandstrom GM, Dunn EW (2014b) Social interactions and well-being: the surprising power of weak ties. Personal Soc Psychol Bull 40: 900–922
Sanfey AG, Rilling JK, Aronson JA, Nystrom LE, Cohen JD (2003) The neural basis of economic decision-making in the Ultimatum Game. Science 300: 1755–1758
Sapolsky RM (2015) Stress and the brain: individual variability and the inverted-U. Nat Neurosci 18: 1344–1346
Sapolsky RM (2017) Behave. The Biology of Humans at Our Best and Worst. Penguin Press, New York, NY
Sareen J, Zaborniak K, Green M (2015) Smoking and mortality – beyond established causes (letter to the editor). N Engl J Med 372: 2168–2169
Savikko N, Routasalo P, Tilvis RS, Strandberg TE, Pitkala KH (2005) Pre-

dictors and subjective causes of loneliness in an aged population. Archives of Gerontology and Geriatrics 41: 223–233

Sbarra DA, Law RW (2011) Divorce and death: a meta-analysis and research agenda for clinical, social, and health psychology. Perspect Psychol Sci 6: 454–474

Scharnowski F, Rosa MJ, Golestani N, Hutton C, Josephs O, Weiskopf N, Rees G (2014) Connectivity changes underlying neurofeedback training of visual cortex activity. PLoS One 9(3): e91090 (doi: 10.1371/journal.pone.0091090)

Scheinost D, Stoica T, Saksa J, Papademetris X, Constable RT, Pittenger C, Hampson M (2013) Orbitofrontal cortex neurofeedback produces lasting changes in contamination anxiety and resting-state connectivity. Transl Psychiatry 3: e250 (doi: 10.1038/tp.2013.24)

Schenk M (2007) Medienwirkungsforschung. 3., vollständig überarbeitete Aufl., Mohr Siebeck, Tübingen

Schoemaker MJ, Jones ME, Wright LB, Griffin J, McFadden E, Ashworth A, Swerdlow AJ (2016) Psychological stress, adverse life events and breast cancer incidence: a cohort investigation in 106,000 women in the United Kingdom. Breast Cancer Res 18: 72 (doi: 10.1186/s13058-016-0733-1)

Scholem GS (2007) Shabbetai Zevi. In: Encyclopaedia Judaica, Second Edition, Farmington Hills, Michigan, Vol. 18, S. 340–359

Schöner J, Heinz A, Endres M, Gertz K, Kronenberg G (2017) Post-traumatic stress disorder and beyond: an overview of rodent stress models. J Cell Mol Med (doi: 10.1111/jcmm.13161)

Schönfeldt-Lecuona C, Connemann BJ, Spitzer M, Herwig U (2003) Transcranial magnetic stimulation in the reversal of motor conversion disorder. Psychother Psychosom 72: 286–288

Schönfeldt-Lecuona C, Connemann BJ, Viviani R, Spitzer M, Herwig U (2006) Transcranial magnetic stimulation in motor conversion disorder: a short case series. J Clin Neurophysiol 23: 472–475

Schönfeldt-Lecuona C, Grön G, Walter H, Büchler N, Wunderlich A, Spitzer M, Herwig U (2004) Stereotaxic rTMS for the treatment of auditory hallucinations in schizophrenia. NeuroReport 15: 1669–1673

Schönfeldt-Lecuona C, Thielscher A, Freudenmann RW, Kron M, Spitzer M, Herwig U (2005) Accuracy of stereotaxic positioning of transcranial magnetic stimulation. Brain Topogr 17: 253–259

Sebastian CL, Tan GC, Roiser JP, Viding E, Dumontheil I, Blakemore SJ (2011) Developmental influences on the neural bases of responses to social rejection: implications of social neuroscience for education. Neuroimage 57: 686–694

Seed AM, Clayton NS, Emery NJ (2007) Postconflict third-party affiliation in rooks, Corvus frugilegus. Curr Biol 17: 152–158

Seeman T (2000) Health Promoting Effetcs of Friends and Family on Health Outcomes in Older Adults. American Journal of Health Promotion 14: 362–370

Seligman ME, Beagley G (1975) Learned helplessness in the rat. J Comp Physiol Psychol 88: 534–541

Seligman ME, Maier SF (1967) Failure to escape traumatic shock. J Exp Psychol 74: 1–9

Selye H (1936): A syndrome produced by diverse nocuous agents. Nature 138: 32

Shakya HB, Christakis NA (2017) Association of Facebook use with compromised well-being: A longitudinal study. American Journal of Epidemiology 185: 203–211

Shankar A, McMunn A, Banks J, Steptoe A (2011) Loneliness, social isolation, and behavioral and biological health indicators in older adults. Health Psychol 30: 377–385

Shannon GE (1948) A Mathematical Theory of Communication. Bell System Technical Journal

Shohat-Ophir G, Kaun KR, Azanchi R, Heberlein U (2012) Sexual Deprivation Increases Ethanol Intake in Drosophila. Science 335: 1351–1355

Shor E, Roelfs DJ, Yogev T (2013) The strength of family ties: A meta-analysis and meta-regression of self-reported social support and mortality. Social Networks 35: 626–638

Shor E, Roelfs, DJ, Bugyi P, Schwartz JE (2012) Meta-analysis of marital dissolution and mortality: reevaluating the intersection of gender and age. Soc Sci Med 75: 46–59

Singh SK, Dorak MT (2017) Cancer Immunoprevention and Public Health. Front Public Health 5: 101 (doi: 10.3389/fpubh.2017.00101)

Skinner AL, Meltzoff AN, Olson KR (2017) »Catching« social bias: Exposure to biased nonverbal signals creates social biases in preschool children. Psychological Science 28: 216–224

Slatcher RB (2010) Marital functioning and physical health: Implications for social and personality psychology. Social and Personality Psychology Compass 4: 455–469

Slatcher RB, Selcuk E (2017) A social psychological perspective on the links between close relationships and health. Current Directions in Psychological Science 26: 16–21

Slatcher RB, Selcuk E, Ong AD (2015) Perceived partner responsiveness predicts diurnal cortisol profiles 10 years later. Psychological Science 26: 972–982

Smith G, Cirach M, Swart W, Dėdelė A, Gidlow C, Van Kempen E, Kruize H, Gražulevičienė R, Nieuwenhuijsen M (2017) Characterisation of the natural environment: quantitative indicators across Europe. Int J Health Geogr 16: 16 (doi: 10.1186/s12942-017-0090-z)

Smith KP, Christakis NA (2008) Social networks and health. Annual Review of Sociology 34: 405–429

Somerville LH, Kelley WM, Heatherton TF (2010) Self-esteem modulates medial prefrontal cortical responses to evaluative social feedback. Cereb Cortex 20: 3005–3013

Spithoven AWM, Bijttebier P, Van Den Noortgate W, Colpin H, Verschueren K, Van Leeuwen K et al. (2015) Adolescent Loneliness and the Interaction between the Serotonin Transporter Gene (5-HTTLPR) and Parental Support: A Replication Study. PLoS ONE 10(7): e0133430 (doi: 10.1371/ journal.pone.0133430)

Spitz RA (1945) Hospitalism: An inquiry into the genesis of psychiatric conditions in early childhood. Psychoanalytic Study of the Child 1: 53–74

Spitzer M (2003) Verstoßen im Scanner: Ablehnung schmerzt. Nervenheilkunde 22: 486–530

Spitzer M (2005) Das Gott-Gen. Nervenheilkunde 24: 457–462

Spitzer M (2005) Vorsicht Bildschirm!: Elektronische Medien, Gehirnentwicklung, Gesundheit und Gesellschaft. Ernst Klett Verlag, Stuttgart

Spitzer M (2006) Geben ist seliger denn Nehmen ($p < 0,05$). Ehrenamt und Gesundheit. Nervenheilkunde 25: 994–996

Spitzer M (2006) Therapie mit dem Scanner? Feedback gegen Schmerzen mittels Echtzeit-fMRT. Nervenheilkunde 25: 390–392

Spitzer M (2008) Geben ist seliger denn Nehmen 2.0. Wie man Geld ausgibt, um glücklich zu sein. Nervenheilkunde 27: 495–498

Spitzer M (2009) Die Farben des Denkens. Nervenheilkunde 28: 320–323

Spitzer M (2010) Automatik im Kopf – wie das Unbewusste arbeitet. In: Spitzer M, Bertram W (Hg.) Hirnforschung für Neu(ro)gierige. Braintertainment 2.0, S. 107–129. Schattauer, Stuttgart

Spitzer M (2012) Aschenputtel als Flugsimulator. Mit Darwin und Sprache können Sie rechnen!. In: Spitzer M (2012) Nichtstun, Flirten, Küssen und andere Leistungen des Gehirns, S. 1–35. Schattauer, Stuttgart

Spitzer M (2012) Digitale Demenz. Droemer, München

Spitzer M (2012) Groß in Facebook, klein im Gehirn? Gehirnforschung zu sozialen Netzwerken. Nervenheilkunde 31: 299–304

Spitzer M (2013) Das (un)soziale Gehirn. Wie wir imitieren, kommunizieren und korrumpieren. Schattauer, Stuttgart

Spitzer M (2014) Schwarmdummheit. Nervenheilkunde 33: 911–914

Spitzer M (2014b) Smartphones. Nervenheilkunde 33: 9–15

Spitzer M (2015a) Über vermeintliche neue Erkenntnisse zu den Risiken und Nebenwirkungen digitaler Informationstechnik. Eine Erwiderung zur Arbeit von Appel und Schreiner (2014). Psychologische Rundschau 66: 114–119

Spitzer M (2015b) Digitale Medien: Risiken und Nebenwirkungen für die Gesellschaft. In: Festag S, Barth U (Hg), Risikokompetenz. Beurteilung von Risiken S. 175–202. Schriften der Schutzkommission, Bundesamt für Bevölkerungsschutz und Katastrophenhilfe, Bonn

Spitzer M (2015b) Egoist, Psychopath, Präsident? Zur Phänomenologie, Persönlichkeit, Entwicklung, Neurobiologie und Genetik des Homo oeconomicus. In: Spitzer M: Denken – zu Risiken und Nebenwirkungen, Kap. 16, S. 209–224. Schattauer, Stuttgart

Spitzer M (2016) Einsamkeit – erblich, ansteckend, tödlich. Nervenheilkunde 35: 734–741

Spitzer M (2017) Postfaktisch. Intellektuelle Verwahrlosung – Ursachen und Auswirkungen. Nervenheilkunde 36: 113–117

Spitzer M, Bonenberger M (2012) Soziale Schmerzen. Nervenheilkunde 31: 761–764

Spitzer M, Weisbrod M, Winkler S, Maier S (1997) Ereigniskorrelierte Potentiale bei semantischen Sprachverarbeitungsprozessen schizophrener Patienten. Nervenarzt 68: 212–225

Staessen JA, Wang J, Bianchi G, Birkenhäger WH (2003) Essential hypertension. Lancet 361: 1629–1641

Stapleton TJ (1991) »They No Longer Care for Their Chiefs«: Another Look at the Xhosa Cattle-Killing of 1856–1857. The International Journal of African Historical Studies 24: 383–392

Stapleton TJ (1993) Reluctant Slaughter: Rethinking Maqoma's Role in the Xhosa Cattle-Killing (1856–1857). The International Journal of African Historical Studies 26: 345–369

Statista (2017a) Anzahl der Haushalte in Deutschland nach Anzahl der Personen im Haushalt von 2000 bis 2015 (https://de.statista.com/statistik/daten/studie/167169/umfrage/entwicklung-der-haushaltsgroessen-in-deutschland-seit-2000/; abgerufen am 2.6.2017)

Statista (2017b) Aus welchem Grund sind Sie Ihrer Meinung nach Single? (https://de.statista.com/statistik/daten/studie/163192/umfrage/gruende-fuer-partnerlosigkeit-von-singles-nach-geschlecht/; abgerufen am 2.6.2017)

Steinberg H, Sykes EA, Moss T, Lowery S, LeBoutillier N (1997) Exercise enhances creativity independently of mood. Br J Sports Med 31: 240–245

Steinfield C, Ellison NB, Lampe C (2008) Social capital, self-esteem, and use of online social network sites: A longitudinal analysis. Journal of Applied Developmental Psychology 29: 434–445

Steptoe A (2010) Control and stress. In: Fink G (Hg.) Stress Science: Neuroendocrinology, 15–20. Academic Press, San Diego, USA

Steptoe A, Owen N, Kunz-Ebrecht SR, Brydon L (2004) Loneliness and neuroendocrine, cardiovascular, and inflammatory stress responses in middle-aged men and women. Psychoneuroendocrinology 29: 593–611

Steptoe A, Shankar A, Demakakos P, Wardle J (2013) Social isolation, loneliness, and all-cause mortality in older men and women. PNAS 110: 5797–5801

Stickley A, Koyanagi A, Roberts B, Richardson E, Abbott P, Tumanov S, McKee M (2013) Loneliness: Its Correlates and Association with Health Behaviours and Outcomes in Nine Countries of the Former Soviet Union. PLoS ONE 8(7): e67978

Stigsdotter UK, Ekholm O, Schipperijn J, Toftager M, Kamper-Jørgensen F, Randrup TB (2010) Health promoting outdoor environments – associations between green space, and health, health-related quality of life and stress based on a Danish national representative survey. Scand J Pub Health 38: 411–417

Stinson FS, Dawson DA, Goldstein RB, Chou SP, Huang B, Smith SM, Ruan WJ, Pulay AJ, Saha TD, Pickering RP, Grant BF (2008) Prevalence, correlates, disability, and comorbidity of personality disorder diagnoses in a DSM-IV narcissistic personality disordered non-patient sample. Results from the wave 2 national epidemiologic survey on alcohol and related conditions. Journal of ClinicalPsychiatry 69: 1033–1045

Stivers T, Enfield NJ, Brown P, Englert C, Hayashi M, Heinemann T, Hoymann G, Rossano F, De Ruiter JP, Yoon KE, Levinson SC (2009) Universals and cultural variation in turn-taking in conversation. PNAS 106: 10587–10592

Stranahan AM, Khalil D, Gould E (2006) Social isolation delays the positive effects of running on adult neurogenesis. Nature Neuroscience 9: 526–533

Strohschein L (2016) Do Men Really Benefit More From Marriage Than Women? American Journal of Public Health 106: e2 (doi: 10.2105/AJPH.2016.303308)

Sturgeon JA, Arewasikporn A, Okun MA, Davis MC, Ong AD, Zautra AJ (2016) The Psychosocial Context of Financial Stress: Implications for Inflammation and Psychological Health. Psychosom Med 78: 134–143

Sugisawa H, Liang J, Liu X (1994) Social networks, social support, and mortality among older people in Japan. Journal of Gerontology 49: 3–13

Sugiyama T, Leslie E, Giles-Corti B, Owen N (2008) Associations of neighbourhood greenness with physical and mental health: do walking, social

coherence and local social interaction explain the relationships? J Epidemiol Community Health 62: e9
Sulzer J, Haller S, Scharnowski F, Weiskopf N, Birbaumer N, Blefari ML, Bruehl AB, Cohen LG, deCharms RC, Gasserta R, Goebel R, Herwig U, LaConte S, Linden D, Luft A, Seifritz E, Sitaram R (2013) Real-time fMRI neurofeedback: Progress and challenges. Neuroimage 76: 386–399
Swann WB Jr, Jetten J (2017) Restoring Agency to the Human Actor. Perspect Psychol Sci 12: 382–399 (doi: 10.1177/1745691616679464)
Tarrant MA (1996) Attending to past outdoor recreation experiences: Symptom reporting and changes in affect. Journal of Leisure Research 28: 1–17
Taylor SE (1991) Asymmetrical effects of positive and negative events: The mobilization-minimization hypothesis. Psychological Bulletin 110: 67–85
Taylor SE, Seeman TE, Eisenberger NI, Kozanian TA, Moore AN, Moons WG (2010) Effects of a supportive or an unsupportive audience on biological and psychological responses to stress. J Pers Soc Psychol 98: 47–56
Techniker Krankenkasse (2016) Gesundheitsreport 2016. Gesundheit zwischen Beruf und Familie. Hamburg: Techniker Krankenkasse
Theeke LA (2010) Sociodemographic and health-related risks for loneliness and outcome differences by loneliness status in a sample of U.S. older adults. Research in Gerontological Nursing 3: 113–125
Thoits PA (2011) Mechanisms linking social ties and support to physical and mental health. Journal of Health and Social Behavior 52: 145–161
Thomeer MB, Umberson D, Pudrovska T (2013) Marital processes around depression: A gendered and relational perspective. Soc Ment Health 3: 151–169
Thompson CW, Roe J, Aspinall P, Mitchell R, Clow A, Miller D (2012) More green space is linked to less stress in deprived communities: evidence from salivary cortisol patterns. Landsc Urban Plan 105: 221–229
Thun MJ, Carter BD, Feskanich D, Freedman ND, Prentice R, Lopez AD, Hartge P, Gapstur SM (2013) 50-year trends in smoking-related mortality in the United States. N Engl J Med 368: 351–364
Tilvis RS, Laitala V, Routasalo PE, Pitkälä KH (2011) Suffering from Loneliness Indicates Significant Mortality Risk of Older People. J Aging Res 2011: 534781
Tilvis RS, Pitkala KH, Jolkkonen J, Strandberg TE (2000) Social networks and dementia. Lancet 356: 77–78
Tomfohr LM, Edwards KM, Madsen JW, Mills PJ (2015) Social support moderates the relationship between sleep and inflammation in a population at high risk for developing cardiovascular disease. Psychophysiology 52: 1689–1697

Travers J, Milgram S (1969) An experimental study in the small world problem. Sociometry 35: 425–443

Triguero-Mas M, Dadvand P, Cirach M, Martínez D, Medina A, Mompart A, Basagaña X, Gražulevičienė R, Nieuwenhuijsen MJ (2015) Natural outdoor environments and mental and physical health: relationships and mechanisms. Environ Int 77: 35–41

Trudeau DL (2005) Applicability of brain wave biofeedback to substance use disorder in adolescents. Child Adolesc Psychiatric Clin N Am 14: 125–136

Turecki G, Meaney MJ (2016) Effects of the social environment and stress on glucocorticoid receptor gene methylation: A systematic review. Biol Psychiatry 79: 87–96

Turrell G, Haynes M, Wilson LA, Giles-Corti B (2013) Can the built environment reduce health inequalities? A study of neighbourhood socioeconomic disadvantage and walking for transport. Health and Place 19: 89–98

Twenge JM (2013) Overwhelming evidence for Generation Me: A reply to Arnett. Emerging Adulthood 1: 21–26

Twenge JM, Campbell WK (2009) The Narcissism Epidemic. Simon & Schuster, New York, NY

Twenge JM, Campbell WK, Carter NT (2014b) Declines in trust in others and confidence in institutions among American adults and late adolescents, 1972–2012. Psychological Science 25: 1914–1923

Twenge JM, Campbell WK, Gentile B (2012) Increases in Individualistic Words and Phrases in American Books, 1960–2008. PLoS ONE 7: e40181 (doi: 10.1371/journal.pone.0040181)

Twenge JM, Foster JD (2010) Birth cohort increases in narcissistic personality traits among American college students, 1982–2009. Soc Psychol Personal Sci 1: 99–106

Twenge JM, Kasser T (2013) Generational changes in materialism and work centrality, 1976–2007: Associations with temporal changes in societal insecurity and materialistic role modeling. Personality and Social Psychology Bulletin 39: 883–897

Twenge JM, Miller JD, Campbell WK (2014a) The narcissism epidemic: commentary on modernity and narcissistic personality disorder. Personal Disord 5: 227–229

Uchida S, Hara K, Kobayashi A, Funato H, Hobara T, Otsuki K, Yamagata H, McEwen B, Watanabe Y (2010) Early life stress enhances behavioral vulnerability to stress through the activation of REST4-mediated gene transcription in the medial prefrontal cortex of rodents. J Neurosci 30: 15007–15018

Uchino BN (2006) Social support and health: A review of physiological pro-

cesses potentially underlying links to disease outcomes. Journal of Behavioral Medicine 29: 377–387
Umberson D (1992) Gender, marital status and the social control of health behavior. Soc Sci Med 34: 907–917
Umberson D, Chen MD, House JS, Hopkins K, Slaten E (1996) The effect of social relationships on psychological well-being: Are men and women really so different? American Sociological Review 61: 837–857
Umberson D, Montez JK (2010) Social relationships and Health: A flashpoint for health policy. Journal of Health and Social Behavior 51: s54–66
Umberson D, Williams K (2005) Marital quality, health, and aging: Gender equity? The Journals of Gerontology, Series B: Psychological Sciences and Social Sciences 60: 109–113 (doi: 10.1093/geronb/60.Special_Issue_2.S109)
Umberson D, Williams K, Powers DA, Liu H, Needham B (2006) You make me sick: Marital quality and health over the life course. Journal of Health and Social Behavior 47: 1–16
Underwood MK, Ehrenreich SE (2017) The power and the pain of adolescents' digital communication: Cyber victimization and the perils of lurking. Am Psychol 72: 144–158
Valtorta NK, Kanaan M, Gilbody S, Hanratty B (2016) Loneliness, social isolation and social relationships: what are we measuring? A novel framework for classifying and comparing tools. BMJ Open 6: e010799 (doi: 10.1136/bmjopen-2015-010799)
Valtorta NK, Kanaan M, Gilbody S, Ronzi S, Hanratty B (2016) Loneliness and social isolation as risk factors for coronary heart disease and stroke: systematic review and meta-analysis of longitudinal observational studies. Heart 102: 1009–1016
Van der Meulen M, Van IJzendoorn MH, Crone EA (2016) Neural Correlates of Prosocial Behavior: Compensating Social Exclusion in a Four-Player Cyberball Game. PLoS ONE 11(7): e0159045 (doi:10.1371/journal.pone.0159045)
Vedhara K, Cox NK, Wilcock GK, Perks P, Hunt M, Anderson S, Lightman SL, Shanks NM (1999) Chronic stress in elderly carers of dementia patients and antibody response to influenza vaccination. Lancet 353: 627–631
Vemuri AW, Grove MJ, Wilson MA, Burch WR (2011) A tale of two scales: Evaluating the relationship among life satisfaction, social capital, income, and the natural environment at the individual and neighborhood levels in metropolitan Baltimore. Environ Behav 43: 3–25
Verma IM (2014) Editorial Expression of Concern. PNAS 111: 10779
Victor CR, Bowling A (2012) A longitudinal analysis of loneliness among older adults in Great Britain. The Journal of Psychology 146: 313–331

Victor CR, Yang K (2012) The prevalence of loneliness among adults: A case study of the United Kingdom. The Journal of Psychology 146: 85–104

Villeneuve PJ, Jerrett M, Su JG, Burnett RT, Chen H, Wheeler AJ et al. (2012) A cohort study relating urban green space with mortality in Ontario, Canada. Environmental Research 115: 51–58

Volden PA, Conzen SD (2013) The influence of glucocorticoid signaling on tumor progression. Brain Behav Immun 30 Suppl: S26–31

Von der Heide CM, Heijman WJM (2013) The Economic Value of Landscapes. Routledge, London, New York, NY

Von der Leyen U (2013) Vorwort. In: Lohmann-Haislah A (2013) Stressreport Deutschland 2012. Psychische Anforderungen, Ressourcen und Befinden, S. 4. Bundesanstalt für Arbeitsschutz und Arbeitsmedizin, Dortmund

Vorster HH (2002) The emergence of cardiovascular disease during urbanisation of Africans. Public Health Nutrition 5: 239–243

Wager TD et al. (2004) Placebo-Induced Changes in fMRI in the Anticipation and Experience of Pain. Science 303: 1162–1167

Walburn J, Vedhara K, Hankins M, Rixon L, Weinman J (2009) Psychological stress and wound healing in humans: a systematic review and meta-analysis. J Psychosom Res 67: 253–271

Walker JE, Kozlowski GP (2005) Neurofeedback treatment of epilepsy. Child Adolesc Psychiatric Clin N Am 14: 163–176

Wampold BE (2015) How important are the common factors in psychotherapy? An update. World Psychiatry 14: 270–277

Wanic RA, Kulik JA (2011) Toward an understanding of gender differences in the impact of marital conflict on health. Sex Roles 65: 297–312 (doi: 10.1007/s11199-011-9968-6)

Warneken F, Tomasello M (2009) The roots of human altruism. Br J Psychol 100: 455–471

Weaver I, Cervoni N, Champagne F, D'Alessio A, Sharma S, Seckl J, Dymov S, Szyf M, Meaney M (2004) Epigenetic programming by maternal behavior. Nat Neurosci 7: 847–854

Weinman J, Ebrecht M, Scott S, Walburn J, Dyson (2008) Enhanced wound healing after emotional disclosure intervention. Br J Health Psychol 13: 95–102

Weir A, Chappell J, Kacelnik A (2002) Shaping of hooks in New Caledonian crows. Science 297: 981

Weisbrod M, Kiefer M, Brunnmeier A, Spitzer M (1997b) N400, Indirect semantic priming and formal thought disorder. Schizophr Res 24: 240

Weisbrod M, Winkler S, Maier S, Spitzer M (1997a) Electrophysiological correlates of indirect priming in normal volunteers and schizophrenic patients. Psychiatry Res: Neuroimaging 68: 183

Whisman MA, Sbarra DA (2012) Marital adjustment and interleukin-6 (IL-6). Journal of Family Psychology 26: 290–295 (doi: 10.1037/a0026 902)

White MP, Alcock I, Wheeler BW, Depledge MH (2013) Coastal proximity, health and well-being: Results from a longitudinal panel survey. Health Place 23: 97–103

Wierzbicki J, Zawadzka AM (2016) The Effects of the Activation of Money and Credit Card vs. that of Activation of Spirituality – Which One Prompts Pro-Social Behaviours? Current Psychology (New Brunswick, NJ) 35: 344–353

Williams JB, Pang D, Delgado B, Kocherginsky M, Tretiakova M, Krausz T, Pan D, He J, McClintock MK, Conzen SD (2009) A model of gene-environment interaction reveals altered mammary gland gene expression and increased tumor growth following social isolation. Cancer Prev Res (Phila) 2: 850–861

Williams K (2003) Has the future of marriage arrived? A contemporary examination of gender, marriage, and psychological well-being. J Health Soc Behav 44: 470–487

Wilson RS, Krueger KR, Arnold SE, Schneider JA, Kelly JF, Barnes LL, Tang Y, Bennett DA (2007) Loneliness and risk of Alzheimer disease. Arch Gen Psychiatry 64: 234–240

Wilson TD, Reinhard DA, Westgate EC, Gilbert DT, Ellerbeck N, Hahn C, Brown CL, Shaked A (2014) Just think: The challenges of the disengaged mind. Science 345: 75–77

Wolfe T (1976) The »Me« Decade and the Third Great Awakening. New York Magazine 23.8.1976 (http://nymag.com/news/features/45938/; abgerufen am 4.6.2017)

Xu M, Thomas PA, Umberson D (2016) Marital quality and cognitive limitations in late life. J Gerontol B Psychol Sci Soc Sci 71: 165–176

Yamagishi T, Li Y, Takagishi H, Matsumoto Y, Kiyonari T (2014) In Search of Homo economicus. Psychological Science 25: 1699–1711

Yang L, Engeland CG, Cheng B (2013) Social isolation impairs oral palatal wound healing in Sprague-Dawley rats: A role for miR-29 and miR-203 via VEGF suppression. PLoS ONE 8: e72359 (doi: 10.1371/journal.pone.0072359)

Yang YC, McClintock MK, Kozloski M, Li T (2013) Social isolation and adult mortality: the role of chronic inflammation and sex differences. J Health Soc Behav 54: 183–203

Yesudas EH, Lee TM (2015) The role of cingulate cortex in vicarious pain. Biomed Res Int 2015: 719615 (doi: 10.1155/2015/719615)

Younger J, Aron A, Parke S, Mackey S (2010) Viewing pictures of a romantic partner reduces experimental pain. Involvement of neural reward systems. PLoS ONE 5(10): e13309 (doi:10.1371/journal.pone.0013309)

Zaki J, Ochsner KN, Hanelin J, Wager TD, Mackey SC (2007) Different circuits for different pain: patterns of functional connectivity reveal distinct networks for processing pain in self and others. Soc Neurosci 2: 276–291

Zhang H, Zhang W (2016) Materialistic Cues Boosts Personal Relative Deprivation. Frontiers in Psychology 7: 1236 (doi: 10.3389/fpsyg.2016.01236)

Zhang Z, Hayward MD (2006) Gender, the marital life course, and cardiovascular disease in late midlife. Journal of Marriage and Family 68: 639–657

Zhong B, Xu Y, Jin D, Zou X, Liu T (2016) Prevalence and correlates of loneliness among Chinese service industry migrant workers: A cross-sectional survey. Medicine (Baltimore) 95(24): e3903 (doi: 10.1097/MD.0000000000003903)

Zhong B-L, Chen S-L, Conwell Y (2016) Effects of transient versus chronic loneliness on cognitive function in older adults: Findings from the Chinese Longitudinal Healthy Longevity Survey. Am J Geriatr Psychiatry 24: 389–398

Zotev V, Krueger F, Phillips R, Alvarez RP, Simmons WK, Bellgowan P, Drevets WC, Bodurka J (2011) Self-regulation of amygdala activation using real-time FMRI neurofeedback. PLoS ONE 6(9): e24522 (doi: 10.1371/journal.pone.0024522)

Zou L, Yang ZY, Wang Y, Lui SS, Chen AT, Cheung EF, Chan RC (2016) What does the nose know? Olfactory function predicts social network size in human. Sci Rep 6: 25026 (doi: 10.1038/srep25026)

BILDNACHWEIS

S. 15, 24, 26, 36, 64, 85, 87, 88, 96, 97, 102, 104, 105, 107, 108, 112, 114, 120, 121, 129, 145, 155, 163, 176, 179, 201, 213, 234 Computerkartographie Carrle nach Manfred Spitzer
S. 22 New York Magazine, Foto Harold Krieger
S. 38 picture-alliance /akg-images / Erich Lessing
S. 47, 50, 56, 60, 65, 215 Manfred Spitzer
S. 74 mauritius images / Paul Fearn / Alamy
S. 75 picture-alliance / akg

REGISTER

Manfred Spitzer

DIGITALE DEMENZ

Wie wir uns und unsere Kinder
um den Verstand bringen

Ohne Computer, Smartphone und Navi geht heute gar nichts. Das birgt immense Gefahren, denn bei intensiver Nutzung digitaler Medien baut unser Gehirn ab. Kinder und Jugendliche sind oft kaum noch lernfähig. Die Symptome: Aufmerksamkeitsstörungen und Realitätsverlust, Stress, Depressionen und zunehmende Gewaltbereitschaft.
Der renommierte Gehirnforscher Manfred Spitzer zeigt die besorgniserregende Entwicklung und fordert Eltern entschieden auf, den digitalen Zeitvertreib ihrer Kinder zu begrenzen.
DAS Buch zur gesellschaftspolitischen Debatte über die digitalen Medien.